Entdeckungstour 1
Entdeckungstour 2
Entdeckungstour 3

Werner Rosenberger

Die Villen vom Wörthersee

Werner Rosenberger

Die Villen vom Wörthersee

Wenn Häuser Geschichten erzählen

Mit 66 Abbildungen

Amalthea
Verlag

Der Umwelt zuliebe #ohnefolie

Besuchen Sie uns im Internet unter: amalthea.at

Umschlaggestaltung: Elisabeth Pirker/OFFBEAT
Umschlagabbildungen: Kartenmotiv: Maria Wörth, 1910/www.alte-ansichten.eu/Klagenfurt-Land; Fotohalter © iStock.com
Karten im Vorsatz: © arbeitsgemeinschaft kartographie
Lektorat: Martin Bruny
Herstellung und Satz: VerlagsService Dietmar Schmitz GmbH, Heimstetten
Gesetzt aus der 11/14 pt Minion Pro Regular
Designed in Austria, printed in the EU
ISBN 978-3-99050-207-5

Inhalt

Velden am Wörthersee. Panorama, 1913

Am Wörthersee. Villen und Geschichten, Häuser und Schicksale

Unvergesslich sind mir die Sonnentage, das smaragdgrüne Wasser und die entspannte Atmosphäre am lichtflirrenden Wörthersee. Hier war viel Sommerglück zu Hause. In dieser Welt der Unbeschwertheit konnte man Kind sein. Man lag herrlich faul herum, blinzelte ab und zu in den übertrieben blauen Himmel, und das war eigentlich alles, was man zwischen Frühstück und Mittagessen zu tun hatte. Das Wichtigste war es zumindest.

Einige Jahre später – es war im Sommer 1981 – saßen wir mit der bestens gelaunten Blues-Legende B. B. King in einem Gastgarten in Velden, trafen den Pianisten Chick Corea backstage beim Jazzfestival, und Chuck Berry ließ sich ein besonderes Vergnügen extra in seinen Auftrittsvertrag schreiben: Dem Gründungsvater des Rock'n'Roll wurde auf Wunsch nach der Ankunft am Flughafen ein Schlüssel zu einem eigens für ihn reservierten Mercedes-Cabrio ausgehändigt, mit dem er dann selbst bis hinter die Bühne fuhr, um Minuten später dem Publikum seine Hits wie *Johnny B. Goode* oder *Sweet Little Sixteen* lautstark um die Ohren zu knallen.

Früher war angeblich alles schöner: die Berge höher, das Wetter besser, die Felsen schroffer. Durch die Brille der Kindheitserinnerungen sowieso. Irgendwann wird es Zeit, an die alten Urlaubsorte zurückzukehren. Und sich trotzdem nicht die gute Laune verderben zu lassen, wenn das sinnentleerte Brummbrumm der GTI-Treffen mit allen Nebenerscheinungen wie Motorengeheul, Party-Exzessen und Schnapsleichen sogar viele Alteingesessene in die Flucht treibt.

Der Wörthersee ist seit rund 150 Jahren Bühne. Vor dem auf Riesengaudi programmierten Massentourismus war die Sommerfrische. Alles begann mit dem Bau der Eisenbahn ab den 1860er-Jahren: Kärntens größter See wurde von den Städtern entdeckt, die in repräsentativen Villen ihre Natursehnsucht auslebten und vor der Sommerhitze aus Wien und den anderen urbanen Zentren der Monarchie aufs Land flüchteten. Hin zu Idylle und Ruhe.

Der Wiener Porzellanfabrikant Ernst Wahliss kam, sah und wurde zum Tourismuspionier, indem er Pörtschach, »früher ein unscheinbares Dörfchen, zu einem der fashionabelsten Badeorte Österreichs umgestaltete«, wie die *Neue Freie Presse* im Nachruf am 19. Juli 1900 vermerkte.

Bald tummelten sich Adelige und Bürgerliche, Industrielle und Künstler, Schauspieler und Operettenstars, Reiche und Berühmte am Ufer des Sees, heute die Region mit der höchsten Milliardärsdichte weit und breit.

Tatsächlich ist Kärnten schwer zu fassen. Am eindringlichsten spiegelt es sich vielleicht in seinen Liedern, die zu dunklen, sehnsüchtigen Melodien von Tod und Einsamkeit erzählen. Im Lesachtal oder in Unterkärnten, wo die Orte Namen wie Bleiburg oder Eisenkappel tragen, wohnt in den Gesichtern der Menschen noch die Melancholie. Der expressionistische Maler Werner Berg hat hier gelebt. Seine Bilder zeigen die Schönheit und die Enge dieses Landes, die Heimatverbundenheit seiner Bewohner.

Aber das ist – aus der Wörthersee-Perspektive – Hinterland. Es heißt, Kärnten sei eine Schönheit, die immer fremder wird, je besser man sie kennenlernt. Doch dieser Erkenntnis begegnet man vor Ort mit Schmäh: »Es soll in Österreich Gegenden geben, wo's net amoi schen is, wenn's schen is. Aber bei uns ist es sogar schen, wenn's schiach is.«

»Lei låsn! Måch ka gschistegschaste!« ist hier das Lebensprinzip. Zu Normaldeutsch: Lass es gut sein, immer mit der Ruhe, nur keine Aufregung. Die österreichische Riviera ist nichts für unruhige Leute, die für ihren Urlaub schon vor der Ankunft das volle Programm im Kopf haben. Dafür ist die Luft hier zu weich, zu lau, zu südlich und das Dolcefarniente mit Gelegenheiten zum intensiven Strandflirt zu verlockend. Wer zu seinem Wohlbefinden nicht unbedingt eine tosende, donnernde Brandung braucht, kann hier glücklich sein, glücklich werden und glücklich machen.

Glückssucher gab es schon anno dazumal in den vielen Seewinkerln, wo man heute über einiges hinwegsehen muss, was an neu

Sommerfrische 1950 beim Fünfuhrtee mit Tanz auf der Terrasse des Hotels Mösslacher in Velden

gebauter Hässlichkeit nicht zu übersehen ist, weil man im Lauf der Zeit Maßstäbe und das Gefühl für Grenzen vergessen hat. Ohrwurmgebeutelt vom Lied *Du bist die Rose, die Rose vom Wörthersee* … war auch noch nicht Johannes Brahms, der am 29. Juni 1877 an seinen Freund Theodor Billroth begeistert aus Pörtschach schrieb: »Hier – ja hier ist es allerliebst, See, Wald, drüber blauer Berge Bogen, schimmernd weiß in reinem Schnee.«

In Gustav Mahlers »Komponierhäuschen« (während der Sommermonate zeitweise öffentlich zugänglich) mitten im Wald oberhalb seiner Seevilla in Maiernigg über Sekirn, die sich heute in

Privatbesitz befindet, entstanden ab 1900 wesentliche Teile seiner Liederzyklen und Symphonien. Und ebenfalls am Südufer des Sees, in Auen, steht das 1932 von Alban und Helene Berg ersteigerte »Waldhaus« im romantisch-alpinen Heimatstil unter Denkmalschutz, wo der Zwölftonkomponist an der Oper *Lulu* und an seinem »dem Andenken eines Engels« gewidmeten Violinkonzert arbeitete.

Auch die Kärntner Maler des 19. Jahrhunderts wie Markus Pernhart waren inspiriert von der Landschaft am See mit seinen spiegelnden Wasser- und Eisflächen, pittoresken Bauten, Bergen und Wolken. Lohnende Motive auch für Künstler des 20. und 21. Jahrhunderts. Da spannt sich der Bogen von Herbert Boeckl und Arnold Clementschitsch und deren an der Naturvorlage orientierten Ölbildern bis zu den »Naturabstraktionen« von Peter Krawagna in der Villa Waldesruhe in Krumpendorf.

Lange vor dem Milliardär Friedrich Karl Flick, der die einstige Villa und den Künstlertreff des Wiener Theatertausendsassas Hubert Marischka aus den 1920er-Jahren bis zur Unkenntlichkeit zur Festung umgebaut hat, lange vor der Kaufhaus-Witwe Heidi Horten und dem Waffenproduzenten Gaston Glock, der einem Ondit zufolge allein bereits geschätzte zwei Dutzend Villen am See als garantiert gewinnbringende Geldanlage besitzt. Lange vor den Porsches und Piëchs waren schon ein Weltreisender und ein Heimkehrer von der Expedition auf eine arktische Vulkaninsel 1882/83 da, außerdem einer der ersten Automobilisten – Max Schindler von Kunewald – und auf Schloss Sekirn der James-Bond-Erfinder Ian Fleming.

Auch wenn Ferrari, Lamborghini, Bentley, Jaguar und Maserati zu den Ahs und Ohs der Passanten über den Boulevard vor dem Ufer vorbei an Casino, Schlosshotel und Seepark paradieren: Velden hat heute eine Aura mondäner Dörflichkeit. Und an der langen Seepromenade von Pörtschach fällt es nicht schwer, sich in die verträumte und überlebte Zeit der untergehenden Donaumonarchie zurückzuversetzen.

Vieles hat sich inzwischen geändert. Doch eines dürfte gleich geblieben sein: das Tempo, mit dem am Seeufer promeniert wird. Es ist das Tempo des 19. Jahrhunderts. Da sieht man sie noch, die vom Anflug einer genießerischen Langeweile gezeichneten Gesichter im sonnigen Zauber des Nachsommers, dessen reines Glück Adalbert Stifter so wunderbar geschildert hat. Kurz bevor alle freudig wieder auf der Flucht vor der Schwermut des Herbstes in die Großstadt sind. Und die Schwalben bereit, die Heimreise in wärmere Länder anzutreten.

Gebrauchsanweisung

Dieses Buch mit Geschichten aus längst vergangenen Tagen kann man nicht nur lesen, sondern die »Riviera der Alpen« auch zu Fuß oder – wie einst Gustav Mahler – mit dem Fahrrad erkunden. An vielen Orten rund um den Wörthersee ist auf Spazierwegen noch die Atmosphäre eines der altösterreichischen Traumziele mit fast südländisch anmutendem Flair zu spüren, auch wenn sich nicht alle Villen und privaten Kulissen der Schriftsteller, Schauspieler, Komponisten, Hofräte und Industriellen über weit mehr als ein Jahrhundert erhalten haben. Und was sich auf den hier vorgeschlagenen Routen heute meist diskret hinter hohen Hecken und Zäunen verbirgt, ist manchmal besser vom Wasser aus vom Segel- oder Motorboot mit Blick auf das Festland oder auf einer Rundfahrt via Wörthersee-Schifffahrt zu besichtigen. Auf den Spuren der Landlust der Städter von seinerzeit kann man vieles über die Schicksale von Menschen erfahren, die zwar an den Wörthersee zur Sommerfrische fuhren, aber ebenso in Berlin und Wien, Karlsbad und Rijeka, Hamburg und Venedig zu Hause waren.

In den folgenden drei Touren werden nur jene Villen (Kapitel) berücksichtigt, deren tatsächliche Adresse (noch) feststellbar ist. Auf der Karte im Vorsatz sind sie mit den jeweiligen Kapitelnummern verzeichnet.

Die Touren 1 und 2 können, vor allem von sportlichen Leserinnen und Lesern, zu Fuß gegangen werden, Tour 3 sollte aufgrund der größeren Distanz mit dem Fahrrad oder einem anderen fahrbaren Untersatz in Angriff genommen werden. Wer eine Tour lieber auf gemütliche Teil-Spaziergänge aufteilt, kann dies natürlich auch tun.

Entdeckungstour 1 – Klagenfurt & Krumpendorf: Kapitel 1 bis 9
Entdeckungstour 2 – Pörtschach: Kapitel 10, 12 bis 15, 18, 19
Entdeckungstour 3 – Südufer (ab Velden): Kapitel 21 bis 33

1 Die Königin der Operette

Tarviser Straße 22–26, Klagenfurt

Die Welt war ihre Bühne, die Bühne ihre Welt: Marie Geistinger, Soubrette, Offenbachantin und Amerikas Darling mit Wahlheimat Kärnten.

Das Sonnenkind in ihr war stärker als das Schattenkind. Ihr Name hatte Weltruhm. Und ihr Äußeres erinnerte an »das Märchen von ewiger Jugend«. Marie Geistinger (1836–1903), in der Wickenburggasse 9 in Graz geboren, eroberte zuerst Wien, dann Berlin und schließlich New York, gefeiert als »Darling of America« bei sieben Gastspielen in den USA, ehe Kärnten ihre letzte Wahlheimat wurde.

Sie war so populär wie wenige andere und zog sich 1894 zurück in ihre hübsche zweistöckige Villa am Lendkanal in der Schiffgasse 13 (heute Tarviser Straße 22–26), wo sie herzkrank am 29. September 1903 im 68. Lebensjahr starb. Das solide Herrschaftsgebäude habe nichts Theatralisches, fand das *Neue Wiener Journal*. Obwohl die Theaterleute sonst nie ihre Herkunft verleugnen. Es bleibt immer etwas Pose zurück, die sich selbst im Äußeren des Wohnhauses ausdrückt. Auch das Interieur: alles einfach und gediegen. Silberne und goldene Lorbeerkränze, wenige vergilbte Bandschleifen, da und dort ein Prunkstück mit eingravierter Widmung. Memorabilien einer Dame von Welt. Sie war mit Leib und Seele beim Theater, spielte alle Rollen – von der großen Tragödie bis zur Operette.

Als sie, die Tochter eines russischen Hofschauspielerehepaars, in ihrer Geburtsstadt Graz noch in Kinderrollen auftrat, als Lehrbub in einer Posse bei einem Gastspiel von Johann Nestroy, ging in einem Zwischenakt der große Komödiant und abgründige Spötter auf die kleine Marie zu, nahm ihren Kopf in beide Hände, sah ihr gutmütig ins Gesicht und sagte in seiner für ihn typischen pointier-

Marie Geistinger, die Königin der Operette, als Boulotte in *Blaubart*

ten Weise: »Du bist ein Teufelsmadel. Wenn aus dir ka große Schauspielerin wird, dann bist selber schuld dran.«

In der Blüte der Jugend und Schönheit, goldblond, mit großen blauen Augen, einem weichen sinnlichen Mund und herrlichen Zähnen, war sie vom ersten Auftreten an der Liebling der Wiener. In einer Zeit, als sich Operettendiven damit qualifizierten, dass sie mit Nacktheit und erotischer Ausstrahlung Großstadtpublikum anlockten – und nicht mit Gesangs- oder Schauspielkünsten. Marie Geistinger machte ursprünglich als »Schöne Helena« Furore, weil sie in »einer gewagten Entkleidungsszene ihre nur durch dünnes, straffes Trikot verhüllten körperlichen Reize nicht geizend zur Schau trug«, schrieb ihr Biograf, der Plakatdesigner, Avantgarde-Bühnenbildner und Wiener Allroundkünstler Emil Pirchan.

Jacques Offenbach hatte sie persönlich aus Berlin geholt, wo sie am Friedrich-Wilhelmstädtischen Theater 1860 bei der Berliner Erstaufführung des *Orpheus* mitgewirkt hatte und als besondere Attraktion auf der Bühne einige Hüllen fallen ließ. »Im Jahr 1863 spielte ich in Berlin in der Posse *Mamsell Übermuth*, in welcher eine decente Auskleidungsscene enthalten ist«, berichtete die Geistinger. »Offenbach war im Theater. Er kam im Zwischenact auf die Bühne und sagte zu mir: ›So schön und discret habe ich noch nie Jemanden auskleiden sehen; in meiner nächsten Operette lasse ich für Sie eine solche Scene schreiben.‹«

Die *Wiener Zeitung* nannte Geistinger als Helena eine »höchst routinierte Schauspielerin« und »leidliche Sängerin«, die aber imstande war, ein Stück zu »tragen«. Betont wurde, dass »einzelne Damen« mit »tadellosem Körperbau« in einem Stück voller »derber Zweideutigkeiten« auftraten, in dem »in verschiedenem Sinne florierende Nacktheit« vorkam, die das Publikum angeblich »gelangweilt« habe. Auch wenn »hyperprüde Denunzianten« im Zuge der Produktion energisch das Verbot von »Prostitution auf der Bühne« verlangten, lief sie in Wien weiter und weiter und war einer der größten Offenbach- und Geistinger-Erfolge überhaupt.

Ihr Kostüm in dieser Rolle war seitlich hoch hinauf geteilt und gab den Blick frei auf ihre Beine. Auch ein Kaffeehaus in der Margaretenstraße 51 an der Ecke Kleine Neugasse nannte sich »Zur schönen Helena«: Auf den Spiegelscheiben war Geistingers »Figur in allen möglichen und unmöglichen Posen eingeätzt. Das lebensgroße Bildnis der Helena hing dort, auf der Rückseite hatte der Maler die Geistinger – nackt – hingemalt. Ein wilder Verehrer der Künstlerin schoss deswegen zwei Pistolenkugeln gegen dieses schöne Ölgemälde«, berichtet Pirchan.

Die schöne Helena war Geistingers markanteste Rolle in Wien. Erfolge feierte sie auch als Offenbachs Großherzogin von Gerolstein und als Boulotte in *Blaubart*. Von Johann Strauß' Operetten kreierte sie die Fantaska in *Indigo*, die Lorenza in *Cagliostro*, die Marie in *Karneval in Rom* – und am 5. April 1874 gab sie in der Uraufführung der *Fledermaus* die Rosalinde. Irgendwann fand sie lange keine neue Rolle, die ihr zusagte, wollte aber in Wien nicht wieder ihr oft gespieltes Repertoire wiederholen. Also übernahm sie als pikantes Novum und »Dame in Männerkleidern« die Titelrolle in Millöckers Operette *Der Bettelstudent*. Sie war so vielseitig wie keine andere – in Operetten und auch als lebensechtes Dirndl in den Volksstücken von Ludwig Anzengruber. Sie war Salondame und anderntags Possensoubrette, trat aber auch in den großen Rollen der Klassiker wie *Maria Stuart* und *Medea* auf. Nur Mutterrollen hatte sie nicht gern. Da gab es leere Häuser, weil das Publikum die ewig junge Geistinger sehen wollte.

Wie sehr sie auch Kollegen begeisterte, belegen die Briefe von Josef Kainz an seine Eltern. Er ist »entzückt, verrückt, elektrisiert und enthusiasmiert«. So etwas habe er in seinem Leben noch nicht gesehen: »Das Frauenzimmer ist ein Genie.« Bei dieser Verwandlungsfähigkeit stehe einem der Verstand still. Merkwürdig, dass die Geistinger, mittlerweile älter geworden, nur mehr ihre Operetten- und Possenrollen spielen wollte. Als sie nach mehr als 25 Jahren noch immer in denselben Operettenpartien auftrat, zeichnete sie der Theaterkarikaturist Theo Zasche einmal als »Schöne Helena«: Mühsam auf zwei Krücken gestützt, trägt sie Filzpatschen an den Füßen und einen dicken Schal um den Hals.

Sehnte sie sich am Ende nach dem Theater zurück? »Ab und zu! Das wird man nie ganz los. Ich habe eine zu schöne Zeit beim Theater zugebracht. Glauben Sie, ich möchte nicht heute noch gerne Komödie spielen, wenn es Rollen für mich gäbe? Bitte sehr, keine jungen Frauen«, gestand sie 1898 mit heiterer Zufriedenheit im Gespräch mit dem *Neuen Wiener Journal*. Die Ungarin Lili Lejo in Klagenfurt die Traviata singen zu hören, machte ihr Freude. Auf einmal dachte sie an die Kameliendame, die sie so gerne gespielt hatte: »Und ich hätte weinen können, dass es jetzt nimmer ist.«

Bei Theodor Herzl findet sich die Lebensweisheit, »dass immer derjenige glücklich zu preisen ist, der das Ersehnte nicht erlangen konnte. Aber diese Einsicht steht am Ende der Dinge, nicht am Anfang, und dazwischen liegt das ganze Leben …« Gäste führte die »Königin der Operette«, wie sie in Wien genannt wurde, in ihrem

Postkarte der Villa von Marie Geistinger am Lendkanal in Klagenfurt

Haus in Klagenfurt gern auf ihren Balkon hinaus: »Da, sehen Sie sich diese Aussicht an. Ist das nicht herrlich. Weit über den Wörthersee hinüber schweift der Blick zu den stolz ragenden Bergkuppen empor. Da fragen die Wiener noch, die mich manchmal besuchen, ob ich mich nicht langweile. Kann man sich langweilen, wo es so schön ist?«

Damals war es schon einige Jahre her, dass die Sängerin mit dem hellen Sopran mit Offenbach korrespondiert und mit Anzengruber sein Volksstück *Der Pfarrer von Kirchfeld* 1870 aus der Taufe gehoben hatte. Dass sie mit Maximilian Steiner 1869 bis 1875 als Direktorin das Theater an der Wien geleitet und in der Zeit ganz in der Nähe am Getreidemarkt 1 an der Ecke Linke Wienzeile gewohnt hatte. Dass sie auf Gastspielreisen ging, um zu zeigen, dass die »Schöne Helena« von einst auch imstande war, die Kameliendame, die Pompadour, die Maria Stuart, die Adrienne Lecouvreur und andere hochdramatische »Weiber« darzustellen.

Allmählich war ihr das Land der Operette zu eng, und sie betrat das Reich des Dramas. Der Schriftsteller und Dramaturg Heinrich

Laube wollte sie überreden, ganz zum Schauspiel zu wechseln: »Lassen Sie doch die Operette samt dem Theater an der Wien zum Teufel gehen, da ist für eine Künstlerin nichts mehr zu holen.« Sie stand gerade in *Cagliostro in Wien* von Johann Strauß auf der Bühne. Für ihn: »So ein Schmarrn! Die Operette ist fertig!« Tatsächlich wechselte die Geistinger damals zum Schauspiel, ohne aber der Operette abzuschwören.

Das Paradies der Geistinger ab den 1880er-Jahren war ihr im 16. Jahrhundert von einer Burg zum heute unter Denkmalschutz stehenden Schloss Rastenfeld am Gunzenberg in Mölbling verwandeltes Anwesen. Dort bewohnte sie ein einstöckiges, mit Antiquitäten, kostbaren Möbeln und Meissener Porzellan ausgestattetes Landhaus inmitten eines feenhaften Parks, mit einer Schar strammer Doggen, es sollen rund 20 gewesen sein. Aus dem Bühnenstar war eine Landwirtin geworden, die in der Einsamkeit des Landlebens mit Ehrgeiz das Ziel verfolgte, aus dem verwahrlosten Rastenfeld eine Musterwirtschaft mit Treibhäusern, einem großen Obstgarten und Viehbestand mit Hühnern, Schweinen und Allgäuer Kühen zu machen.

Der *Kikeriki* witzelte: »Sie ist ein Weib, der's ›Rasten‹ fehlt.« Während ihrer Abwesenheit beaufsichtigte und leitete eine gute Freundin und Nachbarin aus Althofen ihr Anwesen, eine Opern- und Operettensängerin, die vor allem für ihre Hosenrollen bekannt war und ebenfalls zur praktischen Landwirtschaft konvertierte: die Mezzosopranistin Anna Grobecker, die eigentlich Anna Mejo hieß.

Geistingers Credo: Man findet nicht im Ausruhen, sondern in der Arbeit die einzige richtige, wahre und dauernde Erholung. Als sie das Gut übernahm, hatte sich unter der Bevölkerung das Gerücht verbreitet, dass »ane, di was Theater spielt«, Rastenfeld gekauft habe. Wobei die einfachen Leute vom Land vom Sinn des Wortes »Theaterspiel'n« auch nicht annähernd eine Vorstellung hatten, da sie noch nie in einem Theater waren. Ihr Buen Retiro war ihr »nicht nur, was das Draufzahlen betrifft, teuer geworden«, schrieb sie für die Zeitschrift *An der schönen blauen Donau.* »Ich liebe dieses abgelegene, weltvergessene Stückchen Erde wirklich und wahrhaftig.« Der Gegensatz zwischen dem Theaterleben und der Zucht von Stierkälbern, zwischen Jungviehherden und Operetten sei so eigentümlich, dass man vielleicht nicht ganz zu Unrecht über eine derartige Kombination der Tätigkeiten den Kopf schüttle. Aber sie scherte sich nicht viel um die sie wegen ihrer Rinderzucht »frozzelnden« Leut'. Denn sie fühlte sich »unendlich wohl bei den ländlichen Arbeiten« und wollte »sie nicht um die Welt wieder aufgeben«. Sogar auf den Viehmarkt nach Fladnitz fuhr sie selbst, verkaufte dort das gemästete Vieh und kaufte eventuell das zur Mast taugliche Jungvieh ein, wie viele andere Grundbesitzer im Kärntnerland. Sie zog ausschließlich semmelfarbenes Hornvieh auf und schenkte auch der Schaf- und Schweinezucht in ihrer Wirtschaft große Aufmerksamkeit. Als sie in Budapest auftrat, machte ihr ein befreundeter Gutsbesitzer einen Musterwidder und zwei Mutterschafe zum Geschenk.

Als Alexander Girardi einmal in Klagenfurt gastierte, fuhr die Geistinger in die Stadt, um den ehemaligen Kollegen spielen zu sehen und ihn zu treffen. »Sie müssen auf einen Tag nach Rastenfeld kommen«, sagte sie. »Gibt's dort Theaterzettel?«, fragte er. »Wozu?« – Girardi: »Schau'n S', in aner Gegend, wo kane Theaterzettel ang'schlagen sind, halt i's ka Stund' aus.« Worauf sie entgegnete: »Gut, wenn S' mir Ihr Wort geben, dass Sie 'rauskommen, lass i auf jeden Baum an Theaterzettel anpicken.« Darauf Girardi: »Dann kumm i.«

Viel gemunkelt wurde über das wahre Geburtsdatum der Geistinger, die sich immer wieder darüber beschwerte, dass man sie älter machte. Der Sohn des Schriftstellers Ludwig Held, während der Direktion von Maximilian Steiner Sekretär am Theater an der Wien, hatte in seinem kleinen privaten Theatermuseum ein Bild, das die Schauspielerin seinem Vater zum Geschenk gemacht hatte – mit der Widmung: »Lang leben, will jedermann.

Alt werden will niemand. Marie Geistinger, geboren 1836, also noch keine 70 Jahre alt. 1903.« 1836 hat sie eigens doppelt unterstrichen.

Aus Klagenfurt in der Zeit ihres endgültigen Abschiedes von der Bühne, am 24. April 1900, schrieb sie an Hugo Thimig: »Was Ihren Wunsch wegen eines gedruckten Reklamebildes von mir betrifft, so kann ich ihn leider nicht erfüllen. Von früher existieren wohl solche, doch habe ich dergleichen mir nie aufbewahrt, und ich glaube nicht, dass noch welche aufzutreiben sind, denn es ist achtzehn Jahre her. Und die letzten Male, 97 und 99, wurden nur Photographien ausgestellt. Selbst letztere besitze ich nicht mehr, da ich bei meiner letzten Anwesenheit in New York, vergangenes Jahr, den ganzen Vorrat verschenkte.«

Es war die Zeit der ersten Blüte des deutschsprachigen Theaters in Amerika, noch lange vor Max Reinhardt. Als 1848 die Leute des Vormärz ihre Liebe zum deutschen Theater in die neue Heimat mitbrachten. Deutsche Theater entstanden damals in New York, Milwaukee, St. Louis, Chicago, Cincinnati und in kleineren Städten. Im deutschen Theater wurde übrigens das Starsystem geboren, da die Direktoren im manchmal harten Konkurrenzkampf »große Kanonen« aus Deutschland und Österreich mit viel Reklameaufwand drüben engagierten.

Doppelgastspiele wie von Ludwig Barnay und Ernst von Possart, Adolf von Sonnenthal und Ferdinand Bonn, Josef Kainz und Adalbert Matkowsky sind in die amerikanische Theatergeschichte eingegangen. Die Tänzerin Fanny Elßler eröffnete 1840 den Reigen der Gastspiele berühmter europäischer Darsteller im Dollarland. Im Lauf der Zeit kamen dann unter anderen Marie Geistinger, Katharina Schratt, Josefine Gallmeyer, Friedrich Mitterwurzer, Helene Odilon und Adele Sandrock über den Ozean.

In Amerika war die Geistinger auch mit 64 Jahren als Soubrette eine Sensation. Alle wollten sie sehen und hören, der Zulauf war enorm. In New York spielte sie, was sie in Wien nicht mehr gewagt hatte, die Leni in Carl Millöckers *Lebensbild mit Gesang*, die 1871 uraufgeführte Operette *Drei Paar Schuhe* – und erschien im letzten Bild im Trikot wie einst. Da sie immer noch schöne Beine hatte, konnte sie es wagen.

Hugo Benedix, Schauspieler und Regisseur an Carltheater und Theater an der Wien, unternahm im Juni 1892 mit einem Freund eine Alpenwanderung, fuhr zunächst nach Krumpendorf und quartierte sich beim Kapitän Johann Heinrich Scherrl ein, einem alten Seebären, der 30 Jahre lang alle Meere befahren und sich dann an den Wörthersee zurückgezogen und dort eine prächtige Villa direkt am Seeufer erbaut hatte. Bei einem Ausflug nach Klagenfurt trafen sie vor dem Hotel »Zum Kaiser von Österreich« die Geistinger, die sie prompt auf ihr Gut einlud. Die Herren bekamen Zimmer im Schweizerhaus, und die Gastgeberin führte sie durch ihr Haus, über das der Komponist Franz von Suppè einmal vermutlich scherzhaft übertrieben geäußert hatte: »Die Villa der Geistinger in Rastenfeld ist nur mit den Königsschlössern in Bayern zu vergleichen.«

1893 hatte die Geistinger ihr Gut Rastenfeld samt der Villa Marienhof an Carl Auer von Welsbach verkauft. Der Erfinder der Gasglühlampe, der Metallfadenglühlampe und des Cereisen-Zündsteins für Feuerzeuge war auch Entdecker von vier neuen Elementen. Der Industrielle, Gründer der Treibacher Chemischen Werke (heute Treibacher Industrie AG) und Schöpfer der Marke Osram, ließ rund 250 Meter westlich der Villa Marienhof in den Jahren 1898 bis 1900 das monumentale Schloss Welsbach errichten. Bei einem Kärntenbesuch sagte Kaiser Franz Joseph: »Sie haben wieder eine Erfindung gemacht. Ist sehr verdienstvoll.«

Roland Adunka, Leiter des 1998 eröffneten Auer von Welsbach-Museums in der Altstadt von Althofen, hat sich viele Jahre lang mit dem Universalgenie beschäftigt: »Auer von Welsbach kam durch Zufall ins bei Sommerfrischlern beliebte Althofen, um sich zu erholen. Ihm gefiel die liebliche Mittelkärntner Landschaft, und er blieb schließlich in Rastenfeld.«

Auer von Welsbach war in vielen Bereichen Pionier. So fuhr er das erste Automobil in der Gegend. Einmal soll er ein Huhn überfahren haben. Er gab dafür dem Bauern eine Krone. »Das war damals viermal so viel wie der Wert des Huhnes«, erzählt Roland Adunka. Als Auer von Welsbach nun durch die Straßen fuhr, wurden Futterkörner für die Hühner auf die Straße geworfen in der Hoffnung, es könnte wieder einmal eines unter die Räder kommen.

2 Ein Schloss »wie ein Bürger mit edlem Gesicht«

Lorettoweg 52, Klagenfurt

Postkartenidylle in der Ostbucht: Maria Loretto mit dem historischen Gemäuer und dem alten Gnadenkirchlein strahlt im Sonnengold.

Im Sommer trubeliges Treiben. Im Winter frostige Stille. In dieser Stimmung muss *Is schon still uman See*, eines der populärsten Kärntnerlieder, entstanden sein. Es sind die Tage, bei denen selbst der Herrgott ein Dach über dem Kopf zu brauchen scheint. Die einzigen Badegäste sind Enten und Blesshühner. Die Strandbäder sind verwaist. Das Schloss Maria Loretto spiegelt sich in der glatten Wasserfläche. Postkartenidylle. So ähnlich tiefenentspannt wie unsereiner müssen einst die Herren Orsini, Grafen von Rosenberg, gewesen sein.

Während damals andere ihre Villen und Schlösser lieber im Glan- oder Wölfnitztal bauten, mit Blick auf grüne Wiesen und gelbe Saatfelder statt auf türkisschimmernde Gewässer, errichtete der kaiserliche Rat und Burggraf zu Klagenfurt Johann Andreas Graf Orsini-Rosenberg im Jahr 1652 auf Maria Loretto – damals noch eine Insel – eine prachtvolle Palastanlage im italienischen Stil. Das Lustschloss mit mehreren Nebengebäuden und weitläufigen Gärten war umgeben von einer Mauer mit zwölf frei stehenden Türmen.

»Das jetzige Schloss sieht aus wie ein Bürger mit edlem Gesicht, sein größter Vorzug ist die Abgeschiedenheit«, schrieb der Universalgelehrte, Topograf und Historiker J. W. Valvasor 1688 in seiner *Landbeschreibung des berühmten Erz-Herzogthums Kärndten.* »In Summa, es kann nichts Lustigeres geben, als diesen Ort.« In Maria Loretto mündet oder vielmehr beginnt der vier Kilometer lange und von Kastanienbäumen beschattete Lendkanal, der seit 1527 Klagenfurt mit dem See verbindet. Wie alte Stiche und Zeichnun-

Historische Ansicht von Schloss Maria Loretto am See, um 1680

gen zeigen, seinerzeit ausgestattet mit einem imposanten mehrtürmigen Eingangsportal.

»Jeder Kaiser, der in Klagenfurt zu Gast war, schaute auch bei Maria Loretto vorbei«, berichtet der Kärnten-Kenner und langjährige ehemalige Gemeinderat der Grünen in Klagenfurt Reinhold Gasper, durch dessen Initiative 15 Naturschönheiten zu Naturdenkmälern erklärt wurden. Die ursprüngliche Anlage in Maria Loretto am See erinnerte an das Schloss Isola Bella im Lago Maggiore. Am 30. August 1660 bewirtete hier Graf Orsini-Rosenberg Kaiser Leopold I., der in Begleitung venezianischer Gondolieri von Klagenfurt aus eine Wörthersee-Rundfahrt unternahm, für die extra eine ganze Flotte von Holzschiffen gebaut worden war. Während des Spanischen Erbfolgekrieges waren in Maria Loretto vier Prinzen des Kurfürsten Max Emanuel von Bayern interniert, die in Kriegsgefangenschaft geraten waren. Erhalten geblieben sind von der ursprünglichen Pracht nach einem verheerenden Brand am 9. Oktober 1708 nur mehr das sehr viel schlichter erneuerte Schloss,

Reste eines frei stehenden Turms, heute Teil des Loretto-Bades, und die wiederhergestellte Kapelle von 1660, eine Nachbildung der Mutter aller Loretto-Kapellen, und zwar jener von Maria Loretto bei Ancona. Sozusagen eine Nachbildung der »Casa Santa«, jenem legendären Heiligen Haus Marias, das – wie die Legende erzählt – Engel, in Wahrheit wahrscheinlich Kreuzfahrer, von Nazareth nach Ancona getragen haben sollen.

Aus der ersten Bauzeit stammen ein rundbogiges Portal mit Wappen und ein Ziehbrunnen im Garten. Wo früher der Graf mit seiner Familie samt Dienerschaft domizilierte, fand später auch ein bunt zusammengewürfeltes Völkchen von Sommergästen aus nah und fern Unterkunft und vergnügte sich in der komfortablen Bade- und Schwimmanstalt am Fuß des Felsens. Prominente Gäste auf Sommerfrische waren in Loretto 1908, ein Jahr vor ihrer Heirat, die Hofopernsängerin Anna von Mildenburg und der Schriftsteller und Kritiker Hermann Bahr. Eine Begegnung, an die sie sich noch viele Jahre später erinnerte, war jene mit einem »zur Fettsucht neigenden Asthmatiker von Geburt, beinahe Terrier von Rasse«. Er strich auf der Halbinsel »faul und gelangweilt herum, niemand sprach ihn an, niemand streichelte ihn, man gab ihm halt sein Futter und das ist für einen Hund zu wenig, er will auch eine Ansprache haben«.

»Ich redete jeden Hund an und so auch ihn, und von da an wich er nicht mehr von mir. Er folgte mir zu Wasser und zu Lande, schwamm neben mir im See und seine Begriffe von Anhänglichkeit brachten mich oft in recht heikle Situationen, verrieten meine Anwesenheit da und dort, denn er wartete vor den Türen und schnupperte durch alle Spalten und bedrohte jeden, der versuchen wollte, dorthinein zu gelangen, wo ich eben allein und abgeschlossen weilte«, schrieb Anna von Mildenburg im Essay *Mein Hundeleben. Für Hundenarren erzählt*. Anhänglich war ihr »Zufallshund Foxl«, stürzte sich einmal von der Landungsbrücke in den See und schwamm dem Dampfer, auf dem sie einen Ausflug machen wollte, bis zur nächsten Station nach. Da sie ihn nicht auf das Schiff mit-

Anna von Mildenburg, um 1926 von Trude Fleischmann fotografiert, schrieb *Mein Hundeleben. Für Hundenarren erzählt.*

nehmen durfte, fuhr sie mit Foxl im Ruderboot zurück. Er: selig und zufrieden. Sie: nachdenklich wegen der Zukunft. Was sollte mit dem Hund werden? Dann machte sie eine zweitägige Wanderung und freute sich auf die Rückkehr zu Foxl. Alle empfingen sie aufgeregt: Foxl war allein ans andere Ufer geschwommen, um sie zu suchen, war dann triefend und verstört wiedergekommen, in ihr Zimmer gedrungen und lag nun schon den zweiten Tag unter ihrem Bett, fraß nicht und zeigte jedem die Zähne, der ihm nahe kam. »Er blieb auch in seinem Winkel, als ich eintrat, fing nur furchtbar zu heulen an, es klang wie eine ungeheure vorwurfsvolle Klage und erst nach leisem schmeichelndem Zureden kroch er endlich zu mir hin, legte die Pfoten auf mein Knie und den Kopf an meine Brust und sah mich so trostlos und so flehend hundstreu an, dass ich ganz zerknirscht war und ihm leise die heiligsten Versprechungen in sein Ohr flüsterte«, schrieb Anna Mildenburg. Eine davon hatte seine Mitnahme nach Wien zur Folge.

Das Nebeneinander von Aristokraten, Millionären und Fußvolk verlief nicht immer friktionsfrei am Wörthersee. Zumal ein Freibad billiger und natürlicher ist. So wurde im Sommer 1930 plötzlich ein großes Stück des öffentlichen Gewässers der Allgemeinheit weggenommen. Das dem Exgrafen Orsini-Rosenberg gehörige Bad Loretto hatte, weil ziemlich verwahrlost, kaum Besucher. Der Familienrat suchte nach einem Ausweg und beschloss, einen Stacheldraht um die Glanfurt zu ziehen, um die Badelustigen dem Bad Loretto zuzuführen. Aber die weigerten sich. Der Stacheldrahtzaun bekam bald Lücken, und die Leute badeten wieder lustig in der Glanfurt.

Wie der *Arbeiterwille*, die sozialdemokratische Parteizeitung der Steiermark, berichtete, setzte sich der junge Schlossherr hin und »malte höchst eigenhändig, weil es billiger ist«, auf eine Verbotstafel folgende Worte: »Sie blöder Schweinehund! Wenn Sie nochmals den Zaun beschädigen, so werden Sie erstens der Staatsanwaltschaft wegen boshafter Sachbeschädigung angezeigt und zweitens wegen Besitzstörung geklagt. Dr. Orsini-Rosenberg.«

Das Medienecho blieb nicht aus: »Das ist die vornehme Aristokratensprache, die den gewöhnlichen Menschen Schweinehund heißt.« Aber wenn es sich um den Besitz anderer Leute handelte, redete Orsini-Rosenberg nicht von Besitzstörung. Am rechten Ufer der Glanfurt, Orsinis Besitz gegenüber, stand seit 1768 ein wertvoller Stein mit schöner Pyramide. Eines Tages stellte die Eigentümerin fest, dass der Stein, schön geputzt, plötzlich auf dem Schlossgrund am Seeufer bei der alten Landungsbrücke stand. Das Schloss Loretto war um eine Sehenswürdigkeit reicher geworden. Dort, wo der Stein früher immer stand, wurde aber keine Tafel hingestellt – mit dem aristokratischen Vermerk: »Sie blöder Schweinehund!«

3 Leer stehendes Geisterhaus und Sorgenkind

Villlacher Straße 338, Klagenfurt

Das Hotel Wörthersee, einst ein architektonisches Juwel, heute Lost Place, sucht Liebhaber für eine sanfte Revitalisierung.

Was haben das patinierte Kurhaus Semmering, 1909 eröffnet, und das alte Hotel Wörthersee, mit schöner Fernsicht auf einer Anhöhe zwischen Klagenfurt und Krumpendorf, gemeinsam? Beide sind seit vielen Jahren dem Verfall preisgegebene Ruinen. Aber für beide gibt es jetzt sogar wieder Hoffnung auf eine Zukunft nach einer glanzvollen Vergangenheit.

Der Grazer Hotelier Florian Weitzer will dem traditionsreichen Semmering-Hotel als neuer Eigentümer wieder Leben einhauchen. Und Goldgräberstimmung gab es zuletzt bei verschiedenen Investoren im Wechsel zwischen Hoffnung und Enttäuschung auch immer wieder beim Hotel Wörthersee in der Villacher Straße 338, auch Schlosshotel Wörthersee genannt.

Graf Douglas Thurn-Valsássina (1864–1939) ließ es 1891 bis 1897 am Ostende des Sees nach Plänen des Klagenfurter Architekten Wilhelm Heß (1846–1916) errichten, der unter anderem auch am Bau von Schloss Velden und – für den Wiener Porzellanfabrikanten Carl Ernst Wahliss – des Parkhotels in Pörtschach beteiligt war. Für die Fachwerkkonstruktionen, Fensterläden, Balkone und Loggien des monumentalen Hotels Wörthersee verwendete Hess ausschließlich Holz. An der Eisenbahn-, Pferdebahn- und Dampfschiffstation Militärschwimmschule gelegen, hatte es zunächst 30, später 50 Zimmer in der Luxuskategorie, außerdem schöne Gärten und Veranden.

Der Bauherr war in der Monarchie von 1905 bis 1909 k. u. k. Diplomat in Sofia und dann von 1911 bis Oktober 1913 österreichisch-ungarischer Botschafter am russischen Hof von Nikolaus II. in St. Petersburg. Keine gute Nachrede hatte er nach der Abberufung von diesem Posten in der Zeitung *Arbeiterwille*, die Otto Bauer als bedeutendstes sozialdemokratisches Medium Österreichs nach der *Arbeiter-Zeitung* würdigte. Während der größten Spannungen zwischen Österreich und Russland sei der Graf wochenlang auf der Jagd in Kärnten gewesen, statt in Petersburg seine diplomatische Pflicht zu erfüllen: »Selbstverständlich bezog der noble Herr für die Betätigung seiner Jagdfreuden seinen sehr hohen Gehalt fort, ohne sich indes um die kriegerischen Verwicklungen am Balkan zu kümmern.«

Der blaublütige Nobelherr wurde aber nicht etwa pensioniert, monierte das Blatt, sondern wurde in »Disponibilität«, also mit Vorbehalt der Wiederverwendung, übernommen, das heißt, er bekam zeit seines Lebens ein hohes Gehalt plus Zulagen. »So wird bei uns in Österreich für die Aristokraten gesorgt, deren ganze Tätigkeit darin besteht, dass sie den lieben Herrgott einen guten Mann sein lassen und verächtlich auf das gewöhnliche Volk herabblicken«, hieß es klassenkämpferisch im *Arbeiterwillen*.

Das Hotel Wörthersee und die Militärschwimmschule, um 1902

»Für die Staatsbahnbediensteten, die Lehrer, die Eisenbahner, die staatlichen Arbeiter, die alle dem Staate wirkliche physische und geistige Arbeit leisten, ist freilich kein Geld vorhanden. Douglas Graf Thurn-Valsassina hatte das alles nicht nötig. Er wurde auch ohne besondere Arbeitsleistung ausgiebig versorgt. Hoffentlich erinnert er sich des bekannten Satzes: ›Noblesse, oblige!‹ (Adel verpflichtet!) und zahlt den Arbeitern in seinen Betrieben so viel Lohn, damit sie nicht verhungern brauchen.«

Was einst als Mix aus Jugendstil, Regionalromantik, Barock und englischer Landhausarchitektur den Charme eines Grandhotels hatte, verfällt mittlerweile still und leise. Das unter Denkmalschutz stehende Hotel Wörthersee mit der markanten Fassade und Fachwerks- und Holzkonstruktionen in der Tradition des Heimatstils neben der viel befahrenen Bahnstrecke und der Kärntner Straße ist schon seit Jahren ein Sorgenkind am See. Eine Sanierung kostspielig und schwierig. Das Tauziehen zwischen wechselnden Besitzern und der Behörde eine Never-Ending-Story.

Der Haubenkoch und Neo-Hotelier Armin Strohschein, der das Haus Anfang der 1980er-Jahre erwirbt, erlebt ein »Drama mit dem Denkmalschutz« und verkauft es wieder 2009. Die neue Eigentümerin, die Seilerstätten Immobilien AG, zeigte sich bereit, ins Hotel Wörthersee zehn Millionen Euro zu investieren. Aber damit hätte man nicht alle Auflagen des Bundesdenkmalamtes erfüllen können. 2016 signalisierte ein an der Außenfront angebrachtes Plakat: »Zu verkaufen«.

Der eventuellen Spekulation auf einen Neubau hatte schon seinerzeit die Bürgermeisterin Maria-Luise Mathiaschitz eine Absage erteilt: Das Hotel stehe auf einer Zone-Zwei-Widmung, was bedeutet: »Dass mit dem Hotel auch ein Wert verfällt. Wenn es verfällt und weg ist, dann ist hier maximal eine zweigeschossige Bebauung plus Dachgeschoss möglich. Das heißt, die derzeitige Quadratmeteranzahl wird man nicht mehr erreichen können.«

Das Wörthersee Hotel bleibt weiter Geisterhaus und Sorgenkind. Nach langem Stillstand und mit neuem Eigentümer sollen

Schloss Freyenthurn oberhalb der Ostbucht des Wörthersees, Südansicht

Umbau und sanfte Revitalisierung des seit Jahren leer stehenden Hotels endlich beginnen, hieß es schließlich im März 2019. Schon zwei Jahre davor gab es von der Politik grünes Licht. Da winkte der Stadtsenat die Teilbebauungspläne des polnischen Investors Marcin Wolski durch. Er hatte das Objekt um 900 000 Euro gekauft und will sieben Millionen Euro in den Umbau stecken. Errichtet werden sollen im denkmalgeschützten Haus neben einem Restaurant und Spa Appartements und Zimmer. Aber auch hier gilt wie anderswo: Die aufwendige Detailplanung braucht Zeit. So lange stehen sich der Pessimismus des Intellekts und der Optimismus des Willens und der Hoffnung gegenüber, dass es ein Happy End geben kann.

Inzwischen blickt Schloss Freyenthurn vom Südhang des Falkenberges herunter. Ursprünglich um 1541 für Hans Angerer, den Hofzahlmeister von König Ferdinand I., unter Verwendung älterer Bauteile im burgartigen Renaissancestil errichtet, bekam es nach mehreren Besitzerwechseln um 1885 unter Wilhelm Karl Heinrich Reichsgraf von und zu Westerholt-Gysenberg eine neue Fassade und Zubauten. Zu dieser Zeit erlangte es seine heutige markante Gestalt im Tudorstil mit vielen Erkern und Türmen.

1904 sorgte das Schloss für Aufsehen unter den Bibliophilen: Die Hauptattraktion einer Auktion kostbarer alter Bücher bei Sotheby's in London war die Versteigerung eines *Psalmorum-Codex*, der um den Rekordpreis von 4000 Pfund Sterling oder 96 000 Kronen den Besitzer wechselte. Das große lateinische Psalterium von Fust und Schöffer, auf 136 Pergamentblättern mit großen gotischen Lettern auf Kosten des Kartäuser Klosters zu St. Jakob bei Mainz gedruckt, war ein Fund in der Bibliothek auf Schloss Freyenthurn, eine ausgesprochene Rarität, erstmals beschrieben im *Zentralblatt für Bibliothekswesen* im Februar 1887. »Das Psalterium von 1459 ist wohl das wertvollste Buch, das jemals im Handel vorgekommen ist«, fand der renommierte Frankfurter Antiquar Simon Leopold Baer. »Es ist viel seltener und prächtiger, wie die Mazarin-Bibel.« Ein Exemplar des gleichen Buches, von dem überhaupt nur 13 Exemplare bekannt und davon sechs unvollständig sind, wurde aus der Bibliothek von Sir John Thorold im Oktober 1900 um 5250 Pfund Sterling an John Pierpont Morgan, besser bekannt als J. P. Morgan, verkauft.

Die umfangreiche Kunst- und Büchersammlung des US-amerikanischen Unternehmers und einflussreichsten Privatbankiers seiner Zeit, außerdem Präsident des New Yorker Metropolitan Museum of Art von 1904 bis 1913, ist der Grundstock der Morgan Library & Museum an der Madison Avenue in Manhattan. Zu den einzigartigen Kostbarkeiten des Hauses gehören Manuskripte, Papyri, Inkunabeln, frühe Drucke, illustrierte Bücher, Musikautografen und Grafiken. Es bringt drei Gutenberg-Bibeln und Bob Dylans *It Ain't Me Babe*, nicht unbedingt für die Ewigkeit auf Hotelpapier gekritzelt, an einem Ort zusammen.

Im Zweiten Weltkrieg schwer beschädigt und danach wieder saniert, wurde Schloss Freyenthurn eine Zeit lang als Schlosshotel geführt. Heute ist das historische Baujuwel mitten in einem mehr als 57 Hektar großen Märchenpark an die Betreiber eines babylonischen Nobelbordells verpachtet. Ganz Lustschloss sozusagen. Ausgestattet mit schweren, prunkvollen Lustern, Möbeln mit Goldanstrich oder im Leoparden-Look, einem Bärenfell und anderen Jagdtrophäen.

In der Bar stehen riesige Ohrensessel, überzogen mit altrosa Samt. Irgendwie plüschig. Da trifft Opulentes, Verrücktes, Pseudo-Elegantes und Lächerliches aufeinander, inszeniert als Fantasiewelten in einer pompösen Kulisse für das horizontale Geschehen im Maharadscha-Zimmer oder anderen erotischen Spielplätzen mit Himmelbett. Alles im Dienst eines einfachen Geschäftsmodells: »Die Liebe ist monogam. Nur die Menschen sind es nicht.«

4 Mit dem Schnauferl zum Seefest

Römerweg 5, Krumpendorf

Der Traum eines frühen Automobilisten: Max Schindler von Kunewald brachte die erste pferdelose Kutsche an den Wörthersee.

Villa Schindler. Bis heute ein lauschiges Plätzchen, einst das Heim eines Adeligen, der auf die Butterseite gefallen war. Er ist kultiviert, lebenslustig, extravagant – einer der ersten Autobesitzer. Und er hat noch eine andere Leidenschaft: die Fotografie. Krumpendorf verdankt dem Freund des Lichtbilds erst kürzlich aufgefundene historische Aufnahmen vom Seefest des Jahres 1902. Es war die Zeit, als die große Freiheit begann. Zumindest für jene, die sie sich leisten konnten.

Damals gibt es ihn noch, den Typus des Privatiers, der nur vom Erbe und nach Lust und Laune für seine eigenen Interessen lebt und nichts erwirtschaften muss. Max Schindler von Kunewald (1854–1929) ist in der privilegierten Situation, seine Neugierde frei von jeglichen Verpflichtungen auszuleben. Er hat Zeit und Geld für Luxus und liebt das Autofahren und die Fotografie, als beides noch weit entfernt von weit verbreitet ist.

Das Schloss Kunewald, entworfen von Johann Lucas von Hildebrandt und heute eines der prächtigsten Barockschlösser in Nordmähren und Schlesien, war der Stammsitz seiner Vorfahren. Sein Vater Friedrich Emil Schindler von Kunewald (1809–1867) war als Adoptivkind Erbe der Besitzungen der Gräfin Maria Walburga von Waldburg-Zeil (1762–1828). Sie hatte in ihrem Schloss ein für alle Bevölkerungsschichten offenes Bildungs- und Erziehungsinstitut gegründet, eines der modernsten in Mitteleuropa, für das sie Lehrmittel zur Verfügung stellte und wo sie sich auch selbst am Unterricht beteiligte.

Schindler schreibt ein neues, aber kurzes Kapitel der Schlossgeschichte, wird für seine Verdienste um die Förderung der regio-

Seerestauration mit Anlegebrücke, 1909

nalen Landwirtschaft von Kaiser Franz Joseph I. 1859 in den Adelsstand erhoben und erhält den Titel »von Kunewald«. Drei Jahre nach seinem Tod verkauft seine Witwe Ernestine den Besitz an den Landgrafen Ernst Egon von Fürstenberg – und zieht für den Rest ihres Lebens nach Krumpendorf in eine Villa, die sich heute hinter hohen Bäumen am Hang gegenüber vom Bahnhof verbirgt.

Schindlers jüngster Sohn Max wohnt in Wien zunächst in der Neugasse 1a in Hietzing, besitzt das Haus Waisenhausgasse 11 und wird Architekt ohne große Ambitionen. Bei der Jubiläums-Gewerbe-Ausstellung zur Wiener Stadterweiterung und Donauregulierung von der Traisenmündung bis zur ungarischen Grenze im Juni 1888 zeigt er im Modell, wie sich mit einem großen Schutzdamm am linken Flussufer vom Bisamberg bis zur Marchmündung der Austritt verheerender Hochwasser ins Marchfeld verhindern lässt.

In Krumpendorf gründet er ein Vergnügungskomitee, organisiert Sommerfeste mit Feuerwerk, Konzerten und Bootskorsos und sorgt ab Mitte der 1890er-Jahre für die Abendunterhaltung der Wiener Feriengäste in der zum Hotel mit Festsaal ausgebauten Bahnhofsrestauration. Für die dort im Sommer 1898 aufgeführte romantisch-komische Oper *Der verwandelte Wille* mit Musik von Edwin Komauer (1869–1944) schreibt er den Text, ist Arrangeur und Regisseur und malt sogar die Bühnendekoration selbst.

»Samstag Abend wurden die Gäste dann mit verschiedenen Darbietungen wie ein Lustspiel, ein Schnellzeichner, ein Schattenspiel (es gab noch kein Kino) oder Gesang erfreut«, berichtet der gebürtige Niederösterreicher und Klagenfurter Seifenfabrikant Josef Pamperl (1848–1930) in seinen Erinnerungen. Der Besitzer des Etablissements »Gut Krumpendorf« (Schloss Krumpendorf) hatte sich bei einer Versteigerung gegen die Mitbieter und Ernst Wahliss aus Pörtschach durchgesetzt und auch die Bahnhofsrestauration erworben. Und ab 1906 als »Gelegenheitskauf!« in Zeitungsanzeigen wieder angeboten: »Sehr besuchte, beliebte Restauration, vis-a-vis dem Bahnhofe in Krumpendorf am Wörthersee ist zu verkaufen und sogleich zu eröffnen.«

Im Mai 1901 übernahm Isidor Brabetz, der die Innsbrucker Stadtsäle bewirtschaftet hatte, als neuer Eigentümer, baute die Restauration zum Bahnhofshotel mit Terrasse vor den Zimmern im 1. Stock und einem großen Salon darunter aus. Brabetz, auch »Rattenfänger von Hameln« genannt, schaffte es, an Sonn- und Feiertagen so viele Gäste anzuziehen, dass die Bahn Sonderzüge von Klagenfurt nach Krumpendorf einsetzte. Allerdings ließ der Zustrom bald wieder nach, und Brabetz musste am 24. August 1913 Konkurs anmelden.

Apropos: »In Krumpendorf atmete ich balsamische Luft«, schrieb Egon Schiele. Bald nach seiner Haft in Neulengbach wegen eines Mädchenakts im Frühjahr 1912 fuhr er mit Wally Neuzil nach Triest und berichtete über seinen Zwischenaufenthalt am Wörthersee: »In Klagenfurt war ich um 3 Uhr 5 Min angekommen, um halb 5 Uhr bin ich bis Krumpendorf gefahren. Ich muss sagen, dass mir der Wörther See soweit sehr gut gefällt, bis wo die neuen ›Paläste‹ beginnen, das schändet die Einheit. Leider gibt es keine guten Ansichtskarten, ich wollte, es gäbe welche, wo nichts drauf wäre, als der weite, elegante Zug der Karawanken, das ist wie ein Kristall.«

Schiele übernachtete im Bahnhof-Hotel und ging dann zu Fuß bis Pörtschach. Da ist es »hochelegant, erstklassiger Kurort, Etablissements, Hotel, Pension, Villa, Bad, Bootshäuser, Dampfschiff, Promenade, Park, vergewaltigte Natur. – Denselben Tag noch bis Velden gefahren, sah ich mich um einige Wohnungen um. … abends ging ich noch bis Lind, dort ist alles unverfälscht echt, fünfmal größere Portionen, Schweine laufen herum und Hunde beißen sie. – Ich übernachtete in Velden, bei Möslacher, Zimmer mit zwei Betten 3 Kronen 60 Heller, in Krumpendorf 6 Kronen.«

Im August 1913 wohnte Schiele einige Wochen lang beim »Tommelebauern« in Sattendorf am Ossiacher See – »in einem alleinstehenden Bauernhaus … Der See hat immer 18–22 Grad; also höchst angenehm. Auch sieht man viel primitive Kunst wenn man sucht. Die Farben in den Häusern sind glühend, weißlich, die Sonne ist so stark. Blau neben rot … Habe die feste Absicht, sehr viel zu arbeiten. Gestern entdeckte ich reizende Blockbauernhäuser und Mühlen, die ich malen werde.«

Bei seinem letzten Aufenthalt in Kärnten im Spätsommer 1918 traf sich der Maler, in Villach im Hotel »Goldenes Lamm« einquartiert und fasziniert vom Mittagskogel, den er in seinem Zeichenbuch festhält, mit Anton Kolig. Eine mit dem Nötscher Maler geplante Ausstellung in Klagenfurt kam aufgrund von Schieles Tod im Oktober nicht mehr zustande.

Max Schindler kam noch aus einer Zeit, die mit fluchenden Kutschern bevölkert war. Eine erst kürzlich im Schloss in Kunewald entdeckte 120 Jahre alte Fotoserie zeigt, dass er am Beginn der österreichischen Automobilgeschichte dabei war. »Auf den histo-

Bahnhofsrestauration mit Automobil, um 1900

risch einzigartigen Fotos aus dem Jahr 1901 ist ein Auto zu sehen, das 1900 für die Schindlers im tschechischen Kopřivnice, dem einstigen Nesselsdorf, gebaut wurde«, sagt der Schloss-Verwalter Jaroslav Zezulčík. Eine Aufnahme zeigt den Autobesitzer beim Reifenwechsel zwischen Bruck und Leoben mit seiner Frau Anna und dem Fahrer Franz Kalista. Das Straßenpublikum und die Bauern auf den Feldern an der Strecke muss die pferdelose Kutsche, selbstfahrend und knatternd, der Motor noch keineswegs schnurrend wie wenn man einem Kätzchen das Bäuchlein streichelt, damals am Anfang der Automobilisierung noch erschreckt haben.

Im Rückblick ist klar: Um 1900 begann der Siegeszug des Autos. Was zu Beginn keineswegs absehbar war. Ende 1897 gab es in der gesamten k. u. k. Monarchie 35 gemeldete Automobile, davon 16 in Wien. 1906 waren es bereits 1087 und 1912 insgesamt 5300 registrierte Fahrzeuge in Wien. Sie produzierten auf den nicht dafür ausgelegten Straßen gigantische Staubwolken. Der deutsche Kaiser Wilhelm II. soll gesagt haben: »Ich glaube an das Pferd, das Automobil ist eine vorübergehende Erscheinung.«

Im Ort Nesselsdorf (Kopřivnice), direkt an der deutsch-tschechischen Sprachgrenze, entstand die erste und älteste Automobilfabrik der Monarchie. Schindler bestellte 1900 das neue Modell Nesselsdorfer Typ A – Vierer. Das Schnauferl hat – wie sein Vorgänger – einen Benz-Zweizylinder-Boxermotor, 2750 cm^3 Hubraum, 6 PS, ein Kippdach und Continental-Reifen. Die Höchstgeschwindigkeit des 1000 Kilogramm schweren Wagens: 40 km/h. Die Version in besserer Ausstattung hatte Ledersitze, Karbidlampen und 8 bis 9 PS Motorleistung. Von der Variante mit 12 PS-Motor, 3188 cm^3 Hubraum und 65 km/h Höchstgeschwindigkeit wurden nur 17 Fahrzeuge hergestellt. Der Verkaufspreis: 7380 Kronen (52 500 Euro). Ein Kilometer kostete durchschnittlich eine Krone. Die hohen Betriebskosten konnte sich, errechnete ein Automobilclub, »nur ein sehr reicher Mann erlauben«.

Im Schloss Kunewald erinnert man sich heute noch an die nach Kärnten ausgewanderte Familie Schindler und zeigt vor allem in der Schlosskapelle, dem gelben und dem Pompeji-Zimmer »die wertvollsten Gegenstände aus dem Besitz der Familie«, sagt Jaroslav Zezulčík. Er hat das letzte Mitglied der Familie, Max Schindlers Enkelin, die ehemalige Religionslehrerin Judithmarie Schindler-Kunewald, in den Jahren vor ihrem Tod im Juni 2014 im Alter von 95 Jahren in der Krumpendorfer Villa mehrmals besucht.

Deshalb können in der Schlossgalerie Porträts von Emil Schindler und seiner Frau Ernestine, die 91-jährig im September 1905 in Krumpendorf gestorben war, und eine Vedute des Schlossareals aus dem 19. Jahrhundert gezeigt werden, Gemälde, die vor 150 Jahren die Nachfahren des Schlossherren nach Österreich mitgenommen hatten. Zezulčík: »Außerdem konnten wir ungefähr 1000 Gegenstände aus der Familienvilla Schindler in Krumpendorf vom Bistum in Gurk kaufen, das den Nachlass erhalten hatte.«

Mit Hartnäckigkeit gelang es auch dem Krumpendorf-Chronisten Richard Marinitsch nach Jahren, aus der im Stift St. Georgen am Längsee im Bezirk Sankt Veit an der Glan gelandeten Hinterlassenschaft von Judithmarie Schindler-Kunewald und von einem Antiquitätenhändler in Klagenfurt einen wertvollen historischen Fund zur Ortsgeschichte zu sichern: Fotos des Grazer Fotografen Carl Exner vom Sommerfest 1902.

Am Samstag, dem 21. Juni 1902, war nach nur vier Monaten Bauzeit eine neue Attraktion am Wasser in der Berthastraße 49 mit einem Konzert der Klagenfurter Stadtkapelle unter Leitung von Kapellmeister Wolf eröffnet worden: Josef Pamperl, mittlerweile Bürgermeister von Krumpendorf und Eigentümer eines der schönsten Seegrundstücke am Schwimmschulhügel neben der Dampfer-Landungsbrücke (heute Seeterrasse), hatte sich vom aus Prag stammenden Klagenfurter Architekten Georg Horčička einen Holzbau für 400 bis 600 Gäste mit großen Veranden auf mehr als 100 Piloten in den See hinaus bauen lassen.

Vorbild war der 1799 eröffnete und im Lauf von 200 Jahren noch mehrmals wiederaufgebaute Alsterpavillon, eines der berühmtesten Café-Restaurants der Welt, an Hamburgs Nobelboulevard, dem Jungfernstieg. Bei dem schaute schon der Dichter Heinrich Heine gern vorbei und setzte dem Etablissement in seinen *Memoiren des Herrn Schnabelewopski* ein literarisches Denkmal: »Da lässt sich gut sitzen, und da saß ich gut manchen Sommernachmittag und dachte, was ein junger Mensch zu denken pflegt, nämlich gar nichts, und betrachtete, was ein junger Mensch zu betrachten pflegt, nämlich die jungen Mädchen, die vorübergingen.« Auch der Teufelsgeiger Paganini schätzte den Pavillon und kehrte hier 1830 aus Anlass eines Hamburg-Gastspiels ein.

Radreigen beim Sommerfest in Krumpendorf, 1902

In Kärnten gehörte die schon von Weitem sichtbare Seerestauration (Ende der 1970er-Jahre abgerissen) zum Gut Krumpendorf (Schloss Krumpendorf), das Pamperl zu einem komfortablen Hotel mit 25 Zimmern ausgebaut hatte. Sie entwickelte sich zu einem Publikumsmagneten und zum beliebtesten Fotomotiv mit der Schiffsanlegestelle nebenan und dem Bahnhof in bequemer Gehweite. »Der Höhepunkt des Sommers war das See- und Strandfest rund um den Schwimmschulhügel – die felsige Erhebung entlang der Uferpromenade bei der Schiffsanlegestelle, die von Spazierwegen und Ruheplätzen durchzogen war – in unmittelbarer Nähe zur neu eröffneten Seerestauration«, sagt Marinitsch.

»Auf den Fotos kann man sehen, mit welcher Sorgfalt und welchem Engagement das Fest vorbereitet war. Es waren die Sommergäste selbst, die Plakate malten, Lampions bauten, Girlanden aufzogen, die Stände dekorierten und betrieben, und sie präsentierten sich in ihren besten Kleidern. Es ist aber davon auszugehen, dass das Fest mit einem Feuerwerk, einem Bootskorso und einem Tanzkränzchen in der herrlich gelegenen Seerestauration zu Ende ging. Für die musikalische Präsenz sorgte die Kapelle eines k. u. k. Infanterieregiments.«

Wie Schindler und seine Mitarbeiter solche Feste organisierten, schildert Pamperl: »Das Vergnügungscomitee stellte eine Anzahl Buden auf, alle geschmückt mit Fichtengirlanden, Blumen und Fähnchen, in denen schöne Damen unter der Patronanz gesetzterer Damen ihre Schätze verkauften, feine Würstchen, Mocca, Champagner und andere Delikatessen; andere Buden luden die Besucher des Festes zum Eintritte ein, wo ihnen dann die verschiedensten scherzhaftesten Überraschungen zu teil wurden. Den Schluss jedes Seefestes in Krumpendorf bildete jedesmal ein schönes Feuerwerk, welches sowohl vom Ufer, als auch von See aus [zu bestaunen war], auf dem [mit] Lampions, Blumen und Bändern geschmückte Boote schaukelten. Wandernde Besitzer von 15 Schießbuden, Blitzfotografen usw. fanden sich auch zu jedem Seefest ein, auch Ringelspiele und Riesenschaukeln fehlten nicht.«

Schon zwei Jahre vor dem Seefest in Krumpendorf 1902 erzählte das *Neue Wiener Journal* aus der Sommerfrische am Wörthersee eine andere kuriose Geschichte: An den Straßenecken kündigten Theaterzettel für den Abend die Aufführung eines »Sensationsdramas« mit dem Titel *Wenn wir Toten erwachen* an. Weit entfernt von der Hauptstadt kommt das brandneue Stück von Henrik Ibsen auf die Bühne? Abends wurde der Vorhang zurückgezogen, und ein greiser Herr begann, einen Brief in der Hand, heiseren Tones zu jammern, dass er Zweig auf Zweig vom Geschlecht der Borotin fallen sehe. Dann trat eine ältliche Dame vor, die sich als Tochter Bertha vorstellte … Stark verändert und eigentümlich bearbeitet wurde Grillparzers Schicksalsdrama *Die Ahnfrau* präsentiert.

Tatsächlich stand auf dem Programmzettel in großen Lettern: *Wenn wir Toten erwachen*. Und dann in ganz kleinen: *oder: Die Ahnfrau*. In der Pause wurde der alte Graf Borotin und zugleich der Direktor der Truppe zur Rede gestellt, der errötend gestand, er habe, um Publikum anzuziehen, bewährte Stücke zum Teil modernisiert – wenigstens im Titel. »Heutzutage lesen ja die Leute in den kleinsten Nestern die Theatergeschichten in den Zeitungen und wollen nur die neuesten Komödien sehen; dabei kennen sie die alten guten wie die heutigen gar nicht. Und gerade auf die sind meine Leute eingespielt. Ist's nicht besser, ich führe eine gute Komödie wie die *Ahnfrau* auf, statt so einen modernen Schmarrn von dem schwedischen Stückeschreiber – ich weiß nicht, wie er heißt?«

5 Das Sommerhaus des Architekten

Am Hang 6, Krumpendorf

Die als Baujuwel originalgetreu erhaltene Villa Haybäck steht in ihrer Pracht wie anno dazumal da, für die Besitzerin ein »Geschenk des Himmels«.

1. Mai 1893. Eröffnung der Weltausstellung in Chicago. Das bis dahin größte Schaufenster der Welt für technische Errungenschaften. Der Beginn einer neuen Ära – mit 70 000 Ausstellern aus 46 Nationen. Ein kurzer Knopfdruck genügte, um eine gigantische Maschinerie in Gang zu bringen und das Publikum in Erstaunen zu versetzen. Denn das gesamte zweieinhalb Quadratkilometer große Ausstellungsgelände am Ufer des Michigansees mit mehr als 200 Gebäuden im neoklassizistischen Stil und strahlend-weißen Fassaden war elektrifiziert und elektrisch beleuchtet.

In der »White City«, wie das Areal genannt wurde, gab es viele Sensationen: Der absolute Hit waren die erste Geschirrspülmaschine, eine Erfindung der Selfmade-Frau Josephine Cochrane (geborene Garis), eine vollelektrische Küche, ein rollender Fußsteig und die als »Intramural Railway« bezeichnete erste Hochbahn mit Elektro-Antrieb.

Der Elektrotechnik-Pionier Thomas Edison stellte einen neu entwickelten Filmprojektor und einen Phonographen vor, mit dem man bereits ganze Opern abspielen konnte. Die Firma Bell bot erstmals Langstreckentelefonate nach Boston und New York an. Die größte Attraktion aber war ein 80 Meter hohes Riesenrad, bestückt mit 36 Gondeln, so groß wie Pferdewagen, mit jeweils 40, insgesamt also 1440 Sitzplätzen.

Aus Deutschland schickten die Gebrüder Stollwerck einen »Chocolade-Tempel«. Aus Frankreich kam die Skulptur *Der Kuss* von Auguste Rodin, nur von männlichen erwachsenen Besuchern hinter einem Vorhang zu besichtigen. Aus Österreich wurde von der Internationalen Ausstellung für Musik- und Theaterwesen 1892 mit der Rekonstruktion einer Häuserzeile ein kulissenhaftes »Alt-Wien« nach Chicago verschifft. Unter den 650 Ausstellern aus Österreich: die Škoda-Werke, Leykam, Wahliss und Mattoni.

Ein in Wien hergestelltes Objekt zog in der österreichischen Abteilung schon von Weitem die Blicke aller Besucher auf sich: eine 15 Meter hohe Flasche des Mineralwasser-Produzenten Heinrich Mattoni, umgeben von vier großen, die Schwingen ausbreitenden Adlern, die in den Fängen Plakate der Firma hielten. Die Riesenflasche stand auf einem in reich verziertem Eisenguss künstlerisch gestalteten Sockel, dessen vier Ecken und Schlusssteine von einem dekorativen Flaschen-Arrangement flankiert waren. Das Innere des Sockels: drapiert mit schweren Vorhängen und geschmückt mit Ansichten des Kurortes Gießhübl-Puchstein (später in Gießhübl-Sauerbrunn umbenannt; heute Kyselka in Tschechien).

Das spektakuläre Exponat, von der Kunstschlosserei Mathias Toman ausgeführt, hatte Karl Haybäck (1861–1926) entworfen. Der aus Pressburg stammende Wiener Architekt überwachte selbst die Montage in Chicago. Er hatte schon drei Jahre vorher als Carl von Hasenauers Assistent im Wiener Prater für 2000 Besucher ein aus Eisen konstruiertes Sommertheater mit einem Musikpavillon, Arkaden und Restaurationslokalen geplant sowie mit einem verschiebbaren Dach, das sich bei Regen über das Gebäude spannen ließ.

Da war Haybäck bereits Mattonis Hausarchitekt, hatte zunächst ein Ausstellungsgebäude für den Großindustriellen errichtet, der mit der weltweiten Vermarktung des böhmischen Gießhübler-Mineralwassers zu Reichtum und Ansehen gelangt war und 1870 zum k. k. Mineralwasser-Hoflieferanten und 1898 sogar zum k. u. k. Kammer-Lieferanten des Kaisers ernannt wurde. Haybäck baute für ihn in Gießhübl-Puchstein praktisch alles, von der Lager- und Verladehalle über Zentrallager und »Stallburg« mit Wohnungen für die Angestellten bis hin zu Hotels und Villen, außerdem den Quellentempel und die Trinkhalle in der Karlsbader Mühlbadgasse.

Die Nähe von Gießhübl-Puchstein zu Karlsbad brachte ihm auch Aufträge in der Stadt, in der einst die Donaumonarchie zur Kur ging: 1893 den Bau des Villenhotels Rothes Herz; 1898 des Hotels Garni Annaberg am Schlossplatz; 1900 das »Fremdenlogirhaus ›Schubert‹ des Herrn Dr. Felix Knoll« in der Parkstraße; 1904 das Hotel »Nürnberger Hof« mit dem »altdeutschen Restaurant im Tyroler Schloßstyl« (ehemals Hotel Erzherzog Carl) in der Kirchengasse gegenüber dem Sprudel; und 1905 das Hotel Württembergerhof am Marktplatz.

Im historischen Stadtkern Tržiště 29/9 des berühmtesten Badeortes auf dem europäischen Festland ließ sich auch Felix Zawojski, der »König der Schneider« in Karlsbad, von Haybäck gegenüber der Marktkolonnade ein farbenfroh dekoriertes Jugendstilgebäude errichten: In dem befand sich ab 1910 nicht nur der erste Aufzug in einem Bürgerhaus der Kurstadt, sondern auch der bekannteste und modernste Karlsbader Modesalon, in dem sich unter anderen der englische König Eduard VII. ausstatten ließ. Auch der persische Schah Mustaffa Eddin bestellte in Karlsbad Kleidung im europäischen Schnitt, freundete sich mit Zawojski an und bot ihm schließlich, so wird's berichtet, als Zeichen seiner Wertschätzung vier Frauen an.

Später richtete die Gewerbebank im Mietshaus eine Filiale ein. 2006 bis 2008 wurde das dreistöckige Gebäude restauriert und zu einem Luxus-Boutique-Hotel mit nur zehn Gästezimmern im historischen Stil umgebaut. Obwohl vor einigen Jahren wieder geschlossen, blieb die aufwendig erneuerte Jugendstilfassade erhalten.

Karl Haybäck war schon früh ein Spezialist für Wasser-Heil- und Kuranstalten. Er errichtete im Lauf der Jahre eine ganze Reihe dieser Anlagen, etwa für Gustav Lantin, den »Specialarzt für Nasen-, Hals-, Kehlkopf-, Brust- und Ohrenkrankheiten«, 1896/97 in Baden bei Wien an der Stelle des einstigen Schlosses Gutenbrunn, in dem Ludwig van Beethoven 1824 und 1825 in einem Nebengebäude gewohnt und dort zwei seiner Streichquartette geschrieben hatte. Am 14. Juni 1899 nachmittags besichtigte Kaiser Franz Joseph das Sanatorium Gutenbrunn, das mit seinem Hauptgebäude, der Villa Maria, dem Alexanderhof und der sogenannten Eremitage (Beethovenhaus) mit dem Inhalatorium sowie den Nebengebäuden am Fuß des Kalvarienberges in einem großen Park lag.

»An der Stelle des alten Schlosses«, berichtete das *Fremdenblatt*, »hat sich ein neuer großartiger Bau erhoben, der durch seine Dimensionen imponiert, mit seinen zierlichen Türmchen und Erkern, mit seinen Loggien und Balkons, mit seiner reizenden Architektur einen so heimischen Eindruck auf den Beschauer macht, dass einem unwillkürlich der Gedanke aufsteigt: in diesem Hause möchte ich wohnen.« Wo nach wechselvoller Geschichte, einem Umbau zum Hotel und einer neuerlichen Adaptierung des Schlossteils im Jahr 2004 heute das Gutenbrunn Thermen & Sporthotel steht.

Durch Lantin, der sich von Haybäck 1896 ein Sommerhaus in Pörtschach – die Villa Seehof – bauen ließ, kam der Architekt an den Wörthersee und an dessen Ufern und in Klagenfurt zu Aufträgen. 1902 entwarf er für sich und seine Frau Ella sein Traumhaus in Krumpendorf. Und Franz Madile, als Stadtbaumeister maßgeblicher Mitgestalter des Stadtbildes von Klagenfurt, errichtete es im »Landhausstil mit sezessionistischem Holzaufbau und Einbauten … viergeschossig angelegt und vom Dachgeschoß bis ins Souterrain mit Jugendstilelementen durchkomponiert«, heißt es im *Dehio Kunstdenkmäler-Handbuch für Kärnten*. »Deckenarabesken, geschliffene Türgläser, Türschnallen je in Kupfer oder Messing, ein offener Kamin im Wohnzimmer, sind mit den farblich abgestimmten und den für jeden Raum eigens konzipierten Möbeln als geschlossenes Ganzes zu betrachten.«

Ab 1910 war Karl Haybäck dann bis zu seinem Tod 1926 vor allem in Wien tätig, mit Büro und Wohnung in der Seidlgasse 31/ Uchatiusgasse 2 im Bezirk Landstraße. Sein ältester Sohn, Karl Haybäck jun., 1889 in Wien geboren, war wie der Vater Architekt und übernahm die Firma. Aber schon der Erste Weltkrieg unterbrach die bis dahin florierende Bautätigkeit des Ateliers Haybäck und führte im November 1932 zu einer Tragödie: Was zunächst in den Zeitungen als »Bergunfall auf der Rax« bezeichnet wurde, war in Wirklichkeit ein Doppelselbstmord der Haybäcks nahe der nach Erzherzog Otto von Österreich benannten Schutzhütte Ottohaus am Rax-Plateau, wo schon der begeisterte Wanderer Sigmund Freud Stammgast war – seine Begegnung mit Aurelia Kronich, der 18-jährigen Tochter der Pächterin des Ottohauses, im Sommerurlaub 1893 ist als Krankheitsfall »Katharina« in seine *Studien der Hysterie* eingegangen. Haybäcks Frau Paula, die Tochter eines der letzten Ackerbauminister der Monarchie, starb wie der Architekt durch einen Schuss in die Schläfe. Eine prekäre Auftragslage, Fehlinvestitionen und Schulden sollen zur Verzweiflungstat geführt haben. In der Nähe der Leichen wurden zwei leere Glasfläschchen gefunden. Vermutlich hatte das Paar auch Gift genommen. Jedenfalls waren die beiden Körper noch im Tod an den Handgelenken mit Riemen aneinandergeknüpft.

Das Seegrundstück der Haybäcks in Krumpendorf hatte schon in den 1920er-Jahren die aus Armenien stammende Teppichhändler-Familie Aidinjan gekauft. Sie war bei einer Reihe von Tennismeisterschaften vertreten. Aber am schönsten sei es am See im Krieg gewesen, erklärte später eine Frau des Clans. Da hätten die Aidinjans, am Balkon stehend, zugesehen, wie in Klagenfurt die Bomben eingeschlagen haben.

Vom Glanz vergangener Tage war 1977 nur noch wenig übrig und die Renovierung für die neuen Eigentümer ein gewaltiges Vorhaben: Gert Seeber, Rechtsanwalt, Honorarkonsul für Tschechien in Kärnten sowie Initiator und bis zu seinem Tod 2018 geschäftsführender Gesellschafter der Firma »Werzer's neu« in Pörtschach, Wallerwirt in Töschling und Velden, und seine Frau Ingrid wollten die Immobilie retten und ließen sie unter Denkmalschutz stellen, um sie für die Nachwelt zu erhalten.

Villa Haybäck. Aquarell, 1900

»Auf viele wirkt der Denkmalschutz abschreckend, weil sie die Auflagen und die damit verbundenen Kosten scheuen. Freunde und Bekannte sagten damals: Was wollt ihr mit dem alten Kasten? Reißt ihn weg und baut euch einen schönen Bungalow. Aber wir waren der Meinung, dass das Baujuwel erhalten werden sollte, egal, in welchen Händen es sich einmal befinden wird«, sagt Ingrid Seeber. Der erste Eindruck bei der Besichtigung weckte bei ihr Assoziationen an das Horrorhaus von Norman Bates in Alfred Hitchcocks Film *Psycho*: »Nur ohne Leiche im Keller. Aber mich hat der Charme des alten Hauses gefangen genommen.« Das Seegrundstück war nur in Verbindung mit dem Haus zu kaufen. Ein »Geschenk des Himmels« für Seeber, »die Erfüllung all meiner Wünsche. Der Sprung ins kühle Nass, das Flüstern des Schilfes und der Wellen, die Geräusche der Wasservögel versetzen mich zurück in meine glückliche Kindheit am See und waren für mich die totale Entspannung.«

In den 1970er- bis in die frühen 1980er-Jahre war der Wörthersee jeden Winter zugefroren. »Auf Spiegeleis konnte man mit Schlittschuhen von Klagenfurt bis Velden fahren«, erinnert sich Seeber. »Zur Stärkung gab es unterwegs Glühweinstände, die auch Speisen anboten. Das war besonders an den Wochenenden ein gesellschaftliches Ereignis, wenn sich ganz Klagenfurt auf dem Eis traf.« Das hieß aber auch, Brücken und Piloten der Einbauten am See unbedingt eisfrei zu halten, um sie vor den Eisschüben zu schützen. Das Eis konnte während einer Nacht auf bis zu 15 Zentimeter Dicke anwachsen und musste täglich geschnitten werden. »Mit einer Kettensäge konnte ich jahrelang im Winter mit täglichem Schneiden dem Eis trotzen. Aber als mir das einmal nicht möglich war, verrückte der Eisschub unser Badehaus so weit, dass es beinahe von den Piloten gerutscht wäre, und da es keinen Halt mehr hatte, erneuert werden musste.«

Im Sommerhaus, von Haybäck konzipiert für die Familie mit im Souterrain und im zweiten Stock untergebrachtem Personal wie Köchin, Stubenmädchen und Diener, fand die Seeber-Familie noch fast alles im Originalzustand vor. Sie veränderte nur das Nötigste. So gab es keinen direkten Zugang von innen nach außen in den Garten, der zweite Stock war nur über eine Außentreppe erreichbar, und das schmale Fenster im nach Süden ausgerichteten Esszimmer ließ kaum Tageslicht ein. Kanalanschluss und Stromleitungen wurden erneuert, die Veranda nach Osten geschlossen und so zu einem Raum mit großen Fenstern.

Eine Heizung und ein Küchenzubau mussten installiert, im ersten Stock zwei Badezimmer eingebaut werden. Die originale, in den Boden versenkte, gekachelte Badewanne im Untergeschoss, in die man über Stufen einsteigen musste, hat ebenso musealen Charakter wie der große gusseiserne Badeofen und der mehr als 100 Jahre alte Klingelkasten, der seinerzeit das Hauspersonal auf Trab gehalten hat. Siebenschläfer, quirlige Poltergeister, mussten erst vom Dachboden vertrieben und ein in die Dachrinne verirrter Uhu schon zweimal von der Feuerwehr gerettet werden.

Vielgeliebte Mitbewohner im Haus mit alter Seele sind Jason, ein elfjähriger Hovawart, und das »Findelkind« Wally, ein Rhodesian-Ridgeback-Mischling. »Meine Hauslöwen und im Winter Kaminhunde«, sagt Seeber und führt durch ihr Traumhaus, das für sie mit vielen Momenten des Glücks, des Wohlfühlens und der Geborgenheit verbunden ist. Ein Tisch, ausziehbar für bis zu 28 Personen, ein Eckkasterl und eine Kredenz sind von der ursprünglichen Esszimmereinrichtung noch vorhanden. Jedes einzelne Möbel so groß, dass es niemand in eine konventionelle Wohnung mitnehmen konnte. Überall ist die Liebe zum Detail erkennbar: die Türschnallen aus Kupfer, passend zum Kamin, sonst in Messing; die Schlösser, die Stuckdecken, Kachelöfen in den Zimmern, das bunte Fensterglas, alles Handarbeit aus der Zeit um 1900.

Den Stiegenaufgang schmücken Jagdtrophäen und zahlreiche Bilder, unter anderem historische Darstellungen von Schloss Sekirn im Urzustand um 1900 und Schloss Ebenthal im Jahr 1688. In einem Zimmer hängen Landschaftsbilder des im Mai 2005 in Pörtschach verstorbenen Malers Wilhelm Loisel. Und im ehemaligen Dienerzimmer stehen die Flipperautomaten, die Sohn Michael, Jahrgang 1977 und Rechtsanwalt in Klagenfurt, in seiner Jugend gesammelt hat.

»Haybäck hat die Villa nicht nur für seine Familie als Wohn-, sondern auch als Musterhaus gebaut, um als Architekt am Wörthersee Aufträge zu bekommen«, ist Seeber überzeugt und möchte das Jugendstil-Juwel einmal »mit nicht zu großen Makeln an einen Liebhaber guter Architektur aus der vorigen Jahrhundertwende weitergeben«.

Von Haybäck stammt auch die Seevilla Tambour, Baujahr 1906/07, in der Roseneckstraße an der Bucht von Pritschitz in Pörtschach (damals Goritschach), benannt nach dem in Nanterre bei Paris gebürtigen Baron Josef Tambour, dem am 28. Mai 1905 vom

Kaiserlichen Patentamt ein Patent für eine Sicherungssperre von Faustfeuerwaffen erteilt wurde. »Die Villa Tambour ist ähnlich, nur größer als die im Inneren eleganter und detailreicher mit vielen Jugendstilelementen ausgeführte Villa Haybäck«, sagt Seeber.

Sie hat erfahren, dass der Regisseur des Schicksals oft der Zufall ist: »Wahrscheinlich hat Haybäcks eigenes Haus mich finden müssen. Wobei unser großes Glück war: Wenn man so ein anspruchsvolles Immobilienobjekt kauft, gehört auch eine Erbtante dazu. Die hatte mein Mann zum Glück, und die hat uns sehr geholfen. Anders wäre das alles sicher nicht machbar gewesen.«

Den überschuldeten Seebesitz mit der Villa Tambour erbte Amalie »Maltschi« Reiter, die Geliebte von Josef Tambour, dessen Ehefrau Philomene mit ihren zwei Söhnen ständig in Lovran lebte, einem Luftkurort und Seebad ein paar Kilometer südlich von Opatija, Kroatien. Die Erbin, während der Liaison mit Baron Tambour ohne Einkommen, versuchte sich – unterstützt von ihrem Schwager und Seebers Großvater Karl Herzog – schließlich als Taxiunternehmerin mit einem 1924 in Wien gekauften Opel, allerdings erfolglos. Anfang 1930 kam es zum Ausgleich und zum Verkauf der Immobilie am See. Am Ende blieb der in finanziellen Angelegenheiten unerfahrenen Frau nur mehr so viel Geld übrig, dass sie sich ein bescheidenes kleines Haus in der Nähe des Faaker Sees als Alterssitz kaufen konnte. Da waren ihre Ausflüge in die für sie »große Welt« am Wörthersee nicht mehr möglich.

Aber »Maltschi«, von ihrer Familie als sorglos und flatterhaft beschrieben, hatte ganz nach ihrer Façon gelebt. Sie ließ sogar einmal eine Hochzeit mit dem in der Kirche bereits wartenden Bräutigam und dem Pfarrer sowie den versammelten geladenen Gästen platzen, blieb unverheiratet, ließ sich bis zur finanziellen Neige im Café Lerch in Klagenfurt gern das Frühstück servieren und ging ins Werzer-Casino in Pörtschach zum Tanzen.

Apropos: Das Café Lerch, aus dem später das beliebte Tanzcafé Lerch in der Wiener Gasse 10 unweit des Landhauses in Klagen-

Unter Denkmalschutz: die Villa, die Architekt Karl Hayböck 1902/03 für sich und seine Frau erbaute

furt wurde, hat eine düstere Geschichte. Das Lokal von Ernst Lerch war Treffpunkt für österreichische Anhänger der (damals noch illegalen) NSDAP. Ab den 1930er-Jahren gingen hier hochrangige Nationalsozialisten wie Ernst Kaltenbrunner oder Odilo Globocnik aus und ein. 1932 trat Lerch mit 18 Jahren selbst der NSDAP bei und wurde 1934 Mitglied der SS. Mit seinen Kaffeehausfreunden gelang ihm schnell der Aufstieg im NS-Staat. In den 1940er-Jahren SS-Sturmbannführer und zentraler Mann der »Aktion Reinhardt«, organisierte er Deportationen in Konzentrationslager, die Verfolgung von Widerstandskämpfern und Partisanen sowie Geiselerschießungen, denen mehr als 1000 Menschen zum Opfer fielen.

Nach dem Krieg betrieb Lerch bis in die 1970er-Jahre sein Tanzcafé – ungestraft für seine Taten während der NS-Zeit. Er überzeugte die österreichischen Richter immer wieder davon, mit dem Massenmord an Juden in Polen nichts zu tun gehabt zu haben. 1972 wurde ein Prozess gegen ihn nach nur zwei Verhandlungstagen auf unbestimmte Zeit vertagt und nie mehr aufgenommen.

Im Tanzcafé Lerch begann indes eine andere große Karriere: Ein junger Unterhaltungsmusiker sammelte hier erste Bühnenerfahrung. Lerch zahlte ihm für die Stunde fünf Schilling. Udo Jürgens nannte sich damals noch Udo Bolán – eine Anspielung auf seinen Geburtsnamen Udo Bockelmann. Wo er einst am Klavier am liebsten Jazz oder Swing, aber auch Volkstümliches auf Wunsch des Publikums spielte, begleitet von einem Schlagzeuger und einem Bassisten, befindet sich heute eine Filiale der Fleischlaberlkette McDonald's.

6 Heimkehrer aus dem Nebelland

Strandweg 101, Krumpendorf

Die Expedition 1882/83 ans »Ende der Welt« auf eine arktische Vulkaninsel und die Rückkehr aus der Polarnacht in die Villa Vogelberg.

Der Charme der Sonne ist unwiderstehlich, wenn nach einer Ewigkeit von Dunkelheit und Kälte die ersten goldenen Strahlen durchbrechen. Erst recht am See. Die Filmmusik zur Szenerie mit der ebenso markanten wie bezaubernd späthistoristischen Villa Vogelberg wird allerdings erst knapp 80 Jahre nach deren Bau auf einem felsigen Hügel am Nordufer geschrieben: George Harrisons Song *Here Comes The Sun* auf dem Beatles-Album *Abbey Road*.

Sein Feriendomizil »Vogelberg«, Baujahr 1890, lässt sich Freiherr Richard Basso von Gödel-Lannoy (1854–1930) vom Klagenfurter Stadtbaumeister Franz Madile errichten. »Vogelberg« hat für den weit gereisten Seefahrer und k. k. Linienschiffs-Lieutenant eine ganz besondere Bedeutung. Der Name ist für den prominenten Teilnehmer an der »Österreichischen Expedition nach Jan Mayen« lebendige Erinnerung an eine Reise ans »Ende der Welt«. Wo die Polarnacht vom 17. November bis zum 25. Jänner dauert: Denn am Fuß des 167 Meter hohen Vogelberg (»Fugleberget«) auf der zu Norwegen gehörenden Vulkaninsel Jan Mayen im eisigen Norden, einem einzeln stehenden Felsen, hatten die Österreicher 1882/83 ihre Beobachtungsstation. Ohne Kontakt zur Heimat und zur zivilisierten Welt.

Die arktische Insel trägt ihren Namen nach dem niederländischen Seefahrer Jan Jacobs May van Schellinkhout, der sie 1614 das erste Mal anlief. Später errichteten Walfänger hier Trankochereien, die zum Angriffsziel für Seeräuber wurden. Diese überfielen die Kochereien und segelten mit dem mühelos erbeuteten Öl davon. Im Jahr 1633 wollten sieben Leute auf Jan Mayen überwintern. Sie

Die späthistoristische Villa Vogelberg, Baujahr 1890

starben alle nach acht Monaten an der Mangelkrankheit Skorbut. Die Teilnehmer der Expedition 1882/83 auf die kleine, menschenleere Insel zwischen Norwegen und Grönland im Eismeer errichteten den Opfern ein Holzkreuz.

Basso dokumentierte als einer der wissenschaftlich tätigen Offiziere der österreichisch-ungarischen Expedition das Unternehmen und die Insel fotografisch. Er kehrte zurück mit rund 250 ungewöhnlichen Aufnahmen einer unwirklichen, unbewohnten Gegend, einer gespenstischen Atmosphäre der Ödnis und Kälte. Die so offiziell fotografisch dokumentierte Expedition war Teil eines großen internationalen Forschungsprojektes anlässlich des Ersten Internationalen Polarjahres 1882. Das Ziel war, mit Forschungsstationen rund um den Nord- und Südpol diese Regionen nach den damaligen wissenschaftlichen Kriterien zu untersuchen – konkret die Meteorologie, den Erdmagnetismus, das Polarlicht, die Botanik, Zoologie und Mineralogie.

Das waren Zeiten, als Österreich-Ungarn noch eine Seemacht war.

Im Mai 1881 wird Basso in der Kriegsmarine Seiner Majestät dienstlich dem k. k. Seebezirks-Commando in Triest zugeordnet. Nur ein Jahr später titelt das *Prager Tagblatt* im Feuilleton: »Österreicher im Eismeere«. Und der 28-jährige Linienschiffsfähnrich ist dabei, als der Transportdampfer »Pola« im österreichischen »Centralhafen zu Pola« am 2. April 1882 mit Salutschüssen bei herrlichstem Wetter verabschiedet wird. Von 300 Bewerbern ist er einer der 14 ausgewählten Seeleute am Weg in arktische Regionen.

»Die arktische Forschung ist für die Kenntnis von den Naturgesetzen von höchster Bedeutung«, schrieb Carl Weyprecht (1838–1881). Der Linienschifffahrtsleutnant der Marine hatte, während sich die Wiener Presse über Österreich-Ungarns »Kolonisationspläne bei den Eisbären« mokierte, bei seiner berühmten Expedition von 1872 bis 1874 das Franz-Josephs-Land entdeckt und damit weltweit für Schlagzeilen gesorgt.

Er fordert Forschungsstationen statt Entdeckerfahrten. An Weyprechts Plan, einen Ring von Beobachtungsstationen um den arktischen Pol zur systematischen Polarforschung zu errichten, beteiligen sich 1882 zwölf Nationen. Das bis dahin größte wissenschaftliche Projekt umfasst 15 aufeinander abgestimmte Expeditionen in Arktis und Antarktis. In vorbereitenden Konferenzen wird genau festgelegt, welches Land wo eine Station errichten darf.

Österreich-Ungarn entscheidet sich für eine Insel zwischen Grönland und Spitzbergen: Jan Mayen, auch »Teufelsinsel des Eismeeres« genannt, weil die Region eine Wetterküche ist, in der sich viele der westwärts ziehenden Tiefs bilden. In der Mitte der Heimat von Eis und Stürmen schlummert ein aktiver Vulkan, der 2277 Meter hohe, vergletscherte Bärenberg. Der letzte Ausbruch ereignet sich 1985.

Dort soll eine österreichische Station für den Beobachtungszeitraum vom 1. August 1882 bis 1. September 1883 entstehen. Johann Nepomuk Graf von Wilczek, eine bedeutende Persönlichkeit des heimischen Kunst- und Kulturlebens, Mitbegründer der Freiwilligen Rettungsgesellschaft und des Wiener Rudolfspitals und ein großer Förderer der Wissenschaft, organisiert und finanziert sie. Der Adelige rüstet die Polarexpedition aus und richtet den Wissenschaftlern eine meteorologische Station auf Jan Mayen ein. Die Leitung übernimmt der österreichische Linienschiffsleutnant Emil von Wohlgemuth (1843–1896).

1755 Nummern umfasst das Inventar des 930-Tonnen-Dampfers von 51 Meter Länge und 9 Meter Breite. Er hat vor allem Proviant für zwei Jahre geladen. Eine komplette Wohnanlage aus Holz in Spitzbogenkonstruktion entsteht im Seearsenal in Pola. Die vorfabrizierten Einzelteile werden markiert, zerlegt, verpackt und geladen. Bei der Bekleidung der Mannschaft, etwa mit Rentierfellen, weil das auch bei großer Kälte geschmeidig bleibt, berücksichtigt man die Erfahrungen der ersten Österreichisch-Ungarischen Expedition von 1872 bis 1874 in den Nordpolarkreis.

1882/83 ist Richard Basso der ranghöchste Offizier nach dem Expeditionsleiter. Geboren in Triest, im »Wien am Meer«, wie viele sagen, ist er schon mit 16 Jahren als »See-Cadet« auf der Fregatte »Novara« bei einer einjährigen Reise bis nach West-Indien und Nordamerika unterwegs und befindet sich anschließend am Kanonenboot »Hum« auf Kreuzung in der Levante. Zum Navigationsoffizier avanciert, setzt sich Basso in der Sternwarteabteilung des hydrografischen Amtes in Pola vor allem mit Astronomie und Meteorologie auseinander, absolviert 1880 einen »Fotografen Curs« und ist in der Folge der Sternwarte in Wien zugeteilt.

Die »Pola« geht am 13. Juli 1882 in der Marie-Muss-Bucht vor Anker. Die Ausschiffung von Mannschaft und Material, darunter 200 Tonnen wissenschaftliche Geräte und Materialien, sowie der Aufbau der gut gegen Kälte und Feuchtigkeit isolierten Unterkünfte zum Überwintern dauern bis zum 16. August, ehe das Schiff mit 120 Tonnen Sandballast die Heimreise antritt. In den Mannschaftsquartieren braucht man bei einer durchschnittlichen Innentemperatur von 9,7° Celsius pro Ofen sechs bis acht Kilogramm Holz pro Tag. Obwohl nachts nicht geheizt wird, sinkt die Temperatur bei den Bettstellen nie unter den Gefrierpunkt. Ganz klaren Himmel gibt es durchschnittlich nur drei Tage im Jahr. Die Insel wird häufig von schweren Stürmen überzogen, die oft über 150 km/h erreichen.

Routine für die Mannschaft sind das Sammeln von Treibholz zum Heizen und Instandsetzungsarbeiten. Es ist schwierig, genießbares Trinkwasser aus Schnee und Eis zu gewinnen – vor allem aufgrund des ständigen Windes, der die Meersalzkristalle überall hinweht. Außerdem gibt es Jagden und wissenschaftliche Exkursionen zur Beschaffung biologischer, botanischer und mineralogischer Proben.

»Der erste Theil der Polarnacht gehörte zu den angenehmsten Zeitepochen des Aufenthaltes auf Jan Mayen«, berichtet von Wohlgemuth, »er brachte kaltes, trockenes Wetter und Belustigungen wie das Segeln mit Eisbooten auf der glatt gefrorenen Lagune, das Schnee- und Schlittschuhlaufen, das Eisschießen und dergleichen«.

Auf der Insel, auf die einst die Norweger zum Walfang und zur Jagd auf Robben sowie Weiß- und Blaufüchse kamen, ist Basso für die fotografische Dokumentation, aber als Wissenschaftler vor allem für die astronomischen Messungen zuständig. Das Ritterkreuz des Franz-Joseph-Ordens wird ihm noch während der Expedition verliehen.

Die Seefahrer, die aus der Kälte kamen, treffen am Mittwoch, dem 22. August 1883 um 8.20 Uhr, aus Hamburg auf dem Nordwestbahnhof in Wien ein. 18 Tage vorher war die Corvette »Pola« auf Jan Mayen gelandet, um sie abzuholen. »Dichter Nebel umgab das einsame Eiland, dessen wunderlich zerrissene Küste nur auf Augenblicke sichtbar wurde.« Von den Gebäuden der Station, die

MITGLIEDER DER EXPEDITION.

Wohlgemuth
Bobrik Gratzl Fischer Sobieczky
Duminich Basso
Furlani Marterer Baretincich Samanich Rocco Mikacich Giordana

Graf Wilczek'sche Polar-Expedition 1882-83. Linienschiffslieutenant I

Mitglieder der Expedition ans »Ende der Welt« von 1882 bis 1883

auf einem kleinen Plateau liegen, hatte man die »Pola« entdeckt und ihr ein Boot entgegengesendet, das vom Schiff mit Jubel begrüßt wurde.

Zwei Tage später nimmt man Abschied von der Insel. Die Wohnstätten werden intakt zurückgelassen, ebenso Lebensmittel- und Kohlevorräte für eventuelle spätere Besuche von Walfängern. 13 Monate hatten die Forscher in diesem Nebelland gelebt, in stets feuchter Atmosphäre, inmitten starker Stürme, die das Verlassen der Häuser tagelang unmöglich machten. Nur die Nordlichter erhellten das ewige Halbdunkel der Nebel.

Zwischen Juli 1882 und Ende Juni 1883 wurden 1869 Stunden Nebel, 2282 Stunden Regen und Schneefall, 951 Stunden Schneetreiben und 438 Stunden Windstille ermittelt, der Rest war von Stürmen erfüllt. Sonnenschein gab es 488,2 und Polarlicht 561 Stunden. Die maximale Lufttemperatur im Oktober 1882 betrug 8,6° Celsius, die minimale Lufttemperatur im Dezember 1882 –30,6° Celsius.

Nach der Rückkehr nach Wien bringen die Matrosen zum Empfang beim Bürgermeister den »prachtvollen Neufundländer« mit, »der die Expedition begleitet hatte und ein sehr nützlicher Geselle gewesen ist«, schreibt *Die Presse.*

Basso wird »correspondierendes ordentliches Mitglied der k. k. Geographischen Gesellschaft in Wien«. Als Adjutant des Admirals Maximilian Freiherr von Sterneck, der bereits 1872 eine Begleitfahrt ins Nördliche Eismeer durchgeführt hatte, um für die Österreichisch-Ungarische Nordpolexpedition von Weyprecht und Julius Payer ein Proviantdepot bei den Barents-Inseln anzulegen, wird er 1884 auf »Allerhöchsten Erlass« in den Freiherrenstand erhoben. Sein Ziehvater Hermann Freiherr von Gödel-Lannoy, dessen Kinder gestorben waren, hatte seinen Namen und Adelsstand auf seinen Neffen und Ziehsohn übertragen. Allerdings behielt Basso den eigenen Namen neben dem Gödels bei, da er unter diesem bei allen geografischen Gesellschaften im Zuge der Polarexpedition eingetragen war.

Übrigens war Richard Basso Gödel-Lannoy der Neffe einer anderen außergewöhnlichen Persönlichkeit: Rudolf Gödel-Lannoy (1814–1883), Diplomat, enger Vertrauter des späteren Kaisers Maximilian von Mexiko und Freund des Vizeadmirals Wilhelm von Tegetthoff, Orientreisender, politischer Akteur in Rumänien, Sammler griechischer und römischer Münzen und Kulturmensch mit Kärntner Wurzeln. Neben seiner politisch-diplomatischen Laufbahn beschäftigt er sich intensiv mit ethnografischen und historiografischen Studien der von ihm bereisten Länder und Regionen. Er legt – gemeinsam mit seinem Vater – in deren Schloss Erlachstein bei Marburg an der Drau einen prächtigen Park an, der – mit seltenen Fichten aus dem Himalajagebirge, China und Japan – zu einem Anziehungspunkt für Botaniker aus aller Welt wurde.

Richard Freiherr Basso Gödel-Lannoy heiratet 1885 im Rang eines Ordonanz-Offiziers des Chefs der Marine-Sektion Friederike von Carneri, die einzige Tochter des bekannten österreichischen Parlamentariers und Dichter-Philosophen Bartholomäus Ritter von Carneri (1821–1909) in der Curhauskapelle bei St. Stephan in Wien.

Bei einer kleineren Expedition 50 Jahre nach der ersten verbringen 1932/33 drei Wissenschaftler aus Österreich 14 Monate auf Jan Mayen. Es zeigte sich, dass trotz arktischer Witterung bei Orkanen von mehr als 150 km/h die Gebäude der ehemaligen k. u. k. Polarstation aufgrund der soliden Bauweise noch immer standen – und sogar die Küche noch funktionsfähig war. Der Ort ist heute noch wie nur wenige Plätze auf der Welt weit weg von normalen touristischen Pfaden. Die nur mit dem Schiff erreichbare und bis auf die Mitglieder der norwegischen Wetterstation fast unbewohnte Insel, auf deren unfruchtbarem Lavaboden in den kurzen Sommern außer Moos, Gras und einigen genügsamen Blumen nichts wächst, ist ein Naturschutzreservat und Brutplatz für zahlreiche Seevögel. Geröll, vom Meer rund geschliffene Steine und Treibholz säumen den Strand. Auf einem Hügel stehen zwei verwitterte Holzkreuze zur Erinnerung an norwegische Walfänger, die 1911 hier ihr Leben ließen. Ein paar dottergelbe Butterblumen schmücken das schlichte Grab.

7 Ein Seebär, ein Finanzgenie und ein Helfer für den Storch

Parkweg 1, Krumpendorf

Vom Weltenwanderer bis zum Medizinpionier: die Bewohner und die wechselvolle Geschichte der Parkvilla in Krumpendorf.

Das Abenteuer des Entdeckens, das schutzlose Ausgeliefertsein an die Fremde mit seinen glückseligen Höhepunkten und schauderhaften Tiefschlägen – das ist heute vorbei. Aber die Seefahrt war noch ein großes Wagnis und der Weg vom Kajütenjungen zum Kapitän mühsam, als es Heinrich Scherrl (1842–1898) mit 14 Jahren hinaus auf die Weltmeere bis nach Westafrika, China und in die Südsee zog.

Es ging ihm wie Heinrich Heine, der schrieb: »Ich liebe das Meer wie meine Seele. Oft wird mir sogar zu Mute, als sei das Meer eigentlich meine Seele selbst.« Auch wenn der Dichter etwa über die Norderneyer unfreundlich ätzte: »Die Tugend der Insulanerinnen wird durch ihre Hässlichkeit und gar besonders durch ihren Fischgeruch, der mir wenigstens unerträglich war, vorderhand geschützt.«

Auch Scherrl hatte eine tiefe Sehnsucht nach der Ferne. Nach dem Meer. Dem Ozean. Der See. Durch den frühen Tod seines Vaters, einem gebürtigen Kärntner, war er zu Verwandten nach Hamburg gekommen und nach einem fast 30-jährigen abenteuerlichen Wanderleben zur See schließlich Ende 1884 durch Zufall in Klagenfurt gestrandet. Was als Verwandtenbesuch für wenige Tage geplant war, wurde dem Nomaden zum Ankerplatz für den Rest seines Lebens, nachdem er seine Cousine Emilie geheiratet hatte. Das Paar hatte sechs Kinder.

Im Jänner 1892 meldet das *Neuigkeits-Welt-Blatt*, dass dem »Villen- und Bootsbauereibesitzer«, seit 1878 Bürger der Vereinigten Staaten von Nordamerika und dadurch zur selbstständigen Füh-

Vom Weltreisenden zum Villen- und Bootsbauerei-besitzer: Kapitän Heinrich Scherrl, 1896

rung amerikanischer Schiffe berechtigt, die österreichische Staatsbürgerschaft verliehen wurde. Der Seemann hatte sich 1883 vom Klagenfurter Baumeister Valentin Ponta eine Villa im neoklassizistischen Stil am Parkweg 1 in Krumpendorf bauen lassen: Sie war die erste direkt am Seeufer, wo auch eine Badeanstalt und die erste Jacht- und Bootsbauwerft Kärntens errichtet wurde.

Aus Scherrls »Bootsbauwerkstätte« kamen die »schmucksten Kielboote«, berichtet der Enkel und Arzt Heinrich Wallnöfer. Er hat die von Scherrl kurz vor seinem Tod 1898 einem Freund diktierten Lebenserinnerungen *Dreißig Jahre zur See* 2010 neu herausgegeben – gemeinsam mit seinem Vetter, dem Wirtschaftsjournalisten und *Trend*-Gründungs-Chefredakteur Jens Tschebull.

Scherrl erzählt von bangen Tagen auf einem Zweimaster vor Peru, verfolgt von einem französischen Kanonenboot im Deutsch-Französischen Krieg und von Begegnungen mit Menschenhändlern und Menschenfressern in fernen Ländern. Er gibt Einblicke in eine längst versunkene Welt der Seefahrer, als »die hölzernen Segelschiffe allmählich durch solche aus Eisen abgelöst wurden und der Siegeszug der Dampfschiffe begann«. In einem Milieu der gerissenen Kaufleute, Glücksritter und harten Seebären zwischen schnellem Reichtum und Schiffskatastrophen. Scherrl sprach oft von ebenso lustigen wie aufregenden Erlebnissen, manchmal nah am Untergang als Schiffbrüchiger und nur knapp Überlebender auf einer Reise von Shanghai nach Nagasaki. Seine Geschichten handeln vom Glück und der Qual des Unterwegsseins, wie man sie meist erst nach dem zweiten Glas Wein preisgibt.

Der Leichnam des mit 56 Jahren an einem Herzfehler verstorbenen Weltenwanderers wurde seinem Wunsch gemäß zur Einäscherung eigens nach Gotha überführt und anschließend am Friedhof in St. Ruprecht in Klagenfurt beigesetzt.

Schon 1896, zwei Jahre vor Scherrls Tod, kam sein Domizil, die Parkvilla, um 28 000 Gulden in den Besitz eines schillernden Unternehmers und Politikers: Josip Gorup (1834–1912). Der »Rothschild Sloweniens« war ursprünglich ein Kind armer Leute, verbrachte den größten Teil seines Lebens in Rijeka und hat viel zum architektonischen Erbe und wirtschaftlichen Aufschwung dieser Stadt im 19. Jahrhundert beigetragen.

Gorup war dabei, als die heute alte Dame Rijeka, seinerzeit auch italienisch Fiume genannt, noch jung war und sich mit unverschämter Noblesse verschämt Liebhaber leistete. 1871 baute er das erste vierstöckige Gebäude in der Stadt. Das 1874 vom Triestiner Architekten des Historismus Giuseppe Bruni geplante ehemalige Luxushotel Europa an der Promenade am Meer, 10 Riva Street, war nur eines von einst mehr als 20 Hotels der Boom Town, die vor dem Ersten Weltkrieg ungefähr so groß wie Zagreb war, aber sehr viel reicher.

Im monumentalen Hotel Europa mit seiner repräsentativen Fassade im Stil der Spätrenaissance hatte der italienische Dichter, politische Aktivist und Kriegsheld Gabriele D'Annunzio übernachtet, bevor der 56-Jährige am 12. September 1919 mit 2000 »Legionären« in Rijeka einmarschierte und dort die »Republik Fiume« ausrief, begeistert begrüßt von vielen dort lebenden Italienern.

Mehr als an den politischen Aktivisten D'Annunzio erinnert man sich in Rijeka heute an das Finanzgenie Josip Gorup, der das Wirtschaftsleben und die Architektur der Stadt geprägt hat und dort mehrere Immobilien besaß. Die Villa Slovenski dom war ein Hochzeitsgeschenk für seinen Sohn Milan Gorup (1870–1914). Das historistische Mausoleum der Familie auf dem Friedhof Kozala, 1882 entworfen vom Bildhauer Ivan Rendić, wurde 2003 zum Kulturerbe der Republik Kroatien erklärt und ist heute eine Touristenattraktion.

Gorup war zweimal verheiratet und hatte insgesamt 14 Kinder, acht mit der gebürtigen Klagenfurterin Anna Caroline Perghöfer (1842–1881) und sechs mit seiner zweiten Frau, der aus Laibach stammenden Claudia Keesbacher (1863–1941). Er starb 1912 in seiner Villa in Rijeka an einer Lungenentzündung. »Für die Familie Gorup war die Parkvilla in Krumpendorf bis nach dem Zweiten Weltkrieg nicht Wohnsitz, aber ein gern genütztes Feriendomizil«, erzählt Dipl.-Ing. Richard Marinitsch, Gestalter der Krumpendorfchronik im Internet. »Einige Hochzeiten der Töchter wurden hier gefeiert.«

Nach einem Besitzerwechsel und einem Zwischenspiel als Hotel mit Restaurant wurde im einstigen Domizil Scherrls Medizingeschichte geschrieben. »Was nicht vollbringt des Wassers Quelle, das schafft vielleicht die Kurkapelle«, wird in Heilbädern gern gescherzt. Aber wenn der Kinderwunsch partout nicht in Erfüllung gehen will, hilft oft die künstliche Befruchtung. So wurde die Parkvilla in Zartrosa für viele Jahre das Mekka vieler kinderloser Paare.

In Kärnten war die Methode der In-vitro-Fertilisation ab den 1980er-Jahren mit einem Namen verbunden: Professor Stephan Szalay. Als Bub streifte er über das »Döbling von Klagenfurt«, das Kreuzbergl, wo er aufwuchs: »Ich hatte eine schöne Jugend hier.« Er mikroskopierte Teichwasser und Pflanzen, »immer schon interessiert an den Naturwissenschaften«. Mit 17 Jahren ging er nach Wien: »Und ich habe Wien geliebt.« Mit 23 hatte er das Medizinstudium abgeschlossen. Sub auspiciis praesidentis, was ihm einen Posten an der Universitätsfrauenklinik in Wien bescherte.

Dort hatte 1979 Wilfried Feichtinger (1950–2021) mit der Forschung der »Zeugung im Reagenzglas« begonnen. Szalay, damals vorwiegend mit Krebsforschung befasst und habilitiert mit einer Arbeit über das Eierstockkarzinom, schloss sich ihm an. »Es hat mich fasziniert, an den Wurzeln des Lebens zu arbeiten«, sagt er rückblickend. Und die Bilanz eines langen Berufslebens? »Innerhalb einer Generation hat sich in der Gynäkologie und Geburtshilfe unglaublich viel getan. Das war sehr spannend. Und bei der In-vitro-Fertilisation war ich ja vorn mit dabei.«

Das weltweit erste Retortenbaby der beiden Briten Patrick Steptoe (Gynäkologe) und Robert Edwards (Physiologe) – Louise Joy Brown war am 25. Juli 1978 im englischen Oldham zur Welt gekommen – beflügelte die beiden. Den »letzten Schliff« holten sie sich 1982 in Melbourne. Am 5. August 1982 war es dann so weit: Mit Zlatan Jovanovic erblickte in Wien das erste österreichische Retortenbaby, das zweite im deutschsprachigen Raum, das Licht der Welt. Einer der »Väter«: Stephan Szalay.

Knapp danach gab es mit Doris und Sabine die ersten Retorten-Zwillinge Europas. 1984 kehrte Szalay als Primarius der Abteilung für Gynäkologie und Geburtshilfe im Landeskrankenhaus Klagenfurt nach Kärnten zurück. Im selben Jahr erblickte mit Lucas Zolgar das erste Kärntner Retortenbaby das Licht der Welt. Das erste von einigen Tausend, sagt der Arzt. »Allein in den ersten 20 Jahren waren es 3000 Retorten-Babys. Aber irgendwann habe ich den Überblick verloren.«

Zolgar, der Bergbauernbub aus Dölsach in Osttirol, wurde Schauspieler, hatte sein Filmdebüt als 18-Jähriger in Xaver Schwarzenbergers *1809 Andreas Hofer – Die Freiheit des Adlers* (2002), spielte an der Seite von Sophie Rois und Josef Bierbichler in Ina

Die Parkvilla in Krumpendorf heute

Weisses Spielfilm *Der Architekt* und unter anderem in TV-Serien wie *Tatort*, *SOKO Wien*, *Bergdoktor* und in *Der Bozen-Krimi: Am Abgrund* (2016).

»Die Parkvilla haben wir zum ersten Mal im März 1987 noch mitten im Winter mit viel Schnee gesehen«, erzählt Stephan Szalay. Sonst wollte die Immobilie im bemitleidenswerten Zustand damals keiner. Vom Glanz vergangener Tage war nur noch wenig übrig. Aber dass sich auf vier Etagen Institut mit Untersuchungs- und Behandlungsräumen, Labor mit OP-Bereich sowie private Wohnung an einem Ort verbinden ließen, war interessant und ideal für Szalay. Nur der lieblos hingeklatschte Eingang aus Sichtbeton musste weg und wurde ersetzt. Dem finsteren Innenleben des Gebäudes mit einem ursprünglich bedrückenden Stiegenhaus verpasste ein Architekt mit Säulenelementen während einer dreimonatigen Generalsanierung ein freundlicheres Ambiente. Der Dachstuhl und die Holztramdecke waren intakt.

Szalay: »Wie neu, unglaublich, bei einem immerhin mehr als 100 Jahre alten Haus.«

Oft fragen die Leute: Ist es im Winter nicht sehr neblig am See? »Aber interessanterweise weniger als in Klagenfurt. Wir haben wunderschöne Sonnenauf- und Sonnenuntergänge und einen traumhaften Blick auf den Mittagskogel«, erzählt Szalay. Auch aus der Familiengeschichte: Der Großvater war Ungar und in der Österreichisch-Ungarischen Monarchie als Offizier noch vor dem Ersten Weltkrieg durch Zufall in Klagenfurt stationiert. Im Café am Hauptplatz saß eines Tages am Nebentisch ein Ehepaar mit Tochter. Aus dem ersten Blickkontakt entwickelte sich eine Liebesgeschichte. Szalay: »Es wurde geheiratet. Und 1921 kam mein Vater in Klagenfurt auf die Welt, weil die possessive Schwiegermutter das Enkelkind unbedingt hier und nicht in Budapest haben wollte. Und so ist mein Vater in Klagenfurt aufgewachsen.«

Von der Terrasse sind es nur ein paar Schritte vorbei an einem großen, alten Mammutbaum, der sicher auch schon für Kapitän Scherrl ein beglückender Schattenspender war, zum Salettl am See. Dort sieht man gegenüber ein imposantes Villen-Panorama: das Domizil von Heidi Horten, gelb in der Sonne strahlend Gustav Mahlers Unglückshaus, links davon die mit Türmchen verzierte Villa Schwarzenfels und Schloss Reifnitz. Eine bezaubernde Kulisse, ein Paradies. Und ein kleiner Schatten: »Uns tut es leid«, sagt Isabella Szalay-Fasching, »dass wahrscheinlich keiner unserer Söhne – beide Ärzte in Vorarlberg – nach Kärnten kommen wird. Und wer weiß, was nach uns mit dem Haus passieren wird.«

8 Sehreise in die Abstraktion

Hauptstraße 232, Krumpendorf

Die Motivation des Malers Peter Krawagna in der Villa Waldesruhe ist das Erlebnis von Licht und Farbe, die Freude, zu sein und zu sehen.

Der Name ist kein leeres Versprechen: Waldesruhe. Hier wohnt und arbeitet Peter Krawagna und weiß: Kunst ist wichtig. Kaum beschäftigt man sich mit ihr, hat man schon sein Leben verlängert. So spielt Kunst eine große Rolle im Leben des Kärntners. Den Mittagskogel mit seinen drei schroffen und stufenartig sich erhebenden Kuppen hat er schon oft und gern zu Papier gebracht. Und kann ihn längst auswendig zeichnen. Aber oben am Berg war er noch nie.

Krawagna hat das Bedürfnis, Schönheit, die ihn berührt, darzustellen. Der Maler wohnt in einer faszinierenden Mischung aus Villa, Sommerfrische-Hotel und städtischem Gründerzeithaus, Baujahr 1882. Das Haus auf dem nach Süden abfallenden Hang ist einfach, sehr klar strukturiert, großzügig geschnitten und hat hohe Räume. »Meine Mutter hat es im Jahr 1965 über eine Zeitungsanzeige entdeckt. Unser Interesse weckte zunächst der Hinweis auf den alten Baumbestand. Der erste Eindruck vor Ort und die großen, alten Fichten waren schließlich ausschlaggebend, dass meine Frau und ich beschlossen, das Haus zu kaufen. Wir hätten uns das Haus nie leisten können, wenn es nicht eine Ruine zum Sanieren gewesen wäre«, sagt Krawagna, Jahrgang 1937.

»Die Bausubstanz im Obergeschoß war sehr gut, Erdgeschoß und Keller aber waren in einem katastrophalen Zustand, die Mauern komplett durchfeuchtet. Wir dachten zuerst, das sei das Hangwasser.« Aber als die Fundamente freigelegt waren, stellte sich heraus: Die Ursache war eine Sickergrube hinter dem Haus, die auf den Plänen nicht eingezeichnet war. »Wir waren erleichtert, haben

Villa Waldesruhe, Baujahr 1882: Aus der Loggia wurde eine verglaste Veranda.

die Grube zugeschüttet und Drainagen gelegt. Problem gelöst. Die restlichen Baumaßnahmen waren einfacher: Aus der Loggia wurde eine verglaste Veranda mit Ausblick ins Grüne. Wir haben Wände durchgebrochen, Toiletten und Bäder installiert und die Böden und Wände verbessert.«

Heute genießt der Künstler den Blick in den Garten, sitzt gern im Schaukelstuhl auf der Veranda. Oder im ebenso berühmten wie bequemen LC2-Sessel, dem 1928 von Le Corbusier entworfenen Klassiker, »gut geeignet zum Lesen und zum Nachdenken«. Zum Beispiel über die Farben im Allgemeinen und im Besonderen. Die Blautöne in Griechenland – und »das sind viele Blaus« – kennt er schon alle. Denn viele Sommer hat er auf der kleinen Insel Symi im Ägäischen Meer verbracht. Aber auf den Kanarischen Inseln sind die Blautöne ganz anders. Der Wind dort peitscht das Meer auf.

Vorn sind die Wellen meist grün, und bis an den Horizont gehen sie bis ins tiefe Pariser Blau. Er geht meist von einer sinnlichen Wahrnehmung aus: »Mein Hauptthema ist, dass ich vor allem Sachen male, die mir auffallen, die ich im Erlebnismoment als Gegenstand nicht einmal erkenne, die mich aber in ihrer Erscheinung begeistern. Durch die Lichteinfälle und Lichtwechsel. Das dauert oft nur ganz kurz. Und das passiert nur, wenn ich nichts tue, nicht Zeitung lese oder Kataloge studiere. Dann springt mir oft etwas ins Auge.«

Dabei wollte Krawagna nie Maler werden. Aber der Vater war Malermeister. »Ich hab das bei ihm gelernt, war unentbehrlich in der Fußballmannschaft und bin Skirennen gefahren. Ich wollte überhaupt nicht nach Wien an die Kunstakademie, aber da war die Mutter dahinter. Sie sagte: ›Die Handwerker saufen so viel‹«, so Krawagna lachend. »Sie wusste aber nicht, dass die Künstler viel ärger sind.«

Auf der Hauptfassade unter dem Giebel stand ursprünglich »Villa Waldesruhe« in sehr kunstvoller Schrift. Krawagna: »Ich konnte mit dem Schriftzug wenig anfangen und beschloss, ihn zu übermalen. Nachdem ›Villa‹ schon verschwunden war, dachte ich: Eigentlich wäre es doch schön, diesen alten Schatten der Vergangenheit zu erhalten. Jetzt ist nur noch ›Waldesruhe‹ zu lesen.«

Viele seiner Bilder entstanden hier im Haus: »Ich habe wahrscheinlich schon in jedem Raum gemalt: Immer dort, wo das Licht gerade am besten war, immer das, was sich aus dem Fenster gesehen an Motiven aufgetan hat.« Damals gab es noch Wiesen und Felder rings herum, während heute das meiste verbaut und die Aussicht auf den See stark eingeschränkt ist. Anfangs befand sich das Atelier im oberen Stock. Doch es war nicht groß genug, um darin auch große Bilder zu malen. So entstand 2012 zur Bundesstraße hin der von Architekt Reinhold Wetschko entworfene elegante Holzbau, rund 100 Quadratmeter groß, jetzt Krawagnas wichtigster Arbeitsplatz, genutzt als Atelier, Ausstellungsraum und

Der Maler
Peter Krawagna:
Komponist
abstrakter
Farbklänge

Kunstdepot. In der Halle einer alten Werft am Ortsrand entstehen und stehen die großen Formate.

Er hat es immer gern, wenn der Grund auf der Leinwand hell bleibt. Und wann weiß der Künstler, wann sein Bild fertig ist? »Das weiß ich auch nie«, ist die entwaffnende Antwort, gefolgt von einem herzhaften Lachen. »Wenn ich glaube, dass es gelungen ist, dann ist es fertig. Aber da kann ich mich auch täuschen. Ich möchte dem, was ich gesehen habe, so nahe wie möglich kommen.« Was nicht ausschließt, dass er manche Bilder nach zwei Jahren wieder übermalt.

Geboren in Klagenfurt, aufgewachsen in Velden, studiert Krawagna in den 1950er-Jahren Malerei an der Kunstschule Linz, dann an der Akademie der bildenden Künste in Wien, setzt sich intensiv mit Kokoschka, Corinth, Liebermann und Van Gogh auseinander und geht »als ewiger Student« zwei Jahre an die Pariser École des Beaux Arts. Und das kam so: Herbert Boeckl hat er »sehr gern gehabt«, ihn geradezu »verehrt«. Der sah einmal in Krawagnas Studienbuch ein Foto seiner Frau und sagte: »Die Kärntner, die Viertel- und Dreivierteltgenies: Arbeiten tun sie nix. Nur die Weiber im Kopf.« Dabei nahm Boeckl von den Bildern gar keine Notiz. Das überließ er seinem Assistenten. Im vierten Jahr wollte ihn Krawagna dazu zwingen und zeigte ihm seine Mappe: »›Ich bin zwar a Kärntner, aber arbeit' wie wild!‹, sagte ich wortwörtlich. ›Gib her!‹, erwiderte er. Dann: ›Was machst denn du auf der scheiß Akademie? Geh doch nach Spanien und Paris!‹ Dafür bin ich ihm bis heute sehr dankbar. Denn genau das habe ich dann gemacht.«

»Ich wäre am liebsten in Paris geblieben, habe mich dort sehr wohl gefühlt und es gehasst, zurück nach Krumpendorf zu gehen«, sagt er. »Das war furchtbar für mich. Ich hatte eine große Wut und habe lange gebraucht.« Die Erkenntnis, dass die Heimkehr am Ende kein allzu großes Unglück ist, kommt erst später, und der Frust wird gemildert durch Studienreisen nach Italien, Frankreich, Griechenland, Indien, und nach Afrika – Mali, Senegal und Burkina Faso – fährt er mindestens 20 Mal. Und überall entstehen Bilderzyklen.

So sehr der einstige Herbert-Boeckl-Schüler mit seiner Kunst außerhalb der Zeit steht, so sehr steht er mit ihr in der Welt: Er muss den flüchtigen Moment einfangen. Etwa vor einem »Verkehrsspiegel in Venedig«. Seine Malerei kreist ums genaue Erfassen flüchtiger Eindrücke, allerdings ohne deren naturalistische Wiedergabe. Seine Bilder haben Motive, aber sie zeigen mehr das Sehen als das Motiv selbst. Manche Sujets sind leicht erkennbar – etwa in der Serie von Sessellift-Bildern –, und manchmal geben Bildtitel Hinweise.

Wie Krawagna die Farbklänge orchestriert, steht er in der Tradition der sogenannten »Naturabstraktion«. Er macht Bilder, nicht Abbildungen. Sie zeigen kein Wo und Was, sondern eine Reaktion des Künstlers, der den Betrachter in den Prozess des Sehens und

Reagierens mitnimmt. Was zählt, ist das momentane Erscheinungsbild, die optischen Phänomene unter den augenblicklichen Bedingungen – vor allem der Lichtverhältnisse, die den farbigen Eindruck maßgeblich bestimmen.

Die Begegnung mit dem Realen ist die Basis für die visuelle Farb-Form-Transformation, reduziert auf das Wesentliche. Der Fokus liegt auf der Essenz des Erlebten. Das Ziel ist, ausgehend von der konkreten sichtbaren Gegenstandswelt, von den alltäglichen Dingen, ein bildnerisches Äquivalent zu schaffen. Der Natur so nahe wie möglich zu kommen. Die Augenblicke, die Krawagna in der Natur sieht, die für ihn einen bestimmten Reiz haben, faszinieren ihn. Auf der Leinwand oder am Papier verwandelt sich das bekannte Visuelle dann in eine abstrakte Komposition. Die Farbpalette und der Umgang mit dem Motiv ändern sich. Was bleibt, ist – als Motivation des Malers – das Erlebnis von Licht und Farbe. Die Freude zu sein und zu sehen.

Für den Kunsthistoriker Peter Weiermair ist ein wesentlicher Punkt bei der Betrachtung von Krawagnas Bildern: »Sie entstehen, oft nur mit einem zarten Bildgerüst versehen, vor der Natur, in Hitze und Kälte auf vorgrundierter Leinwand, die von Fall zu Fall im Abstand noch einmal überarbeitet, verändert wird. Das Malen, es ist ein Simultanübersetzen des Eindrucks der Wirklichkeit, der von Augenblick zu Augenblick sich verändert.«

9 Die Frau mit dem Häubchen

Moosburgerstraße 47, Krumpendorf

Theodor Streicher, Sprössling einer bedeutenden Wiener Klavierbauer-Dynastie, schätzt den Wörthersee als Rückzugsort.

Er ist ein bescheidener Künstler, ein Wiener Liederkomponist, der zwar mit dem Großen Österreichischen Staatspreis für Musik ausgezeichnet wurde, aber doch nie aus dem Schatten von Hugo Wolf getreten ist: Theodor Streicher (1874–1940) kommt an den Wörthersee durch seine Frau Marie, die Tochter von Hugo Wolfs Freund und Förderer Heinrich Potpeschnigg, der in Krumpendorf die Villa Seeheim (Bad-Stich-Straße 51) besitzt. Mit dem Kauf der 1876 erbauten Villa Zier (Moosburgerstraße 47) im Jahr 1905 wird die ländliche Stille von Krumpendorf auch für den Musiker und weltabgewandten Einzelgänger Rückzugsort und für seine Familie Lebensmittelpunkt.

Arthur Schnitzlers Frau Olga schwärmt für Lieder von Theodor Streicher, »der mit einer entsetzlich schiachen Frau bei Klagenfurt leben soll; er und Schönberg interessieren mich jetzt von den Österreichern am meisten«, schreibt Hermann Bahr am 6. November 1904 nach einem Abend im Währinger Cottage bei Schnitzler, der unter anderem *Tannhäuser* am Klavier spielt.

Streicher ist ein klingender Name in der Musikgeschichte. Streicher ist eine Dynastie, die weit ins 18. Jahrhundert reicht und mit den Anfängen der Klavierbaukunst verknüpft ist. Als das moderne Hammerklavier seine zarter besaiteten Vorfahren Clavichord und Clavicembalo abzulösen beginnt. Als Wien das Zentrum des Klavierbaus ist, kommen aus der bedeutenden Manufaktur von Johann Andreas und Anna Maria »Nannette« Streicher besonders hochwertige Instrumente.

Sie sind Pioniere bei der Entwicklung der sogenannten Wiener Mechanik und eröffnen durch meisterliche Handwerkskunst neue

Klangwelten auf dem Weg zum modernen Konzertflügel. Ludwig van Beethoven benutzt einen Streicher-Flügel. Seine Klaviersonaten gehören zu den frühesten Kompositionen für das neue Instrument. Und zu seinem Kreis gehört Theodor Streichers Urgroßmutter Nannette, eine faszinierende Frau, erfolgreiche Unternehmerin, geschickte Pianistin und enge Vertraute in Beethovens letzten Lebensjahren.

Der Urgroßvater Johann Andreas Streicher (1761–1833) ist ein Jugendfreund von Friedrich Schiller, der nach zwei heimlichen Reisen zur Aufführung seines freiheitsbetonten Dramas *Die Räuber* am Hof- und Nationaltheater Mannheim von Herzog Carl Eugen von Württemberg mit 14 Tagen Arrest sowie einem strengen Reise- und Publikationsverbot bestraft wird. Streicher begleitet den jungen Schriftsteller auf der Flucht aus Württemberg und unterstützt ihn mit seinen Ersparnissen, die eigentlich für einen Studienaufenthalt in Hamburg bestimmt waren. »Selbst an den Kerzen musste gespart werden«, schreibt Streicher in seinen Jugenderinnerungen.

Unter falschen Namen reisen sie in der Nacht vom 22. auf den 23. September 1782 von Stuttgart nach Mannheim. Nach zwei Jahren trennen sich ihre Wege: Schiller geht nach Weimar, Streicher über Augsburg später nach Wien. Sie verabschieden sich mit dem Versprechen, einander erst dann zu schreiben, wenn der eine »Minister, der andere Capellmeister seyn würde«. Die beiden sehen einander nie wieder, fühlen sich aber zeitlebens innig miteinander verbunden.

So schreibt Schiller 1795 aus Jena an seinen Freund: »Dass Sie mich nach einer zehnjährigen Trennung und in einer so weiten Entfernung noch nicht vergessen haben, dass Sie meiner mit Liebe gedenken und mir ein gleiches gegen Sie zutrauen, rührt mich innig, lieber Freund, und ich kann Ihnen auch von meiner Seite mit Wahrheit gestehen, dass mir die Zeit unseres Zusammenseins und Ihre freundschaftliche Teilnahme an mir, Ihre gefällige Duldung gegen mich und Ihre auf jeder Probe ausharrende Treue in ewig teurem Andenken bleiben wird.«

Da ist der Musikus mit Nannette Stein (1769–1833) verheiratet, der Tochter des angesehenen Augsburger Orgel- und Klavierbauers Johann Andreas Stein, der mit einer neuen Pianoforte-Mechanik den jungen Mozart begeistert. Dessen Vater, der gebürtige Augsburger Johann Georg Leopold Mozart (1719–1787), kauft 1763 auf der Durchreise bei Stein »ein artiges Clavierl«, ein portables Clavichord für die Reise.

Auch Wolfgang Amadé Mozart besucht auf seiner Reise nach Paris, wo seine Mutter stirbt, im Oktober 1777 die Werkstatt Stein in Augsburg am oberen Ende der Maximilianstraße (heute Ulrichsplatz 10) und stellt fest, dass das Fortepiano »jetzt nicht mehr schebere«. Durch eine Mechanik, bei der die Hämmerchen direkt an den Tastenhebeln montiert sind und das Instrument damit zuverlässiger, klangvoller und modulationsfähiger wurde. So konnte forte (laut) und piano (leise) gespielt werden – daher auch der Name Fortepiano oder Pianoforte für diese Art Tasteninstrument.

Aber von den Klavierkünsten der achtjährigen Nannette hält Mozart nicht viel: »Sie grimassiert, macht willkürliche Bewegungen mit den Armen und unsinnige Fingersätze – ein kleines Kind eben, das Grosse nachahmt.« Aber begabt ist, so Mozart: »Sie kann werden: sie hat genie. aber auf diese art wird sie nichts.« Nannette und ihr Bruder Matthäus Andreas erhalten früh Klavierunterricht und sammeln auch Erfahrung im Klavierbau, sodass sie nach dem Tod des Vaters das florierende Geschäft übernehmen und 1794 nach Wien verlegen können. Dort führen die Geschwister die Firma, die Streicher tatkräftig unterstützt, unter dem Namen »Frère et Sœur Stein« weiter. Die erste Niederlassung ist in der Landstraße 301 (heute Apostelgasse 12).

1802 trennen sich die beruflichen Wege des Geschwisterpaares, nachdem Matthäus Andreas vergeblich versucht hatte, seine Schwester aus der Firma zu drängen. Sie signiert nun die Instrumente ihres Unternehmens mit »Nannette Streicher née Stein«. Er ist unter dem Namen André Stein fortan selbstständiger und inno-

Nannette Streicher (geb. Stein): Klavierbauerin und guter Geist Beethovens

vativer Klavierbauer und sporadisch Klavierstimmer von Beethoven. Friedrich Wieck kauft 1828 ein Instrument seiner Manufaktur für seine Tochter Clara, später Robert Schumanns Frau.

Auch Nannettes Firma expandiert und zieht ins 1788 erbaute Gebäude mit dem Hausschild »Zum heiligen Florian« (Ungargasse 46). Es wird um eine Werkstatt und 1811 um einen 300 Besucher fassenden Konzertsalon für Kammermusik erweitert: Im »alten Streichersaal« (auch bekannt als »Altes Streicherhaus«; im Jahr 1959 abgerissen) war gewöhnlich wöchentlich musikalische Unterhaltung, bei der Beethoven in den Jahren 1816 bis 1818 selten fehlte. Gäste bei den sonntäglichen Matineen sind unter anderen Joseph Haydn, Antonio Salieri und Carl Czerny. Und als die Konzerte den privaten Rahmen sprengen, engagieren sich das Ehepaar

Streicher und Freunde 1912 bei der Gründung der Gesellschaft der Musikfreunde.

Die Streicher-Klaviere sind begehrt wegen der Erfindung der sogenannten »Wiener Mechanik«: der Ausweitung des Klangvolumens, der Vergrößerung des Tonumfangs auf sechs Oktaven und des Hammerschlags auf die Saiten von oben. Johann Wolfgang Goethe besorgt sich ein Fortepiano aus Wien und bittet den jungen Felix Mendelssohn »um ein wenig Lärm« auf dem Instrument.

»Streicher hat das Weiche, zu leicht Nachgebende und prallend Rollende der anderen Wiener Instrumente verlassen und auf Beethovens Rat und Begehren seinen Instrumenten mehr Gegenhaltendes, Elastisches gegeben, damit der Virtuose, der mit Kraft und Bedeutung vorträgt, das Instrument zum Anhalten und Tragen, zu den feinsten Druckern und Abzügen in seiner Gewalt hat«, sagt Johann Friedrich Reichardt. Der deutsche Komponist, Musikschriftsteller und -kritiker hatte schon auf dem Rückweg von seiner ersten Italienreise 1783 in Wien Kaiser Joseph II. und Christoph Willibald Gluck kennengelernt, besuchte im November 1809 erneut in Wien Beethoven und Haydn und lernte die Werke der Wiener Klassik schätzen.

Am 18. September 1810 bestellt Beethoven, lebenslang auf der Suche nach dem idealen Instrument, einen neuen Streicher-Flügel. Er hat klare Vorstellungen, braucht für seine Musik Klaviere mit einem kräftigen Klang. Trotzdem soll der Anschlag modulierbar bleiben, der Ton tragfähig und zart. »Die Art, das Klavier zu spielen, ist noch die unkultivierteste von allen Instrumenten bisher. Man glaubt oft, nur eine Harfe zu hören.«

Mit 18 Jahren bekommt Beethoven von Ferdinand Ernst Graf von Waldstein den ersten Flügel der Firma Stein geschenkt. Noch Jahre später schwärmt er davon und schreibt an Streicher: »Ich freue mich, dass Sie von den wenigen sind, die einsehen und fühlen, dass man auf dem Klavier auch singen könne, sobald man nur fühlen kann.« Restlos zufrieden ist Beethoven trotzdem nicht. Die Stein-Flügel sind ihm zu leise, also probiert er andere aus. Die

Instrumente des Wiener Klavierbauers Anton Walter sind zwar kräftiger, aber schwer im Anschlag. Die englischen Modelle klingen auch lauter, sind aber dumpf und unflexibel in der Tongebung.

Schließlich kehrt er reumütig zu seiner ersten großen Liebe zurück: dem Stein-Streicher-Flügel. Und muss warten. »Lieber Streicher, bis Ende Oktober versprachen Sie mir ein Piano und nun ist schon halber November und ich habe noch keins. Wenn Sie mich noch länger warten lassen, so fall ich Ihnen mit einer schreckbaren Modulation auf Sie zu. Und dann Verderben über Sie. Leben Sie wohl, wenn Sie ein Piano schicken, und übel, wenn nicht! Ihr Freund Beethoven.« Als das Instrument schließlich eintrifft, ist Beethoven vorerst glücklich. Aber durch den wachsenden Gehörverlust strapaziert er die Tasten heftig. Sieben Jahre später entscheidet er sich deshalb dann doch wieder für eines der englischen Instrumente, die nicht nur lauter, sondern auch um einiges stabiler sind.

Nannette Streicher kümmert sich in den Jahren 1813 bis 1818 mit Geduld und Hingabe um Beethovens chaotischen Haushalt. Er berät sich mit ihr über Lohn, Stiefel- und Livreegeld für sein Personal, erkundigt sich bei ihr brieflich, ob die Küchenmagd außer auf zwölf Kreuzer Brotgeld auch noch morgens auf eine Semmel Anspruch hat. Bei ihr beklagt er sich über das Verschwinden von Schere und Messer und über den Diebstahl von Socken durch seine Diener. Sie wäscht bisweilen sogar die Wäsche, flickt seine kaputten Kleider.

»Verzeihen Sie mir«, schreibt er an sie, »wenn ich Sie vielleicht durch meine heutige Mission beleidigte. Meine Kränklichkeit, meine wirklich so traurige Lage lassen mich nicht, wie sonst, alles erwägen … ich hoffe, Sie bald zu sehen. Ihr Freund Beethoven. Ich bitte Sie um das Bettzeug. Verzeihen Sie einem Erschöpften.« So wendet er sich in rund 60 Briefchen an seine letzte gütige Fee in allen Irrungen und Wirrungen des Alltags.

Wie wichtig dem Komponisten der *Eroica* und der *Mondscheinsonate* die Freundschaft mit den Streichers ist, belegt ein Brief vom

November 1796: »Und wie sehr ich wünsche, dass sie immer mich gern haben mögen, und mich betrachten mögen als ihren sie liebenden und warmen Freund Beethoven.«

Nannettes Sohn Johann Baptist Streicher (1796–1871) erbt 1833 den Alten Streicherhof, verlegt aber die Klavierfabrik in das von ihm 1837 nach Plänen von Anton Grünn errichtete Haus »Zum goldenen Karpfen« (Ungargasse 27), das »Neuer Streicherhof« genannt wird. Im ersten Stock des mit einer klassizistischen Fassade versehenen rechten Hoftrakts richtet er einen Schau- und Vorführraum ein, ein – dem Saal im alten Hof nachgebildeter – beliebter Konzertveranstaltungsort als Vorläufer des Bösendorfer- oder Ehrbar-Saales für Solisten und Kammermusik.

Gäste und Freunde des Hauses sind Clara und Robert Schumann, Johannes Brahms, Franz Liszt, Frédéric Chopin und Charles Gounod, außerdem die Opernsängerin Jenny Lind, die Burgtheater-Tragödin Charlotte Wolter, der Maler Hans Makart und der Schriftsteller Franz Grillparzer.

Johann Baptists Sohn Emil erbt 1871 die Klavierfabrik und den »Neuen Streicherhof«, lässt ihn 1877 durch den Zubau eines Hof- und Seitentraktes erweitern und verkauft die Firma aus Altersgründen 1898 an die Gebrüder Stingl, weil sein Sohn Theodor lieber komponiert als Klaviere baut.

Johann Andreas und Nannette Streicher werden nach ihrem Tod 1833 zunächst auf dem St. Marxer Friedhof beerdigt, aber nach dessen Schließung 1874 in ein gemeinsames Ehrengrab des Wiener Zentralfriedhofs (Gruppe 32 A, Nummer 30) umgebettet. In unmittelbarer Nachbarschaft von Beethoven und Hugo Wolf. Erst drei Jahre nach dem Tod des Klavierbauers erscheint das Buch *Schillers Flucht* mit seinen Jugenderinnerungen an die Zeit mit dem Schöpfer der *Räuber* und der *Ode an die Freude*. Mit dem Erlös wollte er ursprünglich einen finanziellen Beitrag zur würdigen und feierlichen Beisetzung seines Freundes leisten.

Ironie der Geschichte: 180 Jahre lang galt der Schiller zugeschriebene Totenschädel im Sarkophag der Weimarer Fürstengruft

Fundstück in der *Krumpendorfchronik*: das »Streicherhaus« in Krumpendorf, 1959

als echt. Aber bei DNA-Analysen im Jahr 2008 stellte sich heraus, dass es sich gar nicht um den des Dichters von *Wilhelm Tell* handelt. Dass hier offenbar nach einer Verwechslung nicht nur Dichter bei Fürsten lagen. Der Grund dafür, dass Schillers Sarg heute leer ist. Mehr noch: Die fast zwei Jahre dauernden, von einem internationalen Forscherteam aus Forensikern, DNA-Experten und Anthropologen durchgeführten Untersuchungen der Schiller zugeschriebenen Überreste erbrachten Erstaunliches. In Schillers Sarg lagen die Überreste von drei verschiedenen Menschen, deren Identität nicht mehr geklärt werden konnte.

10 Zuckerhäuschen am See

Hans-Pruscha-Weg 5, Pörtschach

Ernst Wahliss, ein Pionier mit zwei Leidenschaften: Porzellan und Pörtschach, aus dem er das Nizza der Wörthersee-Riviera machte.

»Wenn Sie mich fragen: wo ich lieber ein Millionär wäre, ob in Pörtschach oder in Krumpendorf oder in Velden am Wörthersee dann bringen Sie mich in arge Verlegenheit«, zitiert *Das interessante Blatt* am 31. Juli 1913 in der feuilletonistischen Rubrik »Bummelbriefe eines Wieners«. Denn auch in den Uferorten nächst Klagenfurt Sekirn, Reifnitz und Maria Wörth gibt es ein Glück im Seewinkerl. Und wie schon Nestroy schrieb: »Ein jeder Mensch ist zum Millionär geboren, nur erleben muss man's.« Und wie jeder weiß, macht Geld allein nicht glücklich. Aber mit Geld weint es sich besser als ohne.

Ernst Wahliss (1837–1900) hat eine kometenhafte Karriere vom Handelsreisenden und Geschirrverkäufer für die böhmische Manufaktur Fischer & Mieg zum schwerreichen Porzellanwarenfabrikanten und Großindustriellen gemacht. Nach bescheidensten Anfängen machte sich der gebürtige Sachse 1863 selbstständig mit einem Geschäft im von Theophil Hansen geplanten und gerade erst fertiggestellten Heinrichshof an der Ringstraße gegenüber der Oper, die damals noch Baustelle war.

Wahliss war bald eine Trademark. Ab 1879 mit einem Porzellanpalast an der Wiener Nobeladresse Kärntner Straße 17. Das nach den Plänen von Gustav Korompay erbaute fünfstöckige Gebäude fällt auf durch eine mit blau-weißen Porzellankacheln von Carl Knoll aus Karlsbad geschmückte Fassade und durch die Figuren des Bildhauers Franz Koch unter den Fenstergiebeln im zweiten Geschoss. Kaiser Franz Joseph I. besuchte das Porzellanhaus zweimal: bei der Eröffnung und bei der Präsentation der Exponate für die Weltausstellung in Chicago 1893.

Die Büste von Ernst Wahliss an der Pörtschacher Seepromenade

Da hatte Wahliss schon einige Jahre eine Filiale in London in der Oxford Street 88, eines der schönsten Warenhäuser in der Themse-Metropole. Und der Kauf der Porzellanfabrik Turn-Teplitz ermöglichte ihm eine unabhängige Produktion von Luxusporzellanen. Vom prächtigen Interieur und Mobiliar im Haus in der Kärntner Straße ist heute nichts mehr erhalten. Der Architekt Karl Schwanzer war dort 1948 Ausstatter des Juweliergeschäfts Carius & Binder und 1951 des Geschäftslokals Rositta, das ursprünglich 1936 Josef Becvar und Viktor Ruczka eingerichtet hatten. Und Coop Himmelb(l)au gestalteten die Wahliss-Passage 1985 neu.

An der Stelle des Neubaus befand sich zuvor im alten Wien das 1783 erbaute Haus Stadt 942, auch als Heniksteinhaus bekannt. Es gehörte ab 1801 Adam Albert Edler von Henikstein, dem Stammherrn der späteren Barone von Henikstein, der schon das Nachbarhaus Stadt 943 (Kärntner Straße 19; heute Warenhaus Steffl) erworben hatte, und später Joseph Henikstein, dem k. & k. Direktor des galizischen Salzwesens. Er war ein Förderer der Musik und ein Freund Mozarts und veranstaltete hier Konzerte.

Das Gasthaus und spätere Hotel »Zum Wilden Mann« an der gleichen Adresse galt im 18. Jahrhundert als eines der vornehmsten Wiens. Eine besondere Spezialität war der Lungenstrudel, im Wiener Volksmund auch »Lumpenstrudel« genannt. Sir George Thomas Smart, ein Mitbegründer der Londoner Philharmonic Society, lernte hier 1825 Ludwig van Beethoven kennen. Der Komponist war im »Wilden Mann« häufig Gast, weil sich vor dem Gebäude der Standplatz der Badener Stellwagen befand.

Der »Wilde Mann« verschwand um 1873 und wurde alsbald zum Palast für ausgestellte Porzellan-, Fayence-, Majolika-Waren mit einem glasüberdachten Hof, Galerien im Parterre und Mezzanin und einer imposanten Treppenanlage. Da hatte Wahliss bereits weitere große Pläne: In Pörtschach errichtete er nach dem Kauf der Liegenschaften der Wörtherseebad AG auf der Halbinsel ein Hotelimperium mit 14 Villen, Badeanstalt, Tennisplätzen und Naturpark und einige Jahre später um mehr als 150 000 Gulden das Strandhotel.

Sein Etablissement Wahliss dehnte er 1892 auf Velden aus: Das historische Schloss, um 45 000 Gulden als Ruine erworben, ließ er nach alten Ansichten zweigeschossig wieder aufbauen und zum Luxushotel adaptieren. Es verfügte mit den Dependancen Parkvilla und Strandvilla über 150 Zimmer und steigerte schon im ersten Jahr nach der Eröffnung den Tourismus in Velden um 24 Prozent.

Die komfortabel eingerichteten Villen waren allseits bewunderte Prachtbauten – zugleich der Grundstein der heute so geschätzten Wörtherseearchitektur. So schrieb das *Wiener Salonblatt* am 7. Juni 1891: »Diese Zuckerhäuschen, wie geschaffen für ein Sommernest, diese Curgebäude mit ihren Giebeln und Thürmchen, der niedliche Hafen, auf dessen glatter Wasserfläche zierliche Nachen und Segel-

Parkhotel Pörtschach, als Villa IX des Etablissements Wahliss um 1890 erbaut (um 1960 abgerissen)

boote schaukeln, der von fröhlichen Menschen wimmelnde Badestrand, die Galerien mit schönen, lachenden und plaudernden Damen und eleganten Herren, die dem Treiben der Schwimmerinnen im See zusehen – dieses ganze mit pikantestem Geschmack ins Leben gerufene Sommeridyll lässt Niemanden so leicht los, der einmal den Zauber dieses Idylls erfahren hat.«

Wahliss hatte zwei Leidenschaften: Porzellan und Pörtschach. In den Ort brachte er Geld und Visionen. Schließlich war sein Etablissement Wahliss zur damaligen Zeit »die größte Hotelstadt der Monarchie«, sagt der Pörtschach-Archivar Peter Napetschnig. Wahliss betrieb sie mehr als ein Grandseigneur, durchreiste auch gelegentlich wie ein Impresario halb Europa, wenn es galt, für sein Etablissement Kochkünstler von Weltruf zu engagieren und für die Wiener Gesellschaft aus Pörtschach das Nizza der Wörthersee-Riviera zu machen.

Bei Wahliss war immer etwas los. Täglich gab es Musik-, Kultur- und Freizeitveranstaltungen und wöchentlich zwei Militärkonzerte. Beim Seefest wurde mitten am See ein Feuerwerk abgebrannt, die Regimentsmusik spielte vor dem Strandhotel, und Hunderte Boote waren mit Lampions geschmückt. Zwischen den Villen 2 und 3, unmittelbar am See, war ein Kaffeehaus und nebenan die Schwimmschule. Auf dem Wahliss-Terrain saß man unter harzduftenden Bäumen, während von drei Seiten der See herandrängte und von drüben das tausendjährige Kirchlein Maria Wörth grüßte. Oder ging auf Garten- und Waldwegen zwischen Bäumen und Beeten wie im Stadtpark in Wien.

Unmittelbar an die Villen lehnte sich der Herbeck-Wald, die einzige ebene Waldregion in der ganzen Gegend. An der südlichen Spitze befindet sich bis heute Herbecks Ruhe mit dem Bronzemedaillon des Dirigenten und Komponisten Johann von Herbeck: Der Männer-Gesangsverein Klagenfurt erinnerte an sein Ehrenmitglied 1878 mit dem Denkmal und der Inschrift:

> Die Stätte, die ein guter Mensch betrat,
> Ist eingeweiht; nach hundert Jahren klingt
> Sein Wort und seine That dem Enkel wieder.

Alle Nervösen, Übermüdeten, Abgearbeiteten aus der Großstadt versuchten in Kärnten zuerst bei Wahliss unterzukommen. »Hier ist der Vorteil einer angenehmen Bewirtung. Hier herrscht der Frack und der höfliche Ton des Wiener Kellners und man riskiert nicht, wie in den bäuerlichen Unternehmungen, von hoffnungsvollen Dirnen ignoriert zu werden«, schrieb salopp die *Österreichische Badezeitung*, das Interessensblatt der europäischen Kurorte und des Kurpublikums.

Den Pächter bei Wahliss, Leopold Pfalz, kannten die Wiener schon als Gastwirt im vornehmen Bierhaus »Zum Lothringer« (Kohlmarkt 18/Herrengasse 2), in den Sofiensälen und nebenan in der Marxerstraße 13. »Durch urbane Umgangsformen sticht er wie ein fremdes Gewächs hervor, und wenn er sich auch für Zimmer, Küche und Keller ordentlich zahlen läßt, so vermeidet er doch den in den Sommer frischen üblichen Standpunkt, dass der Fremde für teures Geld nichts als Gnaden zu empfangen hat.«

Das größte Vergnügen der Pörtschacher Gesellschaft war der Segel- und Rudersport. Schon in aller Herrgottsfrüh war der See von zierlichen Booten belebt. Und trat eine frische Brise ein, so trieben schöne Segelboote auf den grünen Wellen ihr Spiel. Einige Künstler wurden Pörtschach zuliebe dem Grundlsee untreu, etwa die Hofburgtheater-Schauspieler Adolf Sonnenthal und Ernst Hartmann, Letzterer bekannt als der beste Segler am See.

Kaiser Franz Joseph besuchte Pörtschach erstmals am 9. September 1856, als noch hauptsächlich Plätten und Schiffe Transport-

Etablissement Wahliss: Pionierbauten des Wörthersee-Tourismus mit Park

mittel am See waren. Man empfing den Monarchen und seine Sisi mit einer See- und Höhenbeleuchtung und einem Feuerwerk. Erst durch den Bau der k. u. k. privaten Südbahn im Jahr 1864 wurde der Wörthersee, wie man damals sagte, »an die große Welt angeschlossen«.

Am 19. September 1899 kam der Kaiser während der Manöver in Kärnten erneut nach Pörtschach: Nach einem kurzen Aufenthalt in Maria Wörth ging es mit dem Dampfer »Helios« weiter, und am Landungsplatz beim Werzer spielte die Musikkapelle der Tiroler Kaiserjäger. Seine Majestät ließ sich von Wahliss die vom Architekten Wilhelm Heß entworfene Villa IX zeigen, damals die schönste und komfortabelste Unterkunft in Kärnten, bei der jedes der 55 Zimmer eine Veranda haben musste. »Auf der östlichen Terrasse verweilte der Kaiser einige Zeit«, berichtet *Freie Stimmen*, »und genoss den prächtigen Ausblick auf den von vielen Booten belebten See«. Die Rückkehr nach Klagenfurt erfolgte gegen 6 Uhr abends mit dem Hof-Separatzug.

Der Monarch traf am Rand der Manöver auch den ehemaligen Reichsratsabgeordneten Robert Wilhelm Freiherr von Walterskirchen mit Wohnsitz in Krumpendorf, der sich als Mitglied der Fortschrittspartei für Rechtsgleichheit der nichtdeutschen Nationalitäten in der Habsburgermonarchie eingesetzt hatte. Nach innerparteilichem Widerstand scheiterte er beim Versuch, eine neue Partei zu gründen. So sagte der Kaiser zum Baron: »Ich hätte Sie gar nicht mehr erkannt. Sie haben ja die Politik an den Nagel gehängt?« Darauf Walterskirchen: »Seitdem ich vernünftig geworden bin, sind die Wähler so unvernünftig, mich nicht mehr zu wählen.« Der Kaiser: »Man kann ja auch vernünftige Politik machen.«

Wahliss ließ eine Büste des Kaisers aufstellen und veranstaltete jährlich zu dessen Geburtstag am 18. August in der Ost- und Westbucht von Pörtschach große Seefeste, die mit Konzerten, Ruderregatten, Feuerwerk, Arrangierung lebender Bilder und einem Fahrrad-Blumenkorso mehrere Tage dauerten und mit einem Festball endeten.

Wahliss, eine markante Erscheinung mit Patriarchenbart und Künstlermähne, war stets hocherfreut, wenn ihn jemand freundlich begrüßte mit »Guten Morgen, Herr Brahms!« Denn der Kommerzialrat und der Komponist, die sich beide des Öfteren in Pörtschach aufhielten, glichen einander in Gestalt, Haar- und Barttracht, besonders aber durch die Gewohnheit, beim Gehen die Hände hinter dem Rücken zu verschränken. Beide waren auch in Wien sehr bekannt, Wahliss wohnte unweit von Brahms in einem Palais im Stil von Ludwig XV. mit Porzellanfriesen in den Fensterumrahmungen in der Alleegasse 21 (heute Argentinierstraße) auf der Wieden. Was die Möglichkeit der Verwechslung nur noch steigerte, da beide bei ihren Stadtgängen oft auch dieselben Straßen passierten.

Als Wahliss im Juli 1900 mit 63 Jahren unerwartet an einer Lungenentzündung gestorben war und seiner Witwe, drei Söhnen und fünf Töchtern ein Millionenvermögen hinterlassen hatte, zerfiel das Hotelimperium rasch. Es gab mehrere Besitzerwechsel und Teilverkäufe, und 1911 mit Karl Hysam, dem langjährigen Pächter der Wiener Sofiensäle, bekam das »Etablissement« auch einen neuen Namen: Parkhotel.

Am Ende überstand es beide Weltkriege, aber nicht die Ambitionen von Wiener Investoren, die es in den übertrieben abrissfreudigen 1960er-Jahren durch einen riesengroßen Neubau ersetzten. Schlicht, schnörkellos und maximal funktional. Eine Reihe von Architekten wie Georg Lippert, Josef Vytiska und Kurt Köfer planten verschiedenste Varianten, bis das Parkhotel Pörtschach am 1. Juli 1963 eröffnet wurde. Es gehört zur List Group mit Sitz in Wien, ebenso wie »Das Hotel Eden« in Seefeld.

Es gilt mittlerweile als Kultobjekt, das von den Türdrückern bis zu den Beleuchtungskörpern auf der Terrasse durchgestylte Bauwerk am Hans-Pruscha-Weg 5. Als »Landmark«, das einerseits mit dem Promenadengeschoss ins Gelände integriert ist, andererseits durch das auf Stützen aufgeständerte und dadurch frei gespielte Erdgeschoss Leichtigkeit ausstrahlt. Es tritt auf mit der Wucht der großstädtischen Dimension und dem Design der 1960er-Jahre: So triumphiert heute, an der Stelle, wo seinerzeit die um 1890 erbaute Villa IX des Etablissement Wahliss stand – ein dreistöckiger, von Mittelturm und seitlichen Erkern überhöhter Großbau mit umlaufenden Veranden, ganz im historistisch-romantisierenden Heimatstil der Sommerfrischearchitektur der Belle Époque –, der Sixties-Look im Retro-Chic.

11 »… das entzückend Unmoralische dieses kleinen Ortes …«

Pörtschach

Etablissement Werzer: Brennpunkt des Sommerlebens von Pörtschach, wo ab Mai »der Kulturmensch zur Amphibie wird«.

Unheimlich. Seelenabgründe, so anziehend wie abstoßend, in einem seltsamen Buch, auffallend handlungsarm, aber an psychischer Detailmalerei überreich geschildert. Das macht Furore. Irgendwo in der Provinz der österreichisch-ungarischen k. u. k. Monarchie um das Jahr 1900 gerät im »Konvikt zu W.«, einem Militärinternat zur Aufzucht künftiger Eliten, der pubertierende Zögling Törless in einen Zustand der Verwirrung. Der bringt seinen künstlerischen wie analytisch-intellektuellen Charakter zum Erwachen und zur Erkenntnis: »Die erste Leidenschaft des erwachsenden Menschen ist nicht Liebe zu der einen, sondern Hass gegen alle.«

Drei Kadetten entdecken, dass ihr Mitschüler Basini gestohlen hat. Statt ihn zu verraten, benutzen sie ihn als Prügelknaben und Versuchsobjekt. Törless ist zunächst nur Zeuge, beobachtet fassungslos, wie sich Basini demütigen lässt, wie sadistisch die anderen ihn missbrauchen. Als er schließlich einschreiten will, ist es zu spät. Durch tatenloses Zusehen ist er längst Komplize geworden.

Robert Musil hat seine eigenen Erfahrungen mit Disziplinierung in einer k. u. k. Militärerziehungsanstalt in seinen Erstlingsroman *Die Verwirrungen des Zöglings Törless* einfließen lassen. Das feinfühlige Porträt eines jungen Menschen auf der Suche nach sich selbst und den moralischen Grundsätzen seines Handelns ist zugleich eine Studie der Macht- und Gewaltmechanismen in der Gesellschaft anhand einer Schülergruppe, die einen Kameraden grausam und ausdauernd quält.

Ein merkwürdiges, damals noch recht gewagtes Buch, von Sigmund Freud nicht unbeeinflusst. »Ein Genuss für Menschen mit intellektuellen Neigungen (und andere zählen ja doch nicht)«, wie Musil selbstbewusst schreibt. Im September 1906 verkürzt sich der 25-Jährige die Zeit des Wartens auf das Erscheinen seines literarischen Debüts im Etablissement Werzer, bevor er über Brünn wieder nach Berlin in die Lützowstraße 106 abreist, wo ihn »die Arbeit wie eine verlassene Familie den pflichtvergessenen Ernährer« erwartet. Das Buch erscheint drei Monate später im für die Literatur der Jungwiener Schule tonangebenden Wiener Verlag und erregt sofort Aufsehen.

»Dementia rustica. Zwar Luft und Wasser sind ewig. Rudern, Braunwerden, Tennisspiel und sehr weit im See draußen ganz allein zu schwimmen ist schließlich auch eine Form, die dem Leben für einige Zeit etwas Gesundes und Mutiges zu leihen vermag«, schreibt der in Klagenfurt gebürtige Schriftsteller an seinen Berliner Studienkollegen und Psychologen Johannes von Allesch über seinen Aufenthalt in Pörtschach, »und wenn man nicht vergisst, das entzückend Unmoralische dieses kleinen Ortes für sich zu nutzen, so wäre mit all dem ein Stil gefunden – frech-vital und andächtig-vital, wie zu dosieren man's dann gerade belieben würde. Allein diese Dinge – und die Unmoral überhaupt nicht – genieße ich hier in einem ziemlich matten Kompromiss, nachdem ich nicht genügend meinen Wünschen überlassen bin.«

Um 1860 hatte Pörtschach nur ein einziges wirkliches Haus, das Schloss Leonstain, sonst nur Bauernkeuschen rund um ein Kirchlein geschart und – weit auseinanderliegend – zwei einfache Gasthäuser, den Resian am Strand und den Werzer an der Landstraße. Außerdem die »Nussschale mit Dampf«: Denn zweimal am Tag legte der Raddampfer an, von Klagenfurt kommend, um die Postverbindung mit Velden zum Postwagenanschluss nach Villach herzustellen. Ein Reisender bemerkte 1872 in Werzer's Gastgarten erstaunt, dass das Dampfschiff schon von Weitem seine Ankunft durch mehrere laute Pfiffe ankündigt, bevor es den Landesteg erreicht. Der Wirt am Ufer erklärte ihm: Die Zahl der Pfiffe entspricht genau der Zahl der für die durstigen Passagiere an Bord vorbestellten Biere. Denn der gute alte Raddampfer hatte es eilig.

»Im primitivsten Gasthause findet man befrackte Kellner mit trinkgelddurstigen Mienen, die Gemütlichkeit existiert nur der Sage nach, und die mäßigen Preise datieren aus der guten alten Zeit, mit der sie flötengegangen sind«, meldet *Dillinger's Reisezeitung* bereits 1890. »Will man eine Sommerfrische am Wörthersee mitmachen, so muss man Jago's Worte: ›Tue Geld in deinen Beutel!‹ gar wohl beherzigen denn die Preise machen jenen des Salzkammergutes sicher keine Schande.«

»Von einer Badeanstalt war damals in Pörtschach keine Spur. Höchstens dass eine Gruppe von Schulkindern hie und da in paradiesischer Ungezwungenheit am Ufer sich herumtummelte. Den erwachsenen Einheimischen fiel es niemals ein, im See zu baden«, berichtet 1908 ein Begründer des Kurortes Pörtschach, der Arzt Dr. Alfred Leopold (1852–1933), in seiner Broschüre *50 Jahre Pörtschach*.

Pörtschach nach der Jahrhundertwende 1900. Aus dem einfachen Fischerdorf ist ein Kurort ersten Ranges geworden. Die Zeiten der nolens volens Milchkur sind vorüber. Am Strand, wo früher der Sepp dem Madl in verschwiegener Einsamkeit sagte: »I han di gern!«, macht jetzt Graf Ladislaus Konversation mit einer reizenden Ballerine, belauscht und neidvoll beobachtet von Passanten oder Gästen in »Werzer's Café«.

Aus dem ältesten Wirtshaus im Dorf entsteht auf der Hauptstraße 218 das Etablissement Werzer, zu dem unter anderem drei große Hotels an der Reichsstraße im Ortszentrum, sechs Villen, 150 Zimmer mit Veranden und Balkonen, ein Kursaal (»Werzer's Dreimäderlhaus«), ein Café, ein Strandbad und ein Musikpavillon gehören. Traumhafte Aussicht nach Süden auf den See und die Karawankenkette mit dem 2145 Meter hohen Mittagskogel inklusive.

Von Jahr zu Jahr wird der Zulauf größer. Amerikaner, Engländer, Italiener, Deutsche und Ungarn tummeln sich in den Villen und Hotels. Und bei so viel Internationalität kommt der Sport nicht

Etablissement Werzer. Plakat um 1890

zu kurz, vorzugsweise Segeln, Tennis, Rudern, Radfahren, Schwimmen und Fischen. Nach dem Erfolg des II. Lawn-Tennis-Turniers im Vorjahr veranstaltet die Kurkommission im August 1901 eine Sportwoche im Werzer mit Segel- und Ruderregatten. Neben dem großen Kaiserfest und dem Annenfest mit den See-, Villen- und Uferbeleuchtungen und einem Feuerwerk gibt es für die Gästeunterhaltung Mondscheinfahrten, Strand-, Wald- und Wiesenfeste, Kindertombolas, Tanzkränzchen, Modeschauen, Gartenkonzerte, Bälle und große Koriandoli-Umzüge.

Der Werzer-Strand ist der Brennpunkt des Sommerlebens von Pörtschach, wo alles gemütlicher, konzentrierter, mehr auf die intimere, wenn auch auf die elegantere und pikantere Note gestimmt ist. Am Landungsplatz der Dampfer nahe dem Musikpavillon werden ganze Schiffsladungen reizender Frauen unter den Sirenenklängen der *Lustigen Witwe* abgesetzt, um sich sofort ins Korsogewühl der Werzer-Esplanaden oder auf die Kaffeeterrassen zu stürzen.

Das Gewimmel der Ruderkähne und die heiteren Späße der Badenden, die von der nahen Werzer-Schwimmschule herüberkommen, das bewundernde Gedränge um die Jachten und Motorboote, das amüsante Ein- und Ausschiffen der Matadore und der blutigen Anfänger und mitten darunter die unbewusste Lächerlichkeit vereinzelter Angler, all das vereinigt sich zu einem szenischen Bild von entzückender Operettenhaftigkeit. Als gäbe es auf der Welt keine anderen Sorgen, als auf der Werzer-Esplanade um 5 Uhr nachmittags im Hochsommer den verfluchten Kerl zu spielen. Oder der »Herr von Adabei« zu sein bei den Segelregatten, beim Blumenkorso und den Kostümfesten, bei der Tombola oder bei den Parkfesten mit Tanzkränzchen.

Werzer mit den Dependancen im zum See abfallenden Park und das Hotelimperium von Wahliss beherrschen den Strand, leuchten ockergelb aus dem Ufergrün. Ein Wasserflugzeug nimmt jene Leute auf, die das Fliegen probieren und sich die Segelschiffe und Benzinboote aus der Vogelperspektive ansehen wollen. Von den Tagen, wo im Mai am Wörthersee »der Kulturmensch zur Amphibie wird. Und im September sich nur langsam dem feuchten Element entwöhnt«, berichtet die *Badener Zeitung* 1929. »Wenn auch vom Neuschnee der Berge ein frischer Hauch herüberweht, so trocknet wunderbar die in den Ecken der Kabinenwände aufgespeicherte Wärme. Überall auf Bretterrosten, ja fast auf den Planken der Landungsstege liegt Menschenfleisch herum, das sich noch nicht braun genug geröstet dünkt. Auf Kaffeehausterrassen drängen sich die Jausengäste an jenen Tischen zusammen, die noch von der Sonne getroffen werden. Man geizt um jedes Sonnenstrählchen: das ist der Geiz derjenigen, die in Bälde zu verarmen fürchten.«

August 1933. Das *Österreichische Abendblatt* veröffentlicht einen *Wörtherseer-Badebrief*: Erst verspätet, Mitte August, habe die Saison so richtig begonnen. Nachsaison als Hauptsaison. In einer kleineren

Ortschaft vis-à-vis von Pörtschach hat ein Gastwirt die deutsche Flagge gehisst. Die Gendarmerie nimmt es mit Humor und lässt ihn 24 Stunden gewähren. Der Wirt hat in seinen 24 Zimmern plötzlich keinen einzigen Kurgast. Also holt er die deutsche Flagge wieder herunter. Eigenhändig. Ohne Gendarmerie. Und der Gasthof füllt sich wieder.

Während in den 1930er-Jahren die englische Kolonie beim Golfen am Südufer zu finden ist, wo Spaniens König Alfons XIII. eigens aus München in einem Lincoln-Zephyr mit römischer Nummer anreist und im neuen Golfhotel Dellach absteigt, um am Hausball teilzunehmen, und sich das Herzogspaar von Windsor im Buick mit Polizeieskorte zum Werzer chauffieren lässt, dreht sich in Pörtschach alles um Tennis. Am Werzer-Gelände finden tagsüber internationale Turniere statt.

Liesl Müller-Johnson war dabei als Zwölfjährige 1934 mit ihrer Mutter, der Kabarettistin und Sängerin Rosl Berndt. Die hat den Sprung vom Kinderstar aus dem jüdischen Grätzel in der Wiener Leopoldstadt zur Soubrette geschafft und tritt im Carl Theater, im Raimund Theater, im Ronacher und im Simpl auf. Mit Fritz Grünbaum, Fritz Löhner-Beda, Karl Farkas und Hans Moser arbeitet sie zusammen. Mit Richard Tauber, den Tiller Girls und Hermann Leopoldi ist sie befreundet.

Beim Künstlerwettschwimmen in Pörtschach wird der Opernsänger Alfred Piccaver Erster. Vor dem zu seiner Zeit beinahe allgegenwärtigen und heute vergessenen Kabarett-Star, Coupletsänger, Alleinunterhalter und Radiokomiker Franz Engel, der nach der Machtergreifung der Nationalsozialisten in Deutschland nach Österreich fliehen muss und 1944 in Auschwitz ermordet wird. Und – auf dem dritten Platz: Ernst Deutsch, auch er ein Emigrant nach der Machtübernahme der Nationalsozialisten in Deutschland. Der expressionistische Schauspieler par excellence geht 1938 nach New York und Hollywood, um nach dem Krieg ans Wiener Burgtheater zurückzukehren und ab 1951 wieder in Berlin am Schiller- und Schlossparktheater zu spielen. Seine größten Erfolge feiert er in ganz Europa als Nathan der Weise in Gotthold Ephraim Lessings Klassiker sowie als Shylock in William Shakespeares *Der Kaufmann von Venedig.*

Für die Abendunterhaltung in Pörtschach sorgen auch Stars wie die Kabarettistin und Diseuse Dela Lipinskaja, die sonst die ganz großen Säle in Wien und Berlin füllt. Die gebürtige Russin mit dem Faible für das literarische Chanson macht große Kleinkunst mit Witz und Geist, Satire und Wehmut in bunter Vielfalt zu Opern en miniature. Auch der »Klavierhumorist« Hermann Leopoldi mit dem Lied *Mit dem Sch-sch-sch-Überraschungszug / da machen wir 'ne Fahrt ins Blaue …*

Apropos: Der vornehmste Zug startet Sonntag abends aus Velden. Nicht etwa der Orient-Express. Ein ganz einfacher Schnellzug. Da stehen am Bahnhof auf einmal drei Herren im Smoking, die vom Tanzabend kommen und sich nicht mehr umziehen konnten. Sie besteigen im Smoking den Schlafwagen. Sie hatten es eben eilig. Und in Wien hält man sie, als sie aussteigen, offenbar für Kellner.

In den Strandbädern und bei den Bällen wird die »Miss Wörthersee« gewählt. Peinliches ereignet sich in Reifnitz, wo – mit großer Mehrheit gewählt – eine reizende blonde Unbekannte Siegerin der Schönheitskonkurrenz wird. Aber es stellt sich heraus, dass die Miss ein verkleideter Mister ist. Ein junger Schmied, dessen Freunde die Miss-Wahlen ad absurdum führen wollten.

Viel Prominenz kommt an den Wörthersee. Zuerst sind es Grafen und Erzherzöge, später Minister und Präsidenten. In einem der Ortschaften ereignet sich ein Diebstahl. Ein junger Mann und Amateurdetektiv forscht den Dieb aus. Als ihn die örtlichen Behörden überrascht fragen, woher er denn sein kriminalistisches Talent hätte, sagt er bescheiden lächelnd: »Bitte um Entschuldigung. Ich bin der Geheimpolizist des Herrn Justizminister Schuschnigg.«

Pörtschach sei der mondänste Ort am Wörthersee, heißt es im Sommer 1937. Alles steht ganz im Zeichen der Tennisdress. Erst abends sieht man elegant angezogene Menschen. Die Concours d'Elegances im Strandcafé Werzer, bei denen der Direktor der französischen *Vogue* die Jury leitet, versuchen, das große Abendkleid »populär« zu machen. So ist Pörtschach einer der wenigen Orte in Österreich, die nicht auf Dirndl und Lederhose eingestellt sind, sondern auf Sonnenkult in Strandkleidung und auf Eleganz am Abend. Auch spielt die Musik keine Landler, sondern modernen Jazz. Ein Tanzpaar europäischer Meisterklasse garniert die Festlichkeiten. Paul Morgan, Hermann Leopoldi und Armin Berg sorgen fallweise für Unterhaltung im Strandcafé Werzer, und die Astoriabar ist das Nachtlokal des Wörthersees.

»Das Leben ist eine Tragödie – zusammengestellt aus vielen Komödien«, sagte Hugo Wiener, einer der bedeutendsten Humoristen Österreichs. Von ihm stammen unzählige Revuen, unvergessene Doppelconférencen für Karl Farkas und Ernst Waldbrunn sowie rund 400 Chansons. Mit seiner Frau Cissy Kraner prägt er das heimische Nachkriegskabarett mit Chansons wie *Der Nowak.* Es erzählt die Geschichte eines braven Mannes, der seine Freundin nicht und nicht verkommen lassen will. Den Nowak hat es wirklich gegeben. Das Ehepaar Wiener/Kraner lernte während eines Urlaubs am Wörthersee 1952 eine Frau kennen, die – sobald die Rede auf ihren Freund kam – immer nur »vom Nowak« sprach. Kein Vorname, kein Kosename, nur »der Nowak«. Der sei stets um sie bemüht, nehme ihr alles ab, dass sie sich um rein gar nichts selbst kümmern müsse … Daraus wurde *Der Nowak lässt mich nicht verkommen*, das bekannteste Chanson des Paares.

12 Wo der Sommer überwintert

Werzerpromenade 8, Pörtschach

»Werzer's Badehaus«: ein Bauwerk mit historischem Flair des Wörthersee-Architekten Josef Victor Fuchs aus dem Jahr 1895.

Ein Gesamtkunstwerk in Holz. Die nostalgisch angehauchte Kulisse für die Wörthersee-Riviera. Ein Relikt und imposanter Blickfang aus dem Seinerzeit, als das Badehaus noch Badeanstalt war und die »Werzer Badeanstalt« eine Schwimmschule für Sommerfrischler – mit zwei Wasserbecken, streng getrennt für Damen und Herren, und mit geheimnisumschließenden Holzwänden rundherum zum Abschirmen neugieriger Blicke. Wobei ohnehin nicht viel zu sehen gewesen wäre.

Denn die Damen gingen noch hochgeschlossen ins kühle Nass und legten viel Wert auf Schatten. Die noble Blässe war noch modern und unwiderstehlich die Anziehungskraft des Sees. Wo der Sommerfrischler schrittweise seine gewohnte Lebensweise aufs Wasser verlegte, bis dann eines schönen Tages zur allgemeinen Verblüffung jedes anderweitige Daseinsinteresse total in die Schwimmhose rutschte.

»Schon vormittags tummelt sich hier alle Welt stundenlang mit der grundlos stupiden Seligkeit von Kaulquappen und Wasserkäfern in den Seebädern«, schreibt Österreichs *Illustrierte Zeitung* im Sommer 1912. »Allein dieses Treiben ist mehr als bloßer Badegenuss. Es ist ein kannibalisch vergnügtes Neck- und Nixenleben im Wasser, ein temperamentvolles Gesellschaftsspiel, ein Reigen in den Fluten, eine unerhörte Agilität und Akrobatik, welche den ganzen Organismus energisch ausschüttelt und verjüngt.«

Frauen und Mädchen sagen dem Seewasser nebenbei auch hervorragende kosmetische Wirkung nach. Sogar die Kärntner Burschen singen darüber ein artiges »Liadl«:

Mei Diandle is sauber,
Is weiß wie der Schnee,
Das macht halt das Wasser
Vom Klagenfurtner See!

Nicht zu vergessen, dass – schon lange, bevor der See seine Villenbordüre erhielt – Pörtschach um 1680 ein Sommersitz der Jesuiten war, die hier das Bier einbürgerten. Die Väter der Gesellschaft Jesu besaßen da einst, im einzigen Ort in Kärnten, wo Bier gebraut wurde, ein Musterbrauhaus. Von weit kamen die Wagen gefahren, um das Getränk, das einen so »köstlichen Geschmack« hatte, heimzuführen und sich am braunen Gebräu »der Jesuiter« zu erfrischen. Aber schon anno 1624 ist in einem Brief des Viktringer Abtes von gemeinschaftlichen Bädern adeliger Herren und Prälaten bei den Jesuiten am Wörthersee zu lesen.

Auf der Wasseroberfläche spiegelt sich heute das letzte Überbleibsel historischer Holzbau- und Badekultur und damit mehr als ein Jahrhundert Kulturgeschichte. »Ein baukulturelles Denkmal ersten Ranges« war »Werzer's Badehaus« für den Literaten und Architekturforscher Friedrich Achleitner. »Ein Mix zwischen Jugendstil und Regionalromantik, Barock und englischer Landhausarchitektur.« Ein Pavillonbau, wie es ihn ebenso in anderen Teilen der Monarchie auch auf dem Land gab«, sagt der Architekt Heimo Kramer in einem ORF-Interview, »hier transponiert in eine Badeanstalt am See, die auf Piloten stehend in den See hineinragt – mit zwei Becken und einer Symmetrieachse in der Mitte, eine Ruhe und Gelassenheit ausstrahlend, wie man sie sonst bei Architektur oft vermisst.«

Die Architektur der Sommerbäder erzählt von den Hygiene-, Gesundheits- und Moralvorstellungen vergangener Zeiten, von der Körperkultur, von sportlicher Betätigung, Freizeitgestaltung, von Geschlechterrollen und Schamgefühlen. So ist in *Meyers Konversationslexikon* von 1894 zu lesen: »Ganz entschieden ist gemeinschaftliches Baden von Männern und Frauen zu verwerfen, weil die sinn-

»Werzer's Badehaus«: Das historische Badehaus aus dem Jahr 1895 wurde 2013 restauriert.

liche Reizung die Wirkung des Bades vereitelt.« Erst ab den 1920er-Jahren wird es üblich, dass sich die Geschlechter mischen.

Entstanden ist der Prototyp der Wörtherseebauten – eine Holzskelettkonstruktion, die zum Teil an Land und zum Teil auf Piloten im See steht – 1893 nach Plänen des tschechischen Architekten Josef Victor Fuchs. Auftraggeber ist Georg Semmelrock-Werzer, einer der Pioniere des Pörtschacher Fremdenverkehrs und Begründer des Etablissements Werzer. Das historische Gebäude ist heute das letzte erhaltene seiner Art von ursprünglich ungefähr zehn solchen Badehäusern am Wörthersee und steht seit 1987 unter Denkmalschutz. Aber im Lauf der Jahrzehnte war einiges an Farbe abgeblättert, das Holz morsch und die Anlage verlottert.

Das ist zwar gut für die Patina, aber nicht für die Gäste. Deshalb trägt der Architekt Manfred Schenk das alte Badehaus 2013 mit handwerklicher Sorgfalt in Kleinstarbeit Stück für Stück ab und baut es auf 350 Lärchenholz-Pfählen wieder zusammen. Nach der aufwendigen Sanierung um 5,4 Millionen Euro strahlt jetzt alles wieder in blendendem Weiß. Was früher Sommerfrische war, heißt jetzt Wellness und offeriert diverse Genussdelirien.

»Schon zur Zeit der Sommerfrische waren die Badehäuser gesellschaftliche Treffpunkte, Orte der Erholung für Körper und Geist. Wir haben diese Philosophie zeitgemäß aufbereitet«, sagt Hoteldirektorin Yasmin Stieber-Koptik. Heute gehört zum Badehaus eine 1500 Quadratmeter große Wellnesszone, eine Sauna indoor, ein beheizter Pool outdoor, der im See schwimmt, der den Gästen die Illusion gibt, auch im Winter im See zu baden; außerdem ein Restaurant mit Seeblick und – im pittoresken Türmchen – die Sunset-Suite.

Hier kann der Sommer überwintern. Schnee und Kälte bleiben draußen, die Hektik sowieso, während die Gäste in der Sauna schwitzen. Eine Institution hat sich hinter seiner weißen Holzfassade als kleine, exklusive Wohlfühloase inszeniert, als heimeliger Ort, wo die Holzdielen unter den Füßen knarren. Angenehmer lässt sich die Zeit kaum vertrödeln.

Am Anfang, als man Schwimmen erst im Erwachsenenalter lernte, ging es rustikaler zu. Die Damen und Herren bekamen einen Strick um den Bauch gebunden, und ab ging es in den See. Wobei man unter Schwimmen eher »Untertauchen« verstand. Außerdem kümmerten sich Masseure und Gymnastiklehrer um die Gäste. Doch allmählich gab es immer mehr öffentliche Schwimmbäder – und die Leute lernten ohne Strick schwimmen.

Später sind in der »Werzer Badeanstalt« die besten Schwimmlehrer des Landes angestellt. »Ich lehre müheloses Schwimmen mit richtiger Atemtechnik für Anfänger«, wirbt Zsigo Wertheimer in den 1920er-Jahren um neue Schwimmschüler – im Sommer in Velden und Pörtschach am See, im Winter im Wiener Dianabad. Wertheimer trainiert aber nicht nur kleine Seepferdchen, sondern auch die besten Schwimmer des jüdischen Sportvereins S. C. Hakoah (hebräisch: Kraft), darunter Hedy Bienenfeld, die lange Zeit beste und umschwärmteste Schwimmerin Österreichs. Sie errang eine Bronzemedaille (200 Meter Brustschwimmen) bei den Europameisterschaften 1927 in Bologna. Und ihre österreichische Bestleistung über 100 Meter Brust hielt von 1935 bis 1956. Die populäre Sportlerin und mehrfache Schwimm-Europameisterin aus der Wiener Leopoldstadt wirbt bisweilen auch für Zigaretten, etwa als »Covergirl« der *Österreichischen Raucherzeitung* im August 1931. Als jung, lustig und übermütig beschreibt sie die Zeitung *Der Raucher*, der sie 1931 ein Interview gibt: »Natürlich rauche ich dann hie und da eine kleine Zigarette, das ist wie ein köstliches Naschen. Ich rauche sogar einige mehr, als mir mein gestrenger Trainer gestattet. Aber, wie gesagt, nur heimlich, es ist ein verstecktes Vergnügen.«

Friedrich Torberg, der damals noch Kantor hieß und Wasserball spielte, soll in »die schöne Hedy« zur Zeit, als er *Der Schüler Gerber* schrieb, verliebt gewesen sein und ihr als Lisa Berwald in dem Roman ein Denkmal gesetzt haben. Aber sie heiratet ihren Trainer. Wertheimer und Bienenfeld, ein Glamour-Paar ihrer Zeit, gehören zu den frühen Stars des Sportvereins. Sie richten gemeinsam sogar große Wettbewerbe aus, bei denen die österreichische und europäische Elite an den Start geht. In der Emigration sind sie in England als Schwimmtrainer tätig.

Wie vor mehr als 100 Jahren will auch der Mensch des 21. Jahrhunderts entschleunigen, chillen und loungen. Und das Flirten hat immer Saison. Ein Zeitwort ohne Futurum! Denn es hat den Nachteil, dass bei den hochsommerlichen Liebelei-Aufführungen selten etwas Sicheres für die Zukunft der Mädeln herausschaut. Trotzdem wird die Komödie der Herzensromantik bis auf Weiteres weitergespielt.

13 Logenplatz mit Blick auf die Karawanken

Hauptstraße 256–258, Pörtschach

Unvergessliche Sommer einer Kindheit, die Lemisch-Dynastie und ein Mode-Accessoire um 1900: das Ferlacher Bambusfahrrad.

An Sommerwochen auf dem Land, an Kärntner Seen oder im Salzkammergut in ihrer Kindheit zwischen Strobler Strandbad und den Cafés von Sankt Wolfgang erinnerte sich Hilde Spiel (1911–1990), die Journalistin, Schriftstellerin und Grande Dame des Feuilletons: »Sie hoben unser Lebensgefühl.« Und Jahr für Jahr in Pörtschach »im Haus des Lehrers Grossl am Ortsrand untergebracht« lag die Zwölfjährige am Sonnendeck, während ihre Mutter ins Strandbad des mondänen Hotels Werzer ging und ihr Vater »mit seinem Hund in den Lienzer Dolomiten herumstieg«.

Sie fand eine Gegend voller Charme, Orte der Ruhe und Menschen, die einem bei der Entdeckung der Langsamkeit helfen. Viele Stunden lang lesend und träumend verbrachte das Mädchen auf dem heißen Pappdach des Bootshauses der in den 1920er-Jahren als Sommerfrischepension vermieteten Villa, damals auch »Stöckl am Rain« genannt: »Ich dachte mir Namen aus, die ich annehmen wollte, wenn ich eines Tages berühmt war. Hilla Spila. Hille Syla.« Der Lehrer Grossl spielte auf dem verstimmten Klavier *Servus du, flüstert sie ganz leise* von Robert Stolz. Und ein anderer Wohngast, ein junger Zöllner aus Gera in Thüringen, gab ihr, auf die Wange, den ersten Kuss.

Franziska »Fanni« Lemisch (1844–1896), geborene Rainer, gehörte ursprünglich die im Jahre 1876 von Ing. Carl Miller erbaute und gut erhaltene Gründerzeitvilla. Wie vom Zuckerbäcker in die Landschaft gestellt wirkt die Villa Hygiea (Hauptstraße 256–258) in Logenplatz-Lage mit einem hinreißenden Ausblick auf die Karawanken im Süden. Den Namen erhielt sie – nach der griechischen

Göttin der Gesundheit – von Franziska, die 16-jährig den Arzt Dr. Josef Lemisch geheiratet hatte.

Der war ein Bauernbub, geboren 1826, durfte aber studieren, weil er vom Grafen Egger von St. Georgen ein monatliches Stipendium von 15 bis 17 Gulden erhielt. Wie es damals in Adelskreisen nicht wenige gab, die in der Tradition des Reformkaisers Joseph II. und seiner Bestrebungen, Bildungsmöglichkeiten breitesten Kreisen zu eröffnen, sehr unterstützend wirkten. So wurde mancher mittellose, aber hoch begabte Knabe im geheimen Einvernehmen zwischen dem Schlossherrn und den entsprechenden Schulleitern einer hoffnungsvollen Laufbahn zugeführt.

Der akademische Grad von Josef Lemisch dürfte es erleichtert haben, erfolgreich um die Hand von Fanni anzuhalten, die bereits aus einer vermögenden Familie kam. Ihr Vater, Josef Rainer, hatte Karriere gemacht vom Bauernbuben über den abgesprungenen Priesterkandidaten zum Privatlehrer der Adelsfamilie Millesi und schließlich über deren Protektion zum Beamten und Direktor der Hüttenberger Eisenwerksgesellschaft AG.

Da hatte Geld zu Geld gefunden. Und durch ein beträchtliches Erbe nach dem Tod des Vaters 1884 und des Ehemannes zwei Jahre später wurde Franziska Lemisch zur leidenschaftlichen Bauherrin, ließ in Klagenfurt am Neuen Platz den nach ihrem Vater benannten und architektonisch beeindruckenden Rainerhof, das erste Bürohaus, errichten. »Sie wollte ihrer Familie damit ein Denkmal setzen«, sagt die Kärntner Fremdenführerin Astrid Legner.

Josef Victor Fuchs plante für sie neben der Villa Hygiea auch die Häuser Seeblick (1888) und Seewarte (1893). Ihr auch privates Interesse am deutlich jüngeren tschechischen Architekten, dessen markantestes Bauwerk »Werzer's Badehaus« war und der als mehrjähriger Obmann der Kurkommission und Vizebürgermeister von Pörtschach viel zum Aufschwung des Ortes beigetragen hat, war vor allem einem ihrer drei Söhne, dem späteren Politiker Arthur Lemisch (1865–1953), ein Dorn im Auge und führte sogar zum Bruch zwischen Mutter und Sohn, die ihn enterbte. Fuchs hingegen

Ein Beispiel für die Wörthersee-Architektur: die von Josef Victor Fuchs geplante Villa Seeblick aus dem Jahr 1888

hinterließ sie testamentarisch die Villa Seeblick und einen großen Bauplatz in der Südbahnstraße.

»Ich bin die Enkelin des alten Lemisch.« So beginnt der autobiografische Roman von Friederun Pleterski, die in *Heimwärts reisen* auf Spurensuche nach ihrer Herkunftsfamilie ging, einer Dynastie in St. Veit an der Glan rund um ihren Großvater: Arthur Lemisch, dem ehemaligen »Landverweser« und Kärntner Landeshauptmann zu Zeiten der Kärntner Volksabstimmung im Jahr 1920, dem von 1891 bis zu seinem Tod 1953 Schloss Köllnhof in St. Veit an der Glan gehörte.

Fanny Lemischs jüngster Sohn, Otto Lemisch (1866–1940), war im Gegensatz zu seinen älteren Brüdern, beide promovierte Juristen und landespolitisch sehr aktiv, Ingenieur, nach Studien in Berlin, Karlsruhe und Wien. Und empfänglich für eine Sensation seiner Zeit: Auf der Londoner Messe Stanley Cycle Show wurden im November 1894 die ersten Bambusfahrräder der Bamboo Cycle Company vorgestellt als »the most elegant machine upon the market, and up to date in any respect«.

Die Nachricht und der Slogan »better than steel« elektrisierten auch die Pioniere in Klagenfurt. Lemisch brachte prompt mit dem gelernten Hutmacher und Technik-Enthusiasten Karl Bräuer und dem Mechaniker und Konstrukteur Franz Grundner das Bambusfahrrad auf den Markt. Als ökologische, aber – damals noch wichtiger – leichte Fahrradversion. »Wir kommen aus dem Kärntnerland, wo mancher gar viel Schönes fand. Was mich entzückt im höchsten Grad, das ist das Ferlacher Bambusrad«, zitiert Pleterski einen Werbespruch. In der uralten Gewehrfabrik der Büchsenmacherstadt des Rosentals entstanden bis 1902 mit zur Hochblüte 62 Mitarbeitern und später nach einem Umzug nach Ebenthal bei Klagenfurt bis 1905 Tausende Bamboo Bikes.

Die Idee, Bambusrohr – importiert aus Shanghai – als Stahlersatz zu verwenden, gab es auch in Großbritannien und in den USA. Aber technisch ausgereifter waren die industriell gefertigten »Gras-Esel« der Kärntner Firma Grundner & Lemisch, dem in wenigen Jahren weltgrößten Hersteller. Obendrein sehr robust, wie die Werbung mit dem berühmten Athleten und Keulenschwinger Georg Jagendorfer aus Wien-Erdberg zeigen sollte, der 124 Kilo auf die Waage brachte und Inhaber einer »Schule für Leichtgymnastik« in Wien in der Elisabethstraße 5 war.

Der Maler und Grafiker Josef Maria Auchentaller (1865–1949), mehr als ein Jahrzehnt lang Protagonist der 1897 von Gustav Klimt gegründeten Wiener Secession, kreierte ein Plakat, das eine Japanerin auf einem Rad von Grundner & Lemisch zeigt. Elegant, leicht, dauerhaft sind die Eigenschaften, mit denen das Ferlacher Bambus-

Eine Erfolgsgeschichte: das Bambus-Fahrrad aus Kärnten

rad beworben wurde. Es erlebte als Mode-Accessoire nur einen rund zehnjährigen Boom, bis der wirtschaftliche Sinkflug einsetzte und es wieder aus dem Straßenverkehr verschwand.

Lemisch wurde als Fabrikant für Bambusfahrräder k. & k. Hoflieferant, zog 1901 in die von seiner Mutter erbaute Villa Seewarte, überquerte als Erster den Wörthersee mit einem Rad auf Schwimmern und eröffnete im Rainerhaus in Klagenfurt einen Laden, in dem seine Fahrräder verkauft wurden. Sein Wintervergnügen waren das Eisstockschießen und das Schlittschuhlaufen auf dem zugefrorenen Wörthersee. Die Idee vom 19. Jahrhundert greift der Deutsche Oswald Wieser von Smart Grass Bicycles im 21. Jahrhundert wieder auf. Der Autor des Buches *Grundner & Lemisch Bambusfahrräder – In die Zukunft geholt* hat 2015 eine Renaissance am Ursprungsort in Kärnten initiiert und ist mit dem weltweit ersten Bambus-E-Bike am Markt.

Schon 1897 erteilte die Landesregierung in Klagenfurt Lemisch die Konzession zum Betrieb einer Dampfschifffahrtsverbindung »zum periodischen Personentransport auf die Dauer von 25 Jahren«. Tatsächlich führte er um 1913 mit dem Motorboot »Aegir«, zugelassen für 25 Personen, Rundfahrten durch und bediente die Strecke Pörtschach–Maria Wörth. Aber nach dem Ersten Weltkrieg wurde der Betrieb bald wieder eingestellt.

Nach dem Untergang der Monarchie übernahm die Familie Grossl 1919 für fast ein Jahrhundert die Villa Hygiea und führte sie in der Zwischenkriegszeit als Frühstückspension »Stöckl am Rain«. Bei der Arbeit in einem Wiener Neustädter Lazarett hatte Franziska Anger den Lehrer Ernst Grossl kennengelernt, sich in ihn verliebt und ihn gegen den Widerstand ihrer Familie geheiratet. Die Wiener Kaufmannstochter zog nach Kärnten und erwarb mit ihrem Erbteil das Anwesen in Pörtschach.

Zunächst belächelt und verspottet, aber bald bejubelt von den Wasserratten wurde eine Erfindung, die die Welt eroberte: 1922 gelang es dem Amerikaner Ralph Samuelson, auf zwei klobigen Kiefernplanken über den Lake Pepin zu brausen. Der Funsport, mit Brettern hinter einem Motorboot durch das Wasser zu pflügen, erreichte auch den Wörthersee, auf dem die ersten Wasserskirunden schon 1935 gedreht wurden. Sohn »Bibi« Grossl gründete als Wasserski-Staatsmeister die erste Wasserskischule am Wörthersee und war nach 1945 Wasserskitrainer, Schwimmlehrer und Bademeister im Strandbad Pörtschach. Doch erst 1951, als eine amerikanische Wasserski-Showtruppe in Velden gastierte, begann der große Boom: neben den Clubs in Velden und Pörtschach wurde auch der Österreichische Wasserskiverband (ÖWSV) gegründet.

In den 1990er-Jahren lebten schließlich drei Generationen der Grossls im Haus. Mit den neuen Besitzern Alexandra und Josef Willroider bekam die Villa 2012 wieder ihren ursprünglichen Namen »Hygiea«, ergänzt um das Motiv »Baum des Lebens«, der am Turm vielfach als Stuckelement sichtbar ist. Vorgabe bei der Revitalisierung war, das verträumte äußere Erscheinungsbild und alles Historische zu erhalten: die Gründerzeittreppe im Turm, die

Fenster, die alten Holzläden, die Steinböden im Garten aus Techelsberger Marmor, die Fassade mit all den Spuren der Zeit und Geschichte.

Andere Spuren hinterließ die Zeit und Geschichte im Leben von Hilde Spiel, die sich in der Erinnerung der Menschen vielfach als die »Grande Dame der österreichischen Literatur« eingeprägt hat. Wie viele sprach sie davon, dass Exil eine Krankheit sei, in ihrer *Psychologie des Exils* (1975). Als Backfisch hatte sie – wie erwähnt – in Pörtschach einen unbeschwerten Sommer mit seinen vergänglichen, kleinen Gefühlen, mit seinen harmlosen Scherzen, mit seinen müßigen Freuden erlebt.

Als Reaktion auf den Austrofaschismus und beginnenden Nazi-Terror hatte sie 1936 Wien verlassen und sich in London eine neue Existenz aufgebaut. Es gehe ihr wie dem Philosophen Ludwig Wittgenstein, sagte sie einmal: »Ohne England kann ich nicht arbeiten, ohne Wien nicht leben.« Ein Jahr nach Kriegsende kehrte sie als Korrespondentin für die linksliberale Wochenschrift *New Statesman* für einige Wochen nach Wien zurück und hielt ihre Beobachtungen und Gedanken in Tagebuchaufzeichnungen fest: »Wir rattern über das Buckelpflaster, durch schwer zerstörte Straßen aus der Stadt hinaus zum Wörthersee … Ich schäle mich eilig aus der Decke und kann eben mit meinem Koffer abspringen, bevor der Laster weiterfährt.«

Am Südufer erwartet sie – diesmal zu Gast in der Villa Porsche – der Schnee, die Sonne, der Berg. Um die Mittagszeit zerreißt der Nebel, und ein goldenes Licht schimmert über den See. Auf dem anderen Ufer erscheint die ihr aus der Vorkriegszeit so vertraute Silhouette von Pörtschach: »Ich gehe zum Bootshaus über harten, verharschten Schnee. Drüben liegen alle Sommer meiner Kindheit in einer unberührten Mulde der Zeit. Ich bin dankbar, dass der Nachmittag sinkt und alle Bewohner der Villa Porsche sich in der Halle zu einem Umtrunk versammeln, während man die Vorhänge mit dem Blumenmuster über meine Vergangenheit zieht.«

14 Lieben Sie Brahms?

Hauptstraße 228, Pörtschach

Der Komponist fühlte sich inspiriert, »wo einem die Melodien zufliegen«, und bestens aufgehoben im Schloss Leonstain in Pörtschach.

Besucher im Gemeindeamt in Pörtschach kann Peter Napetschnig leicht überraschen: »Sie sitzen hier an einem Tisch, an dem sicher auch schon Johannes Brahms war.« Der Archivar hat ihn und das Hauszeichen von »Werzer's Weißes Rössl« im letzten Moment gerettet, bevor der Sommerfrische-Gasthof abgerissen wurde, in dem Brahms gern zu Mittag eingekehrt war.

»Erzählen will ich, dass ich hier in Pörtschach am See ausstieg, mit der Absicht, den nächsten Tag nach Wien zu fahren. Doch der erste Tag war so schön, dass ich den zweiten durchaus bleiben musste. Der zweite aber so schön, dass ich für's erste weiter bleibe«, schreibt Johannes Brahms an Clara Schumann, tief beeindruckt von der Stille, Einsamkeit und prachtvollen Natur am Wörthersee. Er fühlt sich wohl und inspiriert, »wo einem die Melodien zufliegen, und man sich hüten muss, keine zu treten«.

Man möchte nach dem Roman von Françoise Sagan fragen: Lieben Sie Brahms? Die Verfilmung mit Ingrid Bergman, Anthony Perkins und Yves Montand schafft es, die Zeit anzuhalten. Der Song *Love Is Just a Word* mit Diahann Carroll geht ans Herz. Und Brahms? Clara Schumann ist er bis zu ihrem Tod am 20. Mai 1896 in tiefer Freundschaft und musikalischer Wahlverwandtschaft verbunden, wie ein Briefwechsel belegt – an die »verehrte Frau«, die »teuerste, die innigst geliebte Freundin«. Und als die »viel zu schöne, hohe Frau« endlich das »Du« erlaubt, schreibt er bald: »Deine Briefe sind mir wie Küsse.«

Die Wanderlust und die Sehnsucht nach Sonne treiben den Komponisten aus Hamburg immer wieder in die Ferne, ins Rheinland, nach Italien, in die Schweiz und in seine Wahlheimat Österreich. Wien nennt er einmal scherzhaft seinen »Sommeraufenthalt im Winter«. In Wien hat er große Freude an der Volksmusik und große Bewunderung für den »Walzerkönig« Johann Strauß: »Der musikalischste Schädel von uns allen!« So schreibt er auf den Fächer von Strauß' Gemahlin unter die Anfangstakte des Walzers *An der schönen blauen Donau* als Widmung: »Leider nicht von Johannes Brahms«.

Er gibt schon 1867 zwei Konzerte im Casino in Klagenfurt und lernt auf einer Reise Österreichs Berge und Seen kennen. Auf Sommerfrische nach Pörtschach kommt Brahms zehn Jahre später zum ersten Mal am 7. Juni 1877 und fühlt sich in dem »Nichts am Wasser«, wie er seinem Verleger Fritz Simrock schreibt, gut aufgehoben. Er wohnt zunächst in der kleinen Hausmeisterwohnung im Schloss Leonstain. Dessen Geschichte geht zurück bis ins 12. Jahrhundert, als Dietrich von Projern auf einem Felsplateau über Pörtschach die Burg Leonstein errichtete, heute eine Ruine.

Um 1550 entsteht an der Pörtschacher Hauptstraße 228 das »Stöckl« (Schloss) Leonstain. Im Lauf der Jahrhunderte bewohnen Herzöge, Mönche und Gutsherren das Anwesen. Nach einem Brand 1825 wiederaufgebaut, beginnt für das Schloss eine neue Geschichte, geprägt von der ersten Hochblüte des Wörthersee-Tourismus. Brahms bewohnt im Schloss Leonstain, ab 1910 im Besitz der Familie Neuscheller und heute als Hotel Schloss Leonstain geführt, um 30 Gulden im Nebentrakt die Hausmeisterwohnung mit zwei kleinen Zimmern.

»Hier – ja hier ist es allerliebst, See, Wald, drüber blauer Berge Bogen, schimmernd weiß in reinem Schnee«, schreibt er heiter gestimmt am 29. Juni 1877 an seinen Freund Theodor Billroth. Er wird im Schloss oft zum Abendessen und zu den Stammtischrunden eingeladen. Bald öfter, als ihm lieb ist. Denn er will als Spaziergänger und auch sonst seine Ruhe, sich nicht von gesellschaftlichen Rücksichten einschränken lassen. So entschließt er sich, die feudale »Dreißigguldenherrschaft« aufzugeben, und übersiedelt im nächsten Jahr ins schräg vis-à-vis von Leonstain und näher am See gelegene Krainer-Häuschen (später Haus Rapatz), wo er auch im Jahr 1879 den ganzen ersten Stock mietet, um ungestört arbeiten zu können.

Brahms erinnert sich später gern an seine Pörtschacher Sommer und schreibt 1890 von Bad Ischl an seinen Biografen Max Kalbeck, den Musikschriftsteller, der seinen Urlaub gerade in Maria Wörth verbringt: »Gefreut aber hat mich und meine Gedanken angenehm beschäftigt Ihre Adresse. Schöne Sommertage kommen mir in den Sinn und unwillkürlich Manches, mit dem ich dort spazieren ging, so die D-dur Symphonie, Violinkonzert und Sonate G-dur, Rhapsodien und derlei.«

Aber wie kam der kühle Norddeutsche mit Wohnsitz Wien ausgerechnet ins damals noch bescheidene, verträumte Fischerdörfchen? Wo sich »das gesamte See- und Badeleben konzentriert«, wie

Ein Haus mit Geschichte im Norden von Pörtschach: Schloss Leonstain

das Feuilleton der *Österreichischen Badezeitung* feststellt. Und wo über die Sommermonate einige Sommerfrischler leben, vor allem aus wohlhabenden Wiener Familien, die hier nach und nach ihre Villen und Landsitze bauen.

Der Jurist, Industrielle und Mäzen Dr. Karl Kupelwieser, Sohn des mit Schubert und Grillparzer befreundeten Wiener Biedermeiermalers Leopold Kupelwieser (1796–1862) und seine Frau Bertha haben Brahms auf diese Ecke Kärntens aufmerksam gemacht. Sie waren schon zuvor in ihre neu erbaute Wörtherseevilla gezogen. Und Brahms verkehrt gerne und oft in ihrem gastlichen Haus. In ihrem Salon kann sich Brahms nicht zuletzt gemeinsam mit der Dame des Hauses im Klavierspiel zu vier Händen austoben.

Das Haus der einflussreichen Wiener Unternehmer- und Bankiersfamilie Figdor war eines der ersten, in denen Brahms, als er im Oktober 1862 zum ersten Mal in Wien auftritt, seine Visitkarte abgibt. Er pflegt diesen Kontakt bis zu seinem Tod. Der Geigenvirtuose Joseph Joachim, durch seinen Großvater Figdor mit der bedeutenden Industriellendynastie Wittgenstein verwandt, ist regelmäßig deren Gast, wann immer er in Wien allein oder mit seinem Quartett konzertiert, und stellt dort, wie davor schon seine Freundin Clara Schumann, auch seinen Freund Brahms vor.

Bertha Kupelwieser (1848–1909), eine geborene Wittgenstein, deren Familie zu den führenden Stahlbaronen in Österreich zählt, ist die Tante des später berühmten Philosophen Ludwig Wittgenstein und eine markante Erscheinung der Wiener Gesellschaft mit Wohnadresse Weihburggasse 32, Palais Henckel von Donnersmarck an der Ringstraße: Sie bringt Brahms nach Pörtschach, wo ihr Mann Karl Kupelwieser schon seit Anfang der 1870er-Jahre ein Heim hat. Dort und in der Villa seines Schwagers Franz Kupelwieser ist »für Brahms stets der Tisch gedeckt«, berichtet Max Kalbeck, »und bei Kupelwieser ein ganz besonderer: der ehrwürdige, runde gelbe Alt-Wiener Familientisch, an dem schon Schubert, Grillparzer und Schumann gegessen haben«.

Weil sein eigenes Klavier aus Wien für das Sommerquartier zu groß ist, leiht sich der Musiker im Tausch einen Stutzflügel von den Kupelwiesers. Eine von Bertha Kupelwieser 1908 modellierte Brahms-Büste aus Carrara-Marmor in Erinnerung an die gemeinsame Pörtschacher Zeit steht bis heute im Schlosshof Leonstain: Sie zeigt den damals 44-Jährigen noch ohne Vollbart. Den ließ er sich erst im Sommer 1878 in Pörtschach wachsen, und zwar – wie Freunde verrieten – vor allem, um darunter keinen Kragen tragen zu müssen.

Karl und Bertha Kupelwieser kaufen 1897 den Seehof im niederösterreichischen Lunz am See und stiften die Orgel in der neuen, 1906 geweihten katholischen Pfarrkirche von Pörtschach. Sie finanziert großzügig den Rohbau des Spitals in Scheibbs und ist Mitbegründerin des Rudolfiner-Hauses in Wien. Er ist Mäzen, unter anderem bei der Errichtung und Einrichtung eines Radiuminstituts und der »Biologischen Station« in Lunz. »Meine Urgroßmutter legte mit ihrer Spende von 60 000 Gulden, etwa einem Drittel der Baukosten, die finanzielle Basis zur Errichtung des Krankenhauses«, sagt der praktische Arzt in Scheibbs Dr. Paul Kupelwieser, Jahrgang 1952.

Aber sie erlebt die Eröffnung am 30. Juli 1911 nicht mehr, weil sie bei einem Autounfall auf der Laxenburger Allee zwischen Inzersdorf und Biedermannsdorf am 8. Juni 1909 tödlich verunglückt. »Ihr war wichtig, sich für die Rechte der Frauen einzusetzen. Und sie wollte nur weltliche Krankenschwestern«, sagt der Urenkel. Im Stiftungsbrief steht auch: »Für Patienten aus Lunz muss stets ein Krankenbett zur Verfügung stehen.« Eine Büste im Foyer des Spitals erinnert heute noch an Bertha Kupelwieser.

Ein Kuriosum am Rande: Die Bahnstation von Pörtschach trug ursprünglich den Namen »Maria Wörth« nach dem gegenüber am Südufer des Sees liegenden Wallfahrtsort gleichen Namens, um Verwechslungen mit Pöltschach, Pottschach oder Deutsch-Pörtschach vorzubeugen. Zwar hieß der Ort für die Post offiziell »Pörtschach am See«, nicht aber für die Verwaltung der Südbahn. Das führte am Schalter zu spaßigen Dialogen zwischen Reisenden und dem Stationskassier. »Eine Karte erster Klasse Pörtschach bitte.« – »Wohin?« – »Pörtschach! Pörtschach!« – »Sie meinen Maria Wörth?« – »Nein, ich meine Pörtschach.« – »Haben wir nicht.« – »Aber es ist doch eine Station.« – »Bedaure.« Und erst nach langem Hin und Her wird dem Urlauber klar, dass man »Pörtschach« schreibt und »Maria Wörth« liest.

Wenn Brahms in Pörtschach nicht eingeladen ist, geht er zum Mittagessen in den Gasthof »Zum weißen Rössl« der Familie Werzer – meist in Gesellschaft des Postmeisterfräuleins. Er genießt die Naturkulisse und die Stimmung und verbringt auch den Abend oft im Wirtshausgarten, wo ihm seine Tischgenossen, so erzählt Kalbeck, und prominente Einheimische Kärntnerlieder vorsingen müssen.

Mit dem Münchner Dirigenten Franz Willner und dem russisch-deutschen Komponisten Iwan Knorr besteigt Brahms den Dobratsch. Noch Jahre später erkundigt er sich nach Philipp Kointsch, dem »alten, höchst lustigen und frivolen Pfaffen«, von 1863 bis 1889 Gemeindepfarrer und Seelsorger in Maria Wörth. Er war, so die *Badener Zeitung*, »wegen seines bis ins Greisenalter bewahrheiteten Humors und wegen seines originellen, unnachahmlichen, auffallenden, in allen Tonarten der Skala abfallenden Lachens allgemein und weit über die Grenzen des Landes nicht nur bekannt sondern berühmt.« Brahms: »Sein Lachen hörte man über den See (buchstäblich) und seine sehr schlimmen Witze bis Wien.«

Am Beginn einer seiner kreativsten Lebensphasen schreibt Brahms in seinem ersten Kärntner Sommer 1877 innerhalb weniger Wochen seine lebensfrohe 2. Symphonie in D-Dur (op. 73), auch gern seine *Pastorale* genannt. Ein – trotz der für den Grübler typischen Melancholie vor allem im zweiten Satz – frohes Gegenstück zum Vorgänger, der 1. Symphonie in c-Moll. Für die *Pathetische* brauchte er Jahre, um sich mit den großen Vorbildern der Vergangenheit, insbesondere mit Beethoven, auseinanderzusetzen. Aber süße, frühlingsblühende Klänge wehen am 30. Dezember

Johannes Brahms hatte am See ab 1877 eine seiner kreativsten Lebensphasen.

1877 durch den Goldenen Saal im Wiener Musikverein bei der Uraufführung in der Konzertreihe der Wiener Philharmoniker unter dem Wagner-Spezialisten Hans Richter am Dirigentenpult. Der Chirurg Theodor Billroth ist begeistert: »Das ist ja lauter blauer Himmel, Quellenrieseln, Sonnenschein und kühler, grüner Schatten …« Und Eduard Hanslick, der mächtigste Advokat des Komponisten neben Robert Schumann, orakelt am 3. Jänner 1878 in der *Neuen Freien Presse*: »Die zweite Symphonie scheint wie die Sonne erwärmend auf Kenner und Laien, sie gehört allen, die sich nach guter Musik sehnen … Brahms' neue Symphonie leuchtet in gesunder Frische und Klarheit; durchweg fasslich, gibt sie doch überall aufzuhorchen und nachzudenken.«

Im Sommer 1878 stellt sich Brahms am Wörthersee die Aufgabe, für seinen Freund Joseph Joachim ein Violinkonzert zu schreiben. Mit Beethoven und Mendelssohn soll es mithalten können. Tatsächlich gelingt ihm das beim Violinkonzert D-Dur (op. 77) so überzeugend und beinahe furchteinflößend, dass zeitgenössische Virtuosen lange vor den technischen Hürden des Monsterwerkes zurückschrecken. Es ist als Kampf mit dem Orchester komponiert, als ein Werk, bei dem Solist und Orchester zu gleichen Teilen die musikalische Substanz tragen und eng miteinander verflochten sind. Der Geiger steht nicht im Vordergrund. Im Gegenteil: Er muss sich des Öfteren gegen das Orchester behaupten. Symphonischer Koloss gegen kleine Geige, »ein Konzert gegen die Geige«, nannte es die Kritik. Jedenfalls für jeden Instrumentalisten eine Herausforderung. Selbst Joseph Joachim – im September 1878 auf Besuch in Pörtschach – hält das ihm gewidmete Stück zunächst für kaum aufführbar, spielt es aber doch am Neujahrstag 1879 bei der Uraufführung in Leipzig.

Raoul Auernheimer sagt in einem Essay: Der Ruhm eines Künstlers müsse drei Instanzen durchlaufen, um den Status der Unsterblichkeit zu erreichen – die Mitwelt, die unmittelbare und die ferne Nachwelt. Wie Brahms' Violinkonzert. Mit seinen Doppel- und Tripelgriffen, weiten Spannungen und jähem Wechsel von Höhe zu Tiefe mutet es dem Interpreten Außerordentliches zu und gehört zu den Solitären der Geigenliteratur.

In der Welt bekannt macht es eine Künstlerin, auf die Brahms in Pörtschach aufmerksam gemacht wird: Marie Soldat. Er lässt sich von der erst 16-jährigen Grazerin das Mendelssohn-Konzert vorspielen, streicht seinen Bart und tut, was für ein junges Talent, das sich mit Konzerttourneen das Geld für seine Studien verdienen muss, wichtig ist: Er bringt die ebenfalls zufällig im Ort anwesende ehemalige Opernsängerin und Gesangslehrerin am Wiener Konservatorium Louise Dustmann dazu, am Konzert am 12. August 1879 in Pörtschach teilzunehmen. Auf den Plakaten steht fett gedruckt: »… am Flügel Johannes Brahms«. Das Konzert wird ein finanzieller Erfolg. Brahms ist von ihrer Virtuosität begeistert, Joseph Joachim unterrichtet sie und bringt sie nach Berlin, und Clara Schumann notiert in ihr Tagebuch: »Die Soldat ist eine echte Künstler-Natur und wohl, was Wärme und Begeisterung betrifft, die bedeutendste Geigerin. Reizend einfach und liebenswürdig ist ihr Wesen.«

Der künstlerische Durchbruch gelingt ihr mit dem schwierigen Violinkonzert von Brahms, das sie am 8. März 1885 in der Gesellschaft der Musikfreunde in Wien unter der Leitung von Hans Richter als erste Frau zur Aufführung bringt. Publikum und Presse sind begeistert. Und Brahms, bei der Aufführung anwesend, soll laut Max Kalbeck ausgerufen haben: »Ist die kleine Soldat nicht ein ganzer Kerl? Nimmt sie es nicht mit zehn Männern auf? Wer will es besser machen?«

1889 heiratet sie den Wiener Polizeioberkommissär Wilhelm Röger und zieht mit ihm nach Wien. Brahms verliert sie nie wieder aus den Augen. Als sie mit den von ihr gegründeten Damen-Streichquartetten bereits berühmt ist, besucht er die Generalproben, die im Hause Wittgenstein stattfinden. Für viele Jahre ist sie die einzige Frau, die sein Violinkonzert auf Tourneen unter anderem quer durch Deutschland und nach England spielt. Der Musikkritiker Eduard Hanslick schreibt: »Frau Soldat ist eine Künstlerin von ungewöhnlicher Begabung und einer reifen Kunst, um die sie manche ihrer männlichen Kollegen beneiden könnten.« Als der Amateur-Geiger Albert Einstein in Oxford ein Ehrendoktorat erhält, wird er Marie Soldat vorgestellt und lässt es sich nicht nehmen, mit ihr Stücke von Mozart und Haydn zu musizieren.

Sie spielt eine Violine des Cremoneser Meisters Giuseppe Guarneri del Gesù von 1742. Das wertvolle Instrument aus der Spätphase des Geigenbauers hatte vor ihr der Italiener und Paganini-Schüler Antonio Bazzini benutzt, der als Kompositionslehrer Pietro Mascagni und Giacomo Puccini zu seinen bedeutendsten Schülern zählte, ehe es im Jahr 1897 Karl Wittgenstein kauft, der Kunstsammler, Hauptstifter bei der Wiener Secession und Besitzer bedeutender Musikinstrumente. Die Soldat-Röger zur Verfügung gestellte Geige landet später bei Stefi Geyer (1888–1956): Béla Bartók ist in die Ungarin verliebt, schreibt ein Violinkonzert für sie, schenkt ihr die Partitur, aber erhält eine Abfuhr. Sie spielt das Konzert nie öffentlich und gibt es auch lebenslang nicht aus der Hand.

Am Abend vor seinem Geburtstag am 3. Mai 1878 skizziert Brahms das große Klavierkonzert in B-Dur. Außerdem entstehen in drei Sommeraufenthalten in Pörtschach die G-Dur-Sonate, das *Frühlingslied* für Violine und Klavier, fünf von den acht Klavierstücken (op. 76), zwei Rhapsodien, die *Ungarischen Tänze* (op. 78) sowie *Studien* für Klavier und Lieder. Sie alle tragen einen heiteren Charakter, bis auf die Motette *Warum ist das Licht gegeben den Mühseligen?* (op. 74), die in Erinnerung an den Freund und früh verstorbenen Opernkomponisten Hermann Goetz entsteht.

»Über Regen musst du nicht klagen, er lässt sich sehr gut in Musik setzen«, schreibt Brahms an den befreundeten Dirigenten Otto Dessoff im September 1879 aus Pörtschach. Seine Sonate Nr. 1 in G-Dur für Violine und Klavier (op. 78) ist das kammermusikalische Gegenstück zum D-Dur-Violinkonzert. Zwei Lieder, schon im Frühjahr 1873 geschrieben, fließen nun in die G-Dur-Violinsonate ein: Vertonungen zweier Texte seines Freundes Klaus Groth, die *Regenlieder* (op. 59). Motivisch durchziehen sie die ganze Sonate, klingen mehr oder weniger deutlich an, was dem Stück den Beinamen *Regenlied-Sonate* einbrachte. Die Anknüpfungen an die *Regenlieder* sind nicht nur musikalisch motiviert, sie haben auch einen biografisch-privaten Hintergrund. Die Jahre zwischen den Liedern und der Sonate waren erfüllt von Brahms' Anteilnahme an den familiären Sorgen von Clara Schumann. Sie hatten sich dramatisch zugespitzt, als ihr Sohn Felix, Brahms' Patenkind, an Tuberkulose erkrankte und im Februar 1879 24-jährig starb. Schmerz und Trauer darüber findet im zweiten Satz der Sonate direkten Ausdruck.

In Pörtschach hat Brahms irgendwann genug von der Aufdringlichkeit der weiblichen Fans, ihm überall auflauernden Autogrammjägern und Passanten, die ihm vom Boot am See aus applaudieren, wenn er in seinem Gartenzimmer Klavier spielt. Einer Dame, die ihn fragt, ob er immer lange nachdenke, bevor er komponiere, antwortet er mit der Gegenfrage: »Denken Sie immer lange nach, bevor Sie sprechen?«

Brahms ist ein Frauenschwarm, immerhin 1858/59 sogar einmal verlobt, ehe er ihr – Agathe von Siebold – das Autograf einer Liedkomposition mit dem vielsagenden Titel *Trennung* schenkt und zeitlebens Junggeselle bleibt. Und gewöhnlich zu neugierigen Damen scherzend sagt: »Leider Gottes, gnädige Frau, bin ich immer noch nicht verheiratet, Gott sei Dank!«

Mehr noch als die Kreuzottern im berüchtigten Schlangennest der Ruine Leonstain fürchtet Brahms die ihm mit Palette und Malstuhl im Gebüsch auflauernde Blumenmalerin Baronin Fanny von Pausinger, die ihn obendrein zum gemeinsamen Vierhändigspielen am Klavier geradezu nötigt. Doch schreibt er ihr später mit Erinnerungen an den zurückliegenden gemeinsamen Sommeraufenthalt freundlich: »Warum liegt das gute Pörtschach nur so weit; wie gern gönnte man sich im Winter öfter dort ein paar ruhige Tage! Jetzt gar, im Schnee, muß es reizend sein u. wäre die Reise nicht gar so lang, ich besähe es mir u. liefe spazieren. Frau Kupelwieser geht es fortwährend besser u. allen übrigen Pörtschachern, wie ich denke, nach Wunsch. So, hoffe ich, geht es auch Ihnen u. unsern dortigen Freunden u. Gönnern den Honoratioren u. der höheren Beamtenwelt!«

Kein Happy End gab es für das mehr als 300 Jahre alte, geschichtsträchtige Krainer-Häuschen, das als »Brahms-Haus« bekannte Gebäude in Pörtschach auf der Hauptstraße 205. Es wurde 2017 abgerissen. Wie schon im Jahr davor »Werzer's Weißes Rössl«, wo Brahms gern zu Mittag eingekehrt war. Und an dem das Denkmalschutzamt nichts Schützenswertes fand. Dort entsteht jetzt eine Appartementanlage.

15 »Merci, Chérie«

Töschling 1, Pörtschach, Techelsberg am Wörthersee

Wie aus der Villa des Erfinders der Postkarte das Hotel »Schloss Seefels« wurde, ein Party-Hotspot und Udo Jürgens' Hideaway.

Lang, lang ist's her. Die Fête Blanche, das legendäre Weiße Fest, heute Fixtermin im jährlichen Event-Kalender am Wörthersee, nahm in den 1970er-Jahren seinen Anfang im »Drop-In« im Keller des Hotels »Schloss Seefels«. Ursprünglich hatte Gunter Sachs die erste Fête Blanche mit seinen Freunden in Saint-Tropez gefeiert. Niki Dumba, mit seinem Bruder Taki Besitzer von Schloss Seefels, brachte die Reichen und Schönen zum Partymachen an den Wörthersee.

Es war am Anfang ein elegantes Fest ganz in Weiß, nur für geladene Gäste. Caroline von Monaco, Uschi Glas, Skirennläufer und Formel-1-Fahrer kamen ins »Drop-In«, damals die Nobel-Discothek am Wörthersee, wo sich heute das »Felsen Spa« im Fünf-Sterne-Relais-&-Châteaux-Hotel »Schloss Seefels« befindet. Als im Jahr 1994 das »Drop-In« in die ehemalige Miniumfabrik im Ortsteil Saag übersiedelte, fand auch die Fête Blanche dort ihre neue Heimat. Aus dem »Drop-In« wurde im Jahr darauf die »Fabrik«, der Club. Mittlerweile ist das Weiße Fest jährliches Volksfest für Tausende rund um den See.

Aber die Geschichte von Schloss Seefels, Herberge und luxuriöses Hideaway unter anderen für Michael Douglas, Ottfried Fischer, Sting, Bob Geldof, Jon Bon Jovi und Jahrhundertkoch Eckart Witzigmann, reicht weit zurück bis ins 19. Jahrhundert: Emanuel Herrmann (1839–1902) kauft am 7. Dezember 1872 die spätgründerzeitliche Villa mit dem markanten Turm. Der Professor für Nationalökonomie an der Universität Wien, der Theresianischen Militärakademie in Wiener Neustadt und von 1882 bis 1902 an der

Emanuel Herrmann gilt als Erfinder der Postkarte.

Technischen Hochschule Wien gilt als Erfinder der Postkarte (Korrespondenzkarte). Sie war die SMS im vorelektronischen Zeitalter. Und vom gebürtigen Klagenfurter kam der ausschlaggebende Vorschlag für die erstmalige postamtlich-offizielle Einführung der Postkarte in Österreich-Ungarn. Am 26. Jänner 1869 regte er in einem Artikel in der *Neuen Freien Presse* eine »neue Art der Correspondenz mittels der Post« an: eine offene Karte in Briefformat für kurze schriftliche Mitteilungen mit aufgedruckter Zwei-Kreuzer-Marke – weniger als die Hälfte des damaligen Briefportos von fünf Kreuzern. Die Correspondenzkarte verkaufte sich bereits im ersten Monat 1,4 Millionen Mal und nahm von Österreich aus ihren Weg durch die ganze Welt. Herrmann, der ebenso Volkslieder sammelte und sie als Bücher herausbrachte, wurde dadurch ein bekannter Mann. Auch auf seinem Grabstein am Meidlinger Friedhof steht: »Der Erfinder der Postkarte«.

1938 erwarb der Diplomat und Botschafter in Washington Konstantin Theodor Dumba (1856–1947) Schloss Seefels, ursprünglich im Besitz der Familie seiner Frau Mathilde, finanziert mit der großzügigen Entschädigung, die er nach der Enteignung für das barocke und 1955 gesprengte Schloss Donaudorf bei Ybbs-Persenbeug im Zuge der Errichtung des ersten österreichischen Donaukraftwerks erhalten hatte.

Stolz, mächtig und zum Landmark in der Pörtschacher Bucht wurde Schloss Seefels aber erst mit den Brüdern Dumba. Nicolaus, Jahrgang 1938, und Konstantin, Jahrgang 1940, genannt Niki und Taki, die Nachfahren einer Wiener Handelsdynastie, bauten es ab 1966 zum Hotel aus – mit dem »Drop-In«, einem Treffpunkt für die Schickeria aus ganz Europa. Durch die beiden kam Otto Retzer zum Film: »Über die beiden Grafen habe ich viele Prominente kennengelernt, denn in ihrem Schloss Seefels ging es wirklich gehörig ab.«

Mitte der 1990er-Jahre wurde das Hotel nach wirtschaftlichen Problemen versteigert. Die größte Herausforderung für den Langzeit-Hoteldirektor Egon Haupt »war der Wechsel der Eigentümer von Dumba zur Raiffeisen-Gruppe und im Jahr 2000 die Übernahme durch den Industriellen Hans Peter Haselsteiner, 2001 dann die Wiedereröffnung.« Ein 30-Prozent-Minderheitsanteil der Immobilienentwickler Erwin und Hanno Soravia ging 2013 ebenfalls an Haselsteiners Strabag.

Da war die Erinnerung an die alten trunkenen Bar-Tage im Schloss schon verblasst. Als beim Erlebnisgastronomie-Abend, made by Rainer Husar, mit Kaiserwalzer, Kaiserschmarren auf Kaiserwappen-Porzellan, Niki und Taki Dumba über eine – trotz Otto Schenk und Tobias Moretti als Aufputz – eher magere Saison raunzten. Als Udo Jürgens gerade sein neues Album in Los Angeles abgemischt hatte und auf Heimaturlaub da war. Und der Herzensbrecher, der sich gerne mit jungen Frauen umgab, auf die österreichische Presse schimpfte, die ihn wegen seiner Privataffären prügle. Worauf ein Klatschreporter konterte: »O Udo. Helden zum Träumen will das Land. Wer die Sau rauslässt, kriegt Schläge.«

Und mittendrin Rainer Husar, dessen große gastronomische Karriere am Arlberg begonnen hatte und den gebürtigen Oberösterreicher in internationale Spitzenhotels brachte: ins Dorchester in London, ins Eden Palace in Montreux am Genfer See, ins Negresco in Nizza und ins Dolder Grand in Zürich. Auf Suche nach einer eigenen Bar landete er 1983 bei der Hautevolee am Wörthersee. »Rainers Bar« mit einem Ableger Mitte der 1990er-Jahre in Wien war das zweite Wohnzimmer von Franz Klammer, Niki Lauda, Falco und Udo Jürgens. Gefeiert wurden unvergessliche Partys.

Der Kreis schließt sich für den Gastgeber aus Leidenschaft 2010 in Wiens ältestem Restaurant, dem »Pfarrwirt« in Heiligenstadt: Von seinem Kärntner Kumpel Hans Schmid als Restaurantleiter engagiert, sei er nach 50 Jahren wieder dort angekommen, wo er begonnen habe. »Udo Jürgens konnte wie kein Zweiter die Menschen begeistern«, erinnert sich der Kultgastronom, der viel gesehen, viel erlebt hat und dabei zum Geheimnisträger wurde.

Diskretion schätzte auch Udo Jürgens am Hotel »Schloss Seefels«, wo er in den 1980er-Jahren mit seiner Freundin und späteren zweiten Frau Corinna gerne Ferien machte. Und Neues plante, wie eine spektakuläre Werbeaktion 1983 in eigener Sache. Ein Helikopter brachte ein gläsernes Piano auf den Jungfraujoch-Gletscher. Udo trug unter dem weißen Smoking bei seinem Auftritt in eisiger Höhe einen Taucheranzug. »Sonst wäre er erfroren«, sagte Freddy Burger, 40 Jahre lang sein Manager und Freund.

Einmal sollte Udo Jürgens in Hamburg mit Peter Alexander in dessen TV-Show ein Duett singen. Aber am Tag der Aufnahmen hatte er nach dem Genuss einer stark mit Knoblauch gewürzten Delikatesse in einem Fischrestaurant am Vorabend eine »Fahne«, dass er einsehen musste: »So kann ich den Peter nicht ansingen!« Von schnell in der Apotheke besorgten Chlorophyll-Tabletten nahm er auf der Fahrt ins TV-Studio gleich fünf Stück. Doch statt sie zu schlucken, lutschte er sie. Mit verheerendem Resultat: Er bekam eine veilchenblaue Zunge. Peter Alexander merkte es sofort beim Duett, machte aber weiter. Als Udo die Aufzeichnung sah, fiel er vor Schreck fast vom Stuhl. Natürlich musste die Aufnahme später wiederholt werden, worauf Peter Alexander sagte: »Wer blaumacht, muss eben nachsitzen!«

Ein »unordentliches Buch« entstand 1984 zum 50. Geburtstag: Den Vorabdruck von *Smoking und Blue Jeans. Jahre eines Traumtänzers* über das Leben des Schlagerstars, seine Lieder, seine Träume, Triumphe und Niederlagen, Erfolge und Enttäuschungen hatte Burger als Serie an die *Bild*-Zeitung verkauft. Aber das Boulevardblatt war nur an Udos Frauengeschichten interessiert – und enttäuscht, weil die kaum vorkamen im Manuskript, und wenn, dann sehr dezent erzählt. Der *Bild*-Chefredakteur reklamierte mehr Sex in den Geschichten und schickte seinen »besten Mann«, Franz Josef Wagner, damals Serienschreiber und berühmt-berüchtigte »Edelfeder« bei *Bild*, später *Bunte*-Chefredakteur, nach Kärnten. Tags-

Der Sänger und Komponist Udo Jürgens im Sommer 1980 am Wörthersee

über wurde lautstark gestritten über mehr oder weniger Sex im Manuskript, nachts zur Versöhnung an der Hotelbar gemeinsam viel Alkohol konsumiert. Aber Rache ist süß: Als Udo Corinna am 4. Juli 1999 heimlich heiratete, vergingen mehr als vier Jahre, bis *Bild* davon erfuhr.

Genau genommen war Jürgen Udo Bockelmann, geboren 1934 auf Schloss Ottmanach bei Klagenfurt, Vater aus Russland, Mutter aus Norddeutschland, ein Spätzünder. Wohl talentiert, trat der Unterhaltungsmusiker, der sich Udo Jürgens nannte, überall auf, wo man ihn singen ließ. Aber nichts passierte. Erst mit eigenen Liedern kam der Erfolg. *Jenny* war in Belgien sein erster Nummereins-Hit. Für Shirley Bassey komponierte er den Welthit *Reach For The Stars*, für Frank Sinatra *If I Never Sing Another Song*. Der trat den Titel wegen einer Karrierepause an seinen Freund und Red-Pack-Star Sammy Davis Jr. ab, worauf der jeden seiner Konzertauftritte mit diesem Song beendete.

Der Durchbruch gelang erst mit 32. Beim dritten Anlauf. Mit *Warum nur, warum?* erreichte Udo Jürgens beim Eurovision Song Contest 1964 in Kopenhagen nur den 6. Platz. Mit *Sag ihr, ich lass sie grüßen* 1965 beim Grand Prix in Neapel den 4. Platz. Der Sieg 1966 in Luxemburg mit *Merci Chérie* war schließlich der Beginn einer langen internationalen Karriere.

Sein Freund Tommy, Sohn des Schauspielers Paul Hörbiger, schrieb den Text, wie auch für ein Lied, das im selben Jahr herauskam: *Siebzehn Jahr, blondes Haar*. Kein großes Kunstwerk, aber ein großer Hit. Außerdem für *Immer wieder geht die Sonne auf*. Schwabing war damals ein Sehnsuchtsort. Filmbösewicht Klaus Kinski lief durch den Englischen Garten. Udo Jürgens lebte in München mit seiner Frau Panja sowie den Kindern Jenny und Jonny, stets umgeben von Nachtschwärmern. Zu ihnen gehörte Tommy Hörbiger, der einen Nightclub führte und für manchen derben Spaß gut war.

Udo Jürgens beherrschte alle Genres und die ganz großen Gesten auf der Bühne. Viele Jahre lang lieferte er einen Hit nach dem anderen ab, die Klassiker wurden wie *Griechischer Wein* oder *Mit 66 Jahren*. Er komponierte mehr als 900 Lieder, veröffentlichte 50 Plattenalben und interpretierte stilistisch vielseitig allseits beliebte Schlager und Chansons ebenso wie Popsongs, behandelte in den Texten oft gesellschaftliche Probleme, kritisierte Konsumrausch (*Aber bitte mit Sahne*, 1976), Umweltverschmutzung (*5 Minuten vor 12*, 1982), Spießigkeit und Bigotterie (*Ein ehrenwertes Haus*, 1974) oder thematisierte die Drogenproblematik (*Rot blüht der Mohn*, 1984).

2004 veröffentlichte er die spannende Geschichte seiner Familie, der Bockelmanns, zu denen Bankiers in Moskau und ein Oberbürgermeister von Frankfurt am Main zählten: *Der Mann mit dem Fagott*. Ein Bestseller, der später fürs Fernsehen verfilmt wurde. Ende 2007 hatte im Hamburger Operettenhaus das Musical *Ich war noch niemals in New York* mit 23 Udo-Jürgens-Songs Premiere und wurde zum musikalischen Denkmal für den Künstler, der sich – am Anfang als Schlagerfuzzi belächelt – am Ende in der Hochkultur angekommen fühlte. Der sich selbst nie als Schlagersänger, sondern als Unterhaltungsmusiker sah – mit Betonung auf »Haltung«.

»Er wollte nicht aufhören und betonte immer wieder, dass er nicht auf der Ofenbank die Katze kraulen möchte«, erinnert sich Pepe Lienhard, über Jahrzehnte samt Bigband der musikalische Tourneebegleiter des »Mannes im weißen Bademantel«, der in Wahrheit der erste Liedermacher im deutschsprachigen Raum war. Der plötzliche Herztod traf den Entertainer mit dem Image des alterslosen Womanizers am 21. Dezember 2014 bei einem Sonntagsspaziergang am Bodensee kurz nach seinem 80. Geburtstag. Kurz nach der Veröffentlichung des Albums *Mitten im Leben* während einer Tourneepause. Einem Boulevardreporter hatte er einst die Sache mit dem Tod erklärt: »Tot ist der Mensch erst dann, wenn der letzte Mensch stirbt, der sich seiner erinnert.«

Udo Jürgens lebt indes weiter im Relais-&-Châteaux-Hotel

Ein Schmuckstück am Wörthersee: Hotel »Schloss Seefels«

»Schloss Seefels«. Beim Facelifting zum 150-Jahr-Jubiläum erhielt der zur »Turm-Suite Udo Jürgens« erklärte 55-Quadratmeter-Wohntraum mit Seeblick im ältesten historischen Teil des Hauses mit 41 Zimmern, 30 Suiten und einem Haubenrestaurant zuletzt ein neues Design von der Architektin Edeltraud Troger. Vom Entree mit der Platin Record über das von Udo Jürgens handsignierte Bild über dem Sideboard im Living Room bis zu den Gold Records über der Treppe und beim Master Bedroom – überall Erinnerungen an den *Merci, Chérie*-Sänger.

16 Ein Humorist lästert über die »Schnackerlaristokratie«

Pörtschach (genaue Adresse nicht eruierbar)

Das erste Motorsportboot am Wörthersee gehört Julius Rosen, der als Lustspielautor auf vielen Bühnen große Heiterkeitserfolge feiert.

Ein Theaterstück zu schreiben, ist nicht leicht. »Seicht sein« kann schließlich nicht jeder, fand der aus Prag stammende Lustspiel- und Schwankdichter Nikolaus Duffek (1833–1892), der unter dem Pseudonym Julius Rosen schrieb, nicht frei von Sarkasmus. »Macht man der Geschmacklosigkeit Konzessionen und lässt einige Backfische und Schwiegermütter als handelnde Personen auftreten, so ist die Komödie fertig.«

Rosen »beutelt alle 14 Tage ein neues Stück aus dem Ärmel, dass sich das Publikum schüttelt vor Lachen«, berichten Zeitgenossen über den dramatischen Kunstgewerbler für harmlose Abende und anspruchslose Gemüter. »Rosen hat das Stück *Im Schlaf* – so der Titel – geschrieben. Und viele andere Stücke auch«, witzelt die humoristisch-satirische Wochenzeitung *Der Floh*. Er ist nach 1870 als typischer Vertreter der derberen, possenhaften Komik Lustspiellieferant für Theater in Wien, Berlin und Hamburg.

Sein Landhaus – die »Rosenvilla« – lässt er sich an einer der schönsten und lauschigsten Stellen am Seeufer von Pörtschach bauen. Wo im Sommer der Drang nach Abenteuern groß ist, aber oft der Mut fehlt, ein Abenteuer auszukosten. Und für Naturfreunde ein geeigneter Punkt stiller Zurückgezogenheit, um frische Luft zu schöpfen und saure Milch zu trinken.

Gründungsbedürftige Spekulanten vermarkten ab 1874 Pörtschach, das »Bad Vöslau der Klagenfurter«, mit damals 1100 Einwohnern vollmundig als »Seebad Maria Wörth«. Sie werfen mit Zeitungsanzeigen Netze und Angeln nach Heilbedürftigen aus und verlangen höhere Preise, als man in Ems, Karlsbad oder Gmunden bezahlt. Folglich bleibt der erwartete Fremdenzuzug aus. Noch im Juli sind die Villen der Seebad-Actiengesellschaft nur von »Seemöven« bewohnt. So nennt man in Pörtschach die zur Bedienung aufgenommenen Stubenmädchen. »Die führen selbstverständlich ein Leben wie Gott in Frankreich«, berichtet die *Grazer Zeitung.* »Passagiere sind keine da, also gibt es nichts zu tun; sie essen, trinken, baden und promenieren.«

»Der Badeort war damals noch kaum entdeckt, und man konnte dort einsam und weltabgeschieden leben. Noch durchfurchten keine Segelboote den Wörthersee, kein ›Hipp, hipp, hurra!‹ ertönte an seinen Ufern«, schreibt Adam Müller-Guttenbrunn in seinem Geschichtenbuch *Die schöne Lotti und andere Damen* (1920), »und man zahlte monatlich bloß fünf Gulden für die Miete eines zweiruderigen kleinen Kahnes zu persönlichem Gebrauch. Und zwei Gäste konnte man in einem dieser hellgelb gestrichenen Boote immerhin mitnehmen, wenn man zu einer Jause nach Maria Wörth hinüber oder gar nach Velden hinaus rudern wollte.«

Die noch wenigen Fremden befördert auf dem See damals ein kleiner alter Dampfer: Auf der »Carinthia« fährt ein hübsches Wiener Mädel, die Tochter der Eigentümerin des Schiffes, den ganzen Sommer als Kassierin und Kontrollorin zwischen Klagenfurt und Velden hin und her und plauscht mit den Passagieren. Ein Quartett singt Kärntner-Lieder. In der Dämmerung klingt es traurig und doch lieblich und weich, das *Verlassen, verlassen bin ich.* »Begegnete man diesem alten Schnellsieder auf hoher See und war des Ruderns müde, rief man ihn an, stieg aus und ließ sein Boot mitschleppen«, erzählt Müller-Guttenbrunn und schwärmt über die frühen 1880er-Jahre. »Oh, es war damals noch sehr gemütlich am Wörthersee.«

Im Jahr 1872 hatte der Wiener Porzellanfabrikant Carl Ernst David Wahliss die gesamte Liegenschaft der Wörtherseebad AG erworben, um sein Hotelimperium »Etablissement Wahliss« aufzubauen. In Pörtschach entstehen 13 Hotel-Villen von einer Pracht, die allseits bewundert wird, außerdem eine Badeanstalt, Tennisplätze und ein Naturpark auf der Halbinsel.

In dieser Zeit taucht auf dem Wörthersee das erste motorisch betriebene Sportboot auf, ein Dampfboot. Es gehört Rosen, dem bissigen Humoristen, der jeden Sommer mit treuer Anhänglichkeit in Pörtschach verbringt und sich über die dort saisonal anreisende »Schnackerlaristokratie« lustig macht. In den Folgejahren werden die Benzinmotorboote immer leistungsfähiger, der Sport nimmt einen rasanten Aufschwung, und 1911 sind auf dem Wörthersee 50 bis 60 Motorboote stationiert, von denen die mit bescheidener Motorstärke von 2 oder 2,5 PS allerdings zur Spezies der »Wasserschnecken« gezählt werden.

Andererseits gibt es auch moderne, flinke und schön ausgestattete Boote mit starken Maschinen. Das schnellste Boot am See heißt »Donnerwetter«. 7,5 Meter lang, bietet es vier Personen Platz, hat schon die Elbefahrt von Leitmeritz nach Berlin mitgemacht und schafft mit dem 28-PS-Daimler-Marienfelde-Motor mehr als 30 km/h. Sein Besitzer, der Wiener Otto Herschmann (1877–1942), ist eine Sportlegende: Bei den Olympischen Spielen 1896 gewinnt der promovierte Jurist die Silbermedaille im Schwimmen über 100 Meter Freistil. 1912 holt er mit der österreichischen Mannschaft die Silbermedaille im Säbelfechten und ist einer der wenigen Sportler, die olympische Medaillen in verschiedenen Sportarten gewonnen haben.

Das Fechten war damals eine sehr wienerische Disziplin: Dass die Donaustadt die schönsten Frauen, den besten Gugelhupf, die süßesten Walzer und den einzigen »Steffl« hat, wussten alle. Weniger bekannt war, dass Wien neben Budapest die besten Fechter der Welt besaß. Diese sportliche Disziplin war längst nicht mehr Italiens unbestrittene Domäne. Als Meister im Säbelfechten konnte sich viele Jahre Herschmann behaupten, der am 14. Jänner 1942 von den Nationalsozialisten in das Vernichtungslager Sobibor deportiert wurde und im selben Jahr im Durchgangslager Izbica starb.

Jeden Samstagabend versammelte sich die überschaubare Schar der Pörtschacher Sommerfrischler im gerade erst entstehenden Etablissement Wahliss zu einem Kränzchen, zum Tanz von Quadrille und Walzer und zum Promenieren. Man traf dort gutbürgerliche Gesellschaft, angesehene Familien aus Wien, viel Jugend, außerdem ein paar Schriftsteller und Künstler, die an solchen Abenden aus ihren Schlupfwinkeln rings um den See hervorkamen.

Wie der seinerzeit sehr bekannte Schriftsteller August Silberstein (1827–1900). Der »Vater der österreichischen Dorfgeschichte« veröffentlichte Erzählungen wie *Der Gerngroß und Kleinbei* oder *Die Schifferdirn vom Traunsee und andere Hochlandgeschichten*, humoristische Romane wie *Herkules Schwach* oder *Die Alpenrose von Ischl* und populäre Fabelsammlungen. Er war Vorbild für Peter Rosegger und Ludwig Anzengruber. Einige seiner Gedichte wurden vertont: *Wenn du ein herzig Liebchen hast* von Johann Strauß (Vater) und *Germanenzug* und *Helgoland* von Anton Bruckner. Am Wörthersee war der Rebell Silberstein schon ruhig geworden und die Erinnerung verblasst, dass er als freiheitsbegeisterter Beteiligter an der Revolution 1848 nach der Einnahme Wiens durch Fürst Windisch-Graetz nach Deutschland flüchten musste. Und dass er bei seiner Rückkehr nach Ungarn 1854 vor ein Kriegsgericht gestellt, zu fünf Jahren Festungshaft verurteilt und nach zwei Jahren in den Kasematten des Spielbergs in Brünn amnestiert wurde.

Ferdinand Küss (1800–1886), der auf sehr sorgfältig gemalte Blumen- und Früchtestillleben spezialisierte Maler und Atelierfotograf aus der Maria-Treu-Gasse 4 in der Wiener Josefstadt, starb 1886 in Pörtschach. Seine Gemälde von poetischer Stille sind von intensiver, ja nahezu plakativer Farbigkeit und verbreiten meist das Gefühl von Sommer, Licht und Wärme.

Die Freuden der Sommerfrischler genoss in Pörtschach auch Maximilian Bern (1849–1923): Der Lyriker begegnete in Wien Anfang der 1880er-Jahre Arthur Schnitzler, der später über ihn schrieb: Er »verstummte als Dichter bald und beschränkte sich in der Folge auf die Herausgabe von Anthologien und Deklamatorien«. Und machte Schlagzeilen durch sein trauriges Ende, nachdem er im September 1923 in Berlin in seiner Wohnung bewusstlos aufgefunden worden war. Der Arzt stellte fest, dass der 74-Jährige an der Berufskrankheit der Schriftsteller gestorben war: Er war buchstäblich verhungert. Das letzte Möbelstück hatte er längst gegen Brot eingetauscht. Die gesamten Ersparnisse seines Lebens – eine beträchtliche Summe von mehr als 100 000 Mark – waren am Ende nur noch so viel wert wie ein U-Bahn-Fahrschein.

Alexander Moszkowski (1851–1934) war nicht nur ein Witze- und Aphorismensammler und einer der Ersten, die die Relativitätstheorie einem breiten Publikum populärwissenschaftlich zugänglich machten. Das Berliner Original war auch mit Maximilian Bern »in frohen Jugendzeiten eine tüchtige Wegstrecke gemeinsam gewandert«. Sie trafen sich täglich am Gendarmenmarkt (Ecke Charlotten- und Jägerstraße) im 1820 eröffneten Café Stehely, das Theodor Fontane immer mit dem Gefühl verließ, sich »eine Stunde lang an einer geweihten Stätte befunden zu haben«.

Das »Stehely« war ein literarisches Zentrum, und hier spielte »der dichtende Jüngling« Bern eine nicht zu übersehende Rolle, vielleicht vergleichbar mit der von Peter Altenberg in Wien. In einem Hinterzimmer trafen sich regelmäßig republikanisch gesinnte Studenten, und dieses Hinterzimmer hatte rote Tapeten. Deshalb steht die Farbe Rot heute noch für eine linke Gesinnung.

Aber zurück an den Wörthersee: Abwechslung ins fröhliche Sommerleben dieser bunten Kolonien von Stadtmenschen am See bringt auch die »schwäbische Nachtigall«: Bianca Bianchi (1855–1947), als Bertha Schwarz in Heidelberg geboren und nach einem sensationellen Gastspiel ab 1880 sofort an die Wiener Hofoper engagiert, wo sie sieben Jahre bleibt, verbringt ein paar Tage auf einem Schloss und singt beim Kränzchen für die Feriengäste. Auf der Wiener Sternwarte hatte man einen neu entdeckten Asteroiden ihr zu Ehren »Bianchi« getauft, eine bis dahin unerhörte Auszeichnung. Johann Strauß schrieb für sie, eine Doppelbegabung für das Hochdramatische und das Soubrettenhafte, den Walzer *Frühlings-*

stimmen op. 410, der schon bald nach der Uraufführung am 1. März 1883 im Theater an der Wien zum Gassenhauer wurde, als Koloraturarie.

Ob die Urlauber am Kärntner Landl wussten, dass schon die blutjunge Bianchi jubelnde Beifallsrasereien im Hofopernhaus provoziert hatte? Dass es Moden auf ihren Namen gab? Und dass sich zu ihren auch von Kaiser Franz Joseph immer wieder besuchten Auftritten nicht allein die Wiener drängten, sondern mit eigens eingestellten Wagengarnituren, die Bianchi-Züge hießen, auch Publikum aus der Provinz geholt wurde?

Ein paar Urlaubswochen am Wörthersee, »wo damals noch nicht der große Heuschreckenschwarm von Budapester Sommerfrischlern alljährlich einfiel«, so Müller-Guttenbrunn, verbringt neben jüngeren Musikern auch der alte Violinvirtuose Miska Hauser (1822–1887). Er beteiligt sich wie auch der Klagenfurter Männergesangsverein am Abend des 12. Juli 1885 an einem Benefiz-Konzert im Etablissement Wahliss zugunsten eines Schulhausbaues.

Hauser hatte auf Konzerttourneen die ganze Welt bis nach Nord- und Südamerika, Ägypten, Indien, die Südseeinseln und Australien bereist. In San Francisco musste der Weltumsegler im November 1863 einmal die irische Tänzerin Lola Montez, die durch zahlreiche Affären und als Geliebte König Ludwigs I. von Bayern in Europa für Skandale gesorgt hatte, aus einer brenzligen Situation retten. Als sie vor vollem Haus in feenhafter Toilette erschien, um zu tanzen, empfing sie lautes Gelächter. Empört über diesen unerwartet ungalanten Empfang, rief sie ins Auditorium: »Lumpengesindel!« Und löste damit einen Tumult aus. Äpfel und Orangen flogen durch die Luft. Das Parterre drängte gegen die Bühne, das Orchester wurde übersprungen, Geigen und Bässe zerbrachen, Weiber schrien im Gedränge.

Hauser sah aus einer Loge zu und dachte: Süß ist's vom sicheren Hafen aus Schiffbrüchige zu sehen. Als ihn der verzweifelte Impresario händeringend bat, sein Haus zu retten und die Menge im Aufruhr durch sein Spiel zu besänftigen, trat er schnell mit Fidel und

Bogen vor das kriegerische Publikum. Pfeifen und Zischen empfingen auch ihn, aber bald lauschten alle dem Märchenliedchen *Das Vöglein am Baum* mit dem durch Flageolett-Gaukeleien auf der Geige nachgeahmten Vogelgezwitscher. Ein Versuch der gereizten Montez, weiterzutanzen, scheiterte. Man wollte sie partout nicht sehen, sondern Hauser hören, der unter dem Jauchzen eines zum Tollhaus gewordenen Schauspielhauses sein ganzes Repertoire zu Ende spielte. Lola Montez aber musste bei der Rückkehr in ihr Hotel, begleitet von einer lärmenden Menschenmenge, von Bewaffneten beschützt werden.

Zur fröhlichen Runde am Wörthersee gesellte sich gelegentlich auch Julius Rosen, der damals schon halb und heute ganz vergessene Lustspieldichter. Er hatte mit Josefine »Pepi« Gallmeyer, einer der populärsten Sängerinnen und Schauspielerinnen der Wiener Volksbühne und von den Wienern als »weiblicher Nestroy« verehrt, 1874 für sechs Jahre das zwischendurch als Vaudeville-Bühne betriebene volkstümliche Strampfertheater unter den Tuchlauben gepachtet. Ursprünglich war es das erste eigene Gebäude der 1814 entstandenen Gesellschaft der Musikfreunde in Wien – im Frühjahr 1831 als Konzertsaal eröffnet (heute: Tuchlauben 12, ursprünglich 16/Brandstätte 10; 1881/82 abgerissen).

Geschäftlich ist das Unternehmen durch die Auswirkungen des großen Börsenkrachs von 1873 ein Fiasko. Der Opern- und Lustspielbetrieb dauert nur sechs Monate, danach muss Rosen den Mietvertrag auflösen. Seine Ersparnisse sind weg. Auch die Gallmeyer verliert den Großteil ihres Vermögens. »Das winzige Theater hätte nie mit einem Berge verglichen werden können, und es war auch nicht zu verwundern, wenn nicht viel mehr als ein Mäuschen daraus hervorgegangen ist«, schrieb die *Deutsche Musik-Zeitung*. Zwar sei das Talent der Gallmeyer groß genug, »aber es vegetierte hier, wie in einem engen Käfig, possierlich und drollig wie immer, aber es hatte stets den Anschein, als wollte sie sagen: Bedauert mich, denn ich habe mich eingesperrt. Manchmal sagte sie es auch.«

Der böhmische Dramatiker Julius Rosen. Holzschnitt, 1891

So findet das von Friedrich Strampfer gegründete Theater ein ruhmloses Ende. »Die Gallmeyer hat ihre Lust, Direktorin zu heißen, teuer bezahlt.« Sie geht auf Tournee nach Amerika, ehe sie nach Wien zurückkehrt und zum letzten Mal in Graz 1884 in der Operette *Mascotte* spielt. Ihr Compagnon Julius Rosen wendet sich wieder weniger prekären Geschäften zu, schreibt viel, vieles für den Augenblick berechnet, ausreichend, um ein Publikum, das amüsiert werden will, für ein oder zwei Stunden in einer Art und Weise zu unterhalten, die den Kopf nicht allzu sehr anstrengt.

So sind seine zahlreichen schwankhaften Lustspiele wie *Begehre nicht deines Nächsten Hausfrau oder Das neunte Gebot* auf vielen Bühnen große Heiterkeitserfolge. Die humoristisch-satirische Wochenzeitung *Der Floh* nennt Rosen »einen Dichter unter Dichtern, wie ein Irrlicht unter anderen Lichtern«. Und für die Wiener ist der Possen-Vielschreiber im Hinblick auf seine tschechische

Herkunft und sein Vorbild Eduard von Bauernfeld, der als Erfinder der neuen deutschen Lustspielwelt gilt, der »Powidl-Bauernfeld«.

Über sein Stück *Die schönste Nase* lästerte ein Kritiker: »Als Nase mag's schon schön sein. Aber als Posse?« Und für das *Tagblatt* war's »ein Nonsens, eine Unmöglichkeit, wie wir sie noch selten auf der Bühne gesehen haben«. Das Publikum lachte trotzdem gutwillig.

»Das Publikum ist ein großes, dummes Kind«, urteilte der Schriftsteller Franz von Schönthan wenig schmeichelhaft. »Einem Kind kann man eine einfältige Geschichte nicht oft genug erzählen. Einem Kind ist eine taube Nuss, die mit Katzengold überzogen ist, tausendmal lieber als eine kernige, die es nicht knacken kann. Ein Kind ist kindisch froh, wenn es lacht; es fragt nie warum. Man macht ein Stück, um diesem Publikum zu gefallen. Sie fragen wie? Ach, fragen Sie nicht. Nur flott! Das ist die Hauptsache.«

Julius Rosen äußerte sich auffallend ähnlich: »Mehrere Jahre hindurch hat mich das Publikum einen geistreichen Lustspieldichter genannt. Das Publikum ist ein tausendköpfiger Narr. Geist? Lächerlich! Damit kommt man nicht weit. Spaß machen und pudelnärrisch sein, das hilft. Eine Handvoll Narren, zwei Stunden lang durcheinandergewirbelt, sind eine ›Lustspielposse‹.«

Ende Oktober 1895 lassen die Töchter von Julius Rosen alias Nikolaus Duffek – Marianne, Christine und Margarethe – ihr Erbe, das »Grillenhaus« des Lustspieldichters in Pörtschach, versteigern. Es heißt fortan Villa Lantin, nach den neuen Besitzern, dem Arzt und Kuranstalten-Besitzer Dr. Gustav Lantin und seiner Frau Maria.

Noch mehr als drei Jahrzehnte nach dem Tod Rosens erinnerte sich Gabor Steiner in der *Bühne* Anfang März 1925, wie *Das lachende Wien*, ein Faschingsabend im Burgtheater, entstanden war: »Rosen und ich führten die artistische Direktion des Carl-Theaters, das Karl Tatartzi, ein reizender, liebenswürdiger Dilettant in theatralibus, gepachtet hatte und eigentlich nur als Privatsport betrieb. Wir waren in banger Sorge, womit wir zu den Weihnachtsfeiertagen das Publikum ins Theater bringen sollen.« Der Vorschlag, es mit einem Quodlibet zu versuchen, zusammengestoppelt aus Bruchstücken von Possen, in denen beliebte Wiener Komiker Glanzrollen hatten, wurde dankbar angenommen. Markante Momente aus den Werken der beliebtesten Volksdichter und Komponisten wie Anton Langer, D. F. Berg, Franz von Suppè, Johann Strauß und Carl Millöcker sollte Bruno Zappert, der Verfasser von *Ein Böhm in Amerika*, szenisch und Johann Brandl musikalisch bearbeiten. Rosen behielt sich vor, das Vorspiel *Am Weihnachtsabend* zu schreiben.

Für die heitere Weihnachtsrevue mit dem Titel *Das lachende Wien* wurde eifrig geprobt. Aber nicht alle wollten an einen Premierenerfolg glauben. Der populäre Franz Tewele, der in Theodor Fontanes Roman *Graf Petöfy* erwähnt wird sowie mit seiner Bühnenpartnerin und ab 1872 kurzzeitigen Verlobten Josefine Gallmeyer Gastspielreisen bis in die USA unternommen hatte, war besonders skeptisch. Gefragt, welches Kostüm er sich für die Darstellung des Prinzen aus *Boccaccio* im letzten der sieben Bilder wünsche, antwortete er: »Das ist ganz unnötig, machen Sie sich keine Sorgen, so weit kommen wir gar nicht.«

Die Generalprobe war prompt ein Bombendurchfall. Und wie ein Lauffeuer verbreitete sich die Nachricht: »Heute gibt es einen Theaterskandal.« Burgtheaterdirektor Franz Herterich war alles andere als begeistert, worauf die Hausregisseure erklärten, die volle Verantwortung für das luftige Potpourri zu übernehmen. *Das lachende Wien* werde ohnedies nur ein einziges Mal an der Burg lachen. Da prophezeite die Boulevard-Zeitung *Die Stunde* süffisant: »Man behauptet, der Direktor wird zu Beginn des Abends feierlich vor den Vorhang treten und in einer blechernen Waschschüssel, die mit Unschuld gefüllt ist, seine Hände in letzterer waschen …«

Aber es kam anders. Nach der Premiere am 23. Dezember 1885 trat die Posse als Lacherfolg der Saison eine Rundreise über sämtliche Bühnen Österreichs und Deutschlands an. Nach dem gleichen Muster kam im Jahr darauf *Das lachende Berlin* im Walhalla-Operetten-Theater in der Charlottenstraße auf die Bühne. *Das lachende*

Breslau. Das lachende Hamburg … Der in Wien kreierte Zwitter aus Posse und Operette hielt sich jahrelang im Repertoire vieler Bühnen und war oft ein Retter bei schlechtem Geschäftsgang. Und als der Theaterveteran Gabor Steiner 40 Jahre später gefragt wurde, was er dem Burgtheater als Faschingsveranstaltung vorschlagen könne, war seine Empfehlung: *Das lachende Wien.* In der festen Überzeugung, dass diese harmlos-übermütig-lustige Burleske und parodistische Groteske auch noch 1925 das Publikum erheitern werde.

Er war kein »schlechter Mensch«, wenn er auch einmal sagte: »Ich verbrenne meine Schwiegermutter«, heißt es im Nekrolog für Julius Rosen der Satirezeitschrift *Kikeriki*, und der »Größenwahn« war ihm so fremd wie nur irgendwem, zumal er nicht für die Unsterblichkeit dichtete, sondern seine Stücke als »Zitronen« betrachtete, die ihm in »schweren Zeiten« helfen sollten, sein »Haben« zu mehren und das »Defizit« zu verscheuchen, was ihm auch immer gelang, da er wenig »Feinde« hatte.

17 Das Glück liegt auf dem Wasser

Pörtschach (genaue Adresse nicht eruierbar)

Für den Hofburgtheater-Schauspieler Ernst Hartmann gibt es im Sommer viele Jahre lang nur eines: »Pörtschach am See, die ganze Zeit.«

Am nördlichen Ufer »steckte alles voll mit Theaterleuten, wenn man den Wörthersee abfuhr«, berichtete das *Neue Wiener Journal* im Sommer 1900. Für den aus Hamburg stammenden, altgedienten Hofburgtheater-Schauspieler Ernst Hartmann, vom jugendlichen Josef Kainz als Ideal eines Liebhabers verehrt, gab es im Sommer viele Jahre lang nur eines: »Pörtschach am See, die ganze Zeit.«

Als Bub wurde er zu Regatten auf der Elbe und Alster mitgenommen. Schon mit neun Jahren hatte er ein eigenes Segelboot, das er stolz »Die Windsbraut« taufte. Erst als er »in den Hafen des Hofburgtheaters eingelaufen war«, sein Leben sich regelmäßiger gestaltete und seine »Kassa mitteilsamer wurde«, macht er sich in seiner freien Zeit mit seiner alten Leidenschaft das Leben schön. »Gegenwärtig segle ich, wenn sich's macht, zu Ostern bei Lussinpiccolo auf dem Meer und während der Ferien auf dem Wörthersee, wo ich eine eigene Jacht von zirka eineinhalb Tonnen habe und an den Wind, inklusive Top, 60 Quadratmeter Segel führe«, verrät der Schauspieler im Mai 1898 dem *Neuen Wiener Journal.* Acht Jahre lang segelt er mit seiner »Astarte« Regatten mit. 14 Silberschilder prangen als Siegeszeichen in seinem Cockpit; auch ein herrliches, kostbares Marineglas, das Admiral Maximilian von Sterneck, Kommandant der österreichisch-ungarischen Marine, im September 1890 als Ehrenpreis bei einer Commodore-Regatta gestiftet hatte.

Hartmanns ganzes Glück liegt im Sommer auf dem Wasser. Früh am Morgen rudert er im Boot hinaus auf den See, gefolgt von seinem treuen Begleiter, der zur Winterszeit Garderoberdienste im

Segelregatta in Pörtschach, um 1910

Burgtheater verrichtet. »Tag um Tag glitt ein schönes Segelboot auf und nieder. Ein Mann in tadelloser Capitänsgigerldress dirigierte es oder blickte träumerisch in die Ferne. Süßes Lächeln lagert auf den Lippen, die Finger spreizt er kokett in die Luft«, berichtet das *Neue Wiener Journal* 1900 von »Hinter den Coulissen« und fragt: »Wo sind die Wiener Jungfrauen, die ihm sonst in Schwärmen nachgerudert wären? Ich weiß nicht, lieber Hartmann, haben die Wiener Jungfrauen aufgehört, hysterisch zu sein? Oder sind wir älter geworden?«

»Da streiten sich die Leut' herum, oft um den Wert des Glücks«, heißt es in Raimunds *Der Verschwender*. Am heftigsten streiten sie beim Kartenspiel, wenn sich die Bergwelt der Karawanken die grauen Regenmäntel anzieht. Wenn böse Wetterzeichen in den Wolken stehen. Da verdient unser Mitleid, wer Gicht und Rheuma hat. Deshalb reist man doch nicht viele Hundert Kilometer weit von Wien, um im Angesicht des Dobratsch vom Zipperlein sekkiert zu werden. Eine Tarockpartie in einer Seevilla soll einmal 14 Stunden mit kleinen Unterbrechungen gedauert haben. Auch weibliche Wesen, Trägerinnen von Federhüten und Toiletten, sah man am helllichten Tag und sogar in der Geisterstunde beim Pokerspiel, wie sie Ankunft von »Drillingen« und »Vierlingen« mit Triumphgeschrei begrüßten.

Hartmann war zunächst Chorist und Statist in Reval, ehe er nach einer Tournee mit einer reisenden Gesellschaft durch die Ostseeprovinzen fast von der Schmiere mit einem Sprung auf der ersten deutschsprachigen Bühne landet. Er hat Empfehlungen, Hofburgtheaterdirektor Heinrich Laube lässt sich von ihm, der seine Zukunft im Charakterfach sieht, vorsprechen, hört zuerst etwas von Franz Moor, dann ein Stückchen Mephisto und zuletzt Philipp II. Bis dem strengen und bärbeißigen Mann der Geduldsfaden reißt und er den Bewerber anschreit: »Unsinn, Sie sind ein geborener Liebhaber. Organ, Gesicht, Gestalt, alles Liebhaber.«

Hartmann wird also 1864 als »anmutiger und geistig bewegter Liebhaber« ans Hofburgtheater engagiert. 1882 auf Lebenszeit. Ein Liebhaber ist nicht nur einer, der lieb hat. Er muss auch liebgehabt werden. Dieses Aktivum und Passivum zugleich ist nicht immer vereinigt. Hartmann besitzt beides. Zu seinen bedeutendsten Rollen zählen König Heinrich V., Ludwig VI., Leon in *Weh dem, der lügt* und Benedikt in *Viel Lärm um nichts*, außerdem zahlreiche Liebhaber in deutschen und französischen Lustspielen.

Eines Tages erfährt er vom Tod eines nur mäßig begabten Schauspielers, der wegen seiner Beschränktheit von allen Kollegen gern aufgezogen wurde, und ist mit der Frage konfrontiert: »Was sagst', der arme Teufel hat daran glauben müssen. Was hat ihm eigentlich gefehlt?« Darauf Hartmann ungerührt: »Er ist sicher an einer Gehirnentweichung gestorben.«

Immer wieder wird Hartmann in den Ferien in Pörtschach von einem lästigen Verehrer auf Schritt und Tritt verfolgt. »Wann, sehr verehrter Herr Hofschauspieler, haben wir uns eigentlich das letzte Mal gesprochen«, wollte der Aufdringling wissen. »Heute, lieber Herr«, antwortet der Künstler und verschwindet.

Anders seine Reaktion auf eine Dame, die den Interpreten bezaubernder Liebenswürdigkeit auf der Bühne am Wörthersee kennengelernt hatte und seine Darstellung des John Gabriel Borkman bewunderte. Ihr schreibt er einige herzliche Zeilen auf eine Ansichtskartenfotografie, die ihn am Steuer seines Motorbootes »Mimpo« zeigt.

Wir spielen für die Menge,
Die kalt rings vor uns thront,
E i n Herz in dem Gedränge,
Und wir sind reich belohnt!

Reich beschenkt fühlt sich Hartmann auch, als er im Jahr 1885 nach einer schweren Rippenfellentzündung, die seine linke Lunge arg angegriffen hatte, in Meran Erholung sucht, monatelang dem Burgtheater fernbleiben muss und ihm sein Burgtheaterkollege Hugo Thimig, um ihm eine Freude zu bereiten, ein kostbares Erinnerungsstück durch Hartmanns Frau senden lässt: ein Beethoven-Autograf. Hartmann schreibt am 22. Oktober 1885 aus Meran: »Lieber Thimig! Ein heiliger Schauer überflog mich, als ich das von Beethoven beschriebene Blatt sah. Jedem, dem ich es zeige, ach, und ich zeige es jedem, geht es so. Es ist eine unheimliche Wonne von diesem großen Toten eine so lebhafte Erinnerung zu haben. Wie nun meine, so hat einst seine Hand den Zettel berührt, und seine Hand hat die Buchstaben darauf geschrieben, sein Götterhaupt die Feder geführt.

Welch ein Gefühl diese Nähe! Ich sehe sein Lächeln, als er die Worte schrieb: ›Dir ist's leicht, mir nicht!‹ Ich sehe ihn selbst vor mir!«

Hartmanns heute nicht mehr existierende Villa im Währinger Cottage in der Sternwartestraße 55 in unmittelbarer Nähe von Arthur Schnitzlers Heim schmückten interessante Erinnerungsstücke. In einem eigens eingerichteten Sportzimmer im ersten Stock hatte er sich neben Studierzimmer und Atelier seinen viel geliebten Wörthersee nach Wien geholt. Da waren alle beim Wettsegeln errungenen Preise auf Regalen schön geordnet aufgestellt und Sportbilder an den Wänden.

Hartmann nützte als leidenschaftlicher Anhänger des Segelsports schon in frühen Jahren den Oster- oder Frühjahrsurlaub des Öfteren für kurze Ausflüge nach Lussinpiccolo (heute Mali Lošinj) auf der Insel Lošinj in Kroatien, die als Segelparadies gilt. Um den Menschen Hartmann vollends kennenzulernen, müsse man ihn zur Sommerszeit am Wörthersee beobachten, schrieb die *Neue Freie Presse* im Oktober 1911. In Pörtschach war er ganz in seinem Element. Man sah ihn hier nur in der schmucken Uniform des Union Yacht Club Wörthersee, dessen langjähriges Mitglied er war, mit der tellerförmigen Kapitänsmütze.

Seine einzige tägliche Sorge am Wörthersee war: Wie ist der Wind? War er günstig, begab er sich am frühen Morgen gleich nach dem Frühstück auf seine Segeljacht »Lorlelsa«, eine teure Geliebte, die er hegte und pflegte und putzte und säuberte, sodass sie immer im vollen Glanz dalag, voll Eleganz und Pracht, vom leisesten Stäubchen unberührt. Die »Lorlelsa«, von einem berühmten Schiffbaumeister in Hamburg aus Zedernholz gezimmert, war nach Hartmanns Enkelkindern Lorle – seine Frau Helene hatte wie übrigens auch Katharina Schratt am Burgtheater in der Rolle der Lorle in dem Rührstück *Dorf und Stadt* von Charlotte Birch-Pfeiffer debütiert – und Elsa so benannt und hat mehr als zwei Dutzend Regattenpreise gewonnen.

Der 1886 gegründete Union Yacht Club Wörthersee, einer der ältesten Segelclubs Österreichs und in Dellach direkt am Südufer beheimatet, veranstaltete jährlich eine große Regatta um den Wanderpokal, zugleich der Höhepunkt des Segelsports am Wörthersee. Dieser Preis muss in drei aufeinanderfolgenden Jahren stets von derselben Jacht errungen werden und bleibt erst dann endgültig in den Händen des Gewinners. 13 Jahre lang ritterte der ehrgeizige Hartmann vergeblich um den Preis. Ihm, der sonst so oft den Sieg davongetragen hatte, ließ das Glück just hier immer wieder im Stich. Bis es ihm endlich doch noch nach hartem Ringen gelang, den begehrten Wanderpokal zu erobern.

»In den letzten Tagen bin ich auch unter die Radfahrer gegangen«, verriet er einem Journalisten. »Aber Rad und ich sind noch sehr oft verschiedener Meinung über unser Ziel!«

Zu ebener Erde in Hartmanns Haus im Währinger Cottage hängt über dem Kanapee ein in Holz geschnitzter riesiger goldener Doppeladler – ein letztes Andenken an das alte Burgtheater, dem die Künstler im prunkvollen Bau am Franzensring (heute Universitätsring 2) noch wehmütig nachtrauern. Dort hatte der noch aus der Zeit Maria Theresias stammende Adler seinen Platz über dem Bühnenvorhang, ehe er für den Schauspieler zum Erinnerungsstück wurde. Wie ein alter englischer Stich, der die Hochzeit Katharinas mit Heinrich V. zeigt. Das Geschenk von Carolyne Elisabeth, Fürstin zu Sayn-Wittgenstein, der Erbin des Liszt-Nachlasses, an Hartmann hing bis zu dessen Tod in seinem Schlafzimmer.

Zahlreiche Bilder und Geschenke erinnern an die gemeinsame Zeit des Ehepaares Hartmann am Burgtheater: ein Porträt des Kaisers in einem silbernen Rahmen mit der eigenhändigen Widmung »Der trefflichen Künstlerin, Frau Hartmann. Franz Joseph«, ein großes Porträt von Josef Kainz in dessen Glanzrolle als Richard II., Büsten von Sonnenthal, Thimig und anderen Burgtheaterstars – und, unter einem schwarzen Rahmen verwahrt, das kostbare Beethoven-Autograf.

Der Burgschauspieler Ernst Hartmann 1892 in seinem Wiener Heim in der Sternwartestraße 55

Seinen 60. Geburtstag feiert Hartmann mit einem Festabend im Hotel Métropole am Franz-Josefs-Kai. 94 Gäste sind eingeladen, ausschließlich Familienmitglieder und Künstler des Burgtheaters wie Arnold Korff, Lotte Witt, die als »Naive« ideale Interpretin von Mädchenrollen, Josef Kainz, Adolf von Sonnenthal, der als der liebe Gott des Burgtheaters gilt, die junge Lotte Medelsky und Hugo Thimig sowie der große Menschendarsteller Georg Reimers. Der Wirt bietet alles auf, was Keller und Küche hergeben. Um 6 Uhr früh serviert der gut gelaunte Hartmann als »Würstelbub« heiße Frankfurter und sagt zum Küchenchef zum Abschied: »Es war der schönste und glücklichste Abend meines Lebens. Aber jetzt geht's nach Hause, heute abends muss ich noch den Bolz spielen.« Die Hauptrolle, den Redakteur Konrad Bolz in Gustav Freytags Erfolgsstück und heute längst vergilbtem Lustspiel *Die Journa-*

listen, das den Typus des Zeitungsmenschen karikiert, der als Opportunist ohne Gesinnung mal links und mal rechts zu schreiben fähig und willig ist.

Am 11. Oktober 1911 melden die Zeitungen den plötzlichen Tod des Schauspielers. Am Vorabend war er noch in Victorien Sardous Lustspiel *Der letzte Brief* aufgetreten – und in der Nacht hatte er einen Schlaganfall oder Herzinfarkt erlitten. »Ich suche Hartmann in meinem Gedächtnis, und sehe zahllose Gestalten. Lebendig springen sie hervor, sein Clarence und sein Mercutio und sein König Heinrich und sein Leon …«, schreibt Hugo von Hofmannsthal in einem Nachruf. »Er war der große Charmeur, er blieb der ewige Jüngling. In seiner Stimme war noch die alte Jünglingsglut, sein Herz strahlte Wärme aus. Mit diesem immer verliebten, immer schwärmenden alten Mann, den ein Blick aus dem Auge einer hübschen Frau sofort in Feuer setzte, hat die deutsche Bühne vielleicht ihren größten Liebhaber verloren«, erinnerte sich Babette Devrient-Reinhold, Burgtheater-Mitglied von 1889 bis 1932. »Wenn ich unsere heutigen Jünglinge eine Liebesszene spielen sehe und mich erinnere, wie die Ernst Hartmann gespielt hat, dann weiß ich: die Welt ist anders geworden, alt wie ich. Und die Jugend hat jener alte Mann mit ins Grab genommen.«

Ein merkwürdiger Zufall will es, dass die Burgtheater-Premiere von *Das weite Land* am 14. Oktober 1911 mit einem Bericht über ein Leichenbegängnis eingeleitet wird. Unwillkürlich fliegen die Gedanken zu Hartmann, der in Arthur Schnitzlers neuem Stück eine Rolle spielen sollte und nun von Max Devrient vertreten wird. Der Theaterwitz tauft es gleich »das weite Stück«. Es dauert fast vier Stunden. Alfred Polgar bezeichnet die Tragikomödie der »Herzensschlampereien« als ein »wohlorganisiertes Konzert der Würmer im Holz« und findet: »Man könnte nicht sagen, dass der Geist, der in dieser Tragikomödie waltet, tief ins Tiefe reicht.«

Josef Kainz hätte im Labyrinth der Irrungen und Wirrungen in Liebesdingen den Fabrikanten Friedrich Hofreiter spielen sollen.

Und Hartmann den Hotelier und Bergsteiger Dr. von Aigner. Aber beide Starschauspieler erleben die Uraufführung nicht, in der Schnitzler Aigner sagen lässt: »Wir versuchen wohl Ordnung in uns zu schaffen, so gut es geht, aber diese Ordnung ist doch nur etwas Künstliches … Das Natürliche … ist das Chaos.« Denn: »Die Seele ist ein weites Land. So vieles hat zugleich Raum in uns – Liebe und Trug, Treue und Treulosigkeit, Anbetung für die eine und Verlangen nach einer andern – oder nach mehreren.«

Und Genia Hofreiter: »Man gleitet. Man gleitet immer weiter, wer weiß wohin.«

18 Das letzte Adieu im Herbst des Lebens

Alfredweg 5, Pörtschach

Die Liebestragödie der Fürstin zu Carolath-Beuthen, Lebensgefährtin von Herbert von Bismarck und gefeierte Schönheit am preußischen Königshaus.

Eine Liebestragödie. Aber keine, wie die vielen alltäglichen Dramen von Hinz und Kunz. Elisabeth Fürstin zu Carolath-Beuthen, geborene Gräfin Hatzfeldt-Trachenberg (1839–1914), war einst eine gefeierte Schönheit am preußischen Königshaus, die strahlende Herrin des stolzesten Berliner Palais und um 1880 die Lebensgefährtin von Herbert von Bismarck, dem ältesten Sohn des deutschen Reichskanzlers. Aber die Selbstmorddrohung von Otto von Bismarck, der für seine Fähigkeit, je nach Gusto heiße und kalte Kriege zu führen, als »eiserner Kanzler« gilt, verhindert schließlich die bereits angekündigte Heirat des Liebespaares.

Den Sommer 1910 verbringt die Dame aus altem schlesischen Adel, die einmal eine leidenschaftliche Gesellschaftslöwin war, in Pörtschach in einer der beiden Villen der Kuranstalt des Arztes und kaiserlichen Rates Alfred Leopold, der Moor-, Salz-, Fichtennadel- und elektrische Bäder verabreicht. Um die Schultern schmiegt sich ein kostbarer weißer Spitzenschal. Und stets hat sie einen kleinen anhänglichen Seidenpinscher zu Füßen oder im Schoß.

Nach einem Schlaganfall rechtsseitig gelähmt, muss sie auf ihr geliebtes Klavierspiel verzichten, eine der bittersten Entsagungen ihres Lebens. Für ihre Gäste anziehend und genussreich gestaltet sie trotzdem ihre Fünfuhrtees. An denen nehmen regelmäßig ein völlig erblindeter ehemaliger preußischer Gardeoffizier mit Wohnsitz in Venedig teil, Baron Bülow, und sein treuer Kamerad, ein lebhaft-sprühender Italiener aus dem Adelsgeschlecht der Visconte Martignago.

Die Gartenseite der Heilanstalt von Dr. Alfred Leopold, etabliert 1877

Die Gesellschaftsdame der Fürstin, Baronesse Altenburg, ist beim Fünfuhrtee eifrig um das Wohl aller bemüht, wie sie überhaupt der gute Engel des Hauses zu sein scheint. Als der Herbst mit kühleren Tagen heraufzieht, schart man sich um ein Petroleumöfchen, das die leicht fröstelnde Fürstin aus Venedig mitgebracht hat. Dort wohnt sie an der Westseite des Canale di Cannaregio im Palazzo Modena (ursprünglich Palazzo Savorgnan), der den in Venedig seltenen Vorzug eines großen, schönen Gartens hat, wo im Schatten alter Bäume Marmorbilder stehen.

Baron Bülow, wie gesagt seines Augenlichts beraubt, unterhält mit Erzählungen wie denen eines Sehenden, hatte er doch dank seines treuen und intelligenten Kammerdieners aus zahlreichen und weiten Reisen alles wie mit eigenen Augen wahrgenommen.

Die Fürstin selbst spricht nie über die Tragödie ihres Lebens: ihre unglückliche Affäre mit Herbert Graf von Bismarck, dem ältesten Sohn des Reichskanzlers Otto von Bismarck. Nur einmal, als die Gesellschaftsdame einen Zeitungsartikel vorliest, in dem die Phrase vom »eisernen Kanzler« vorkommt, hört man sie leise wie im Selbstgespräch sagen: »Auch sein Herz war von Eisen – eisenhart!«

»Hier hängen zwei Pistolen, und du entscheidest, was mit ihnen passiert«, soll der Alte dem Jungen entgegengeschleudert haben, um dessen Heiratspläne zu torpedieren. Die traurige Geschichte kommt im Kärntner Ferienambiente sonst nie zur Sprache. In dieser Runde weiß man ohnedies, dass das von Gustav Richter gemalte Bild der Fürstin im Brüsseler Spitzenkleid am Kamin mit einer großen Dogge zu ihren Füßen die Attraktion 1873 im Künstlerhaus in Berlin war. Der Künstler, Giacomo Meyerbeers Schwiegersohn, hatte das Bildnis im Salon des Palais der Caroliths in der Wilhelmstraße geschaffen. Herbert von Bismarck musste diesen Ort kurze Zeit später an einem Sommertag beschwingten Fußes etwas überstürzt verlassen, ehe damit über das Haus des Fürsten Carolath jene Ehescheidung hereinbrach, die dann zum größten Skandal der preußischen Hofgesellschaft wurde.

Der deutsche Journalist und Schriftsteller Paul Lindau schildert in seinem Berlin-Roman *Spitzen* ihr Verhältnis mit Herbert, der, 1849 geboren, seinem Vater seit 1873 als Privatsekretär im Auswärtigen Amt diente, gut aussah, einen berühmten Namen trug und das Spiel auf dem Parkett verstand.

Wie die exzentrische Prinzessin Catherine Radziwill (1858–1941), die viel an den Höfen von Berlin, St. Petersburg und Wien verkehrte: Die polnisch-russische Aristokratin und Schriftstellerin, durch pechschwarze Haare, blasse Haut und knallrote Abendkleider eine auffallende Erscheinung, ist bestens vertraut mit der preußischen Hofgesellschaft und kennt viele indiskrete Details. Als spätere Freundin des britischen Multimillionärs, kolonialen Magnaten und Gouverneurs Cecil Rhodes hatte sie es nur Viktoria von Preu-

Elisabeth Fürstin zu Carolath-Beuthen. Gemälde von Gustav Richter, 1875

ßen, genannt »Kaiserin Friedrich«, zu verdanken, dass ihr der Tummelplatz der Reichen und Mächtigen – der Weiße Saal im Königlichen Schloss zu Berlin – nicht verschlossen blieb, dessen gefürchtetster Gast sie war.

Nach der Scheidung vom Fürsten Carolath-Beuthen geht Elisabeth nach Dresden. In einer heimlichen Unterredung mit Bismarck und seiner Frau im Hotel Bellevue wirft sie sich den Eltern ihres Geliebten zu Füßen. Vergebens. Der Kanzler und seine Gemahlin lehnen eine Ehe ihres Sohnes mit einer zehn Jahre älteren, geschiedenen Frau kategorisch ab. Wobei der Standesunterschied zwischen der Aristokratin und dem Junkersohn das geringste Problem ist.

Schwerer wiegt sicher die katholische Konfession der Fürstin, die aufzugeben sie sogar bereit ist. Und dann ihre Familie: Eine Schwester Elisabeths ist mit dem Generaladjutanten des österreichischen Kaisers verheiratet, der sich im antikatholischen Kulturkampf gegen Bismarck gestellt hatte. Ihre Stiefschwester gehört zur bismarckfeindlichen Fraktion bei Hof. Und eine von ihren Verwandten hatte gar eine Affäre mit dem Arbeiterführer Ferdinand Lassalle.

Der preußische Diplomat Philipp zu Eulenburg, mit dem Paar gut befreundet, aber auch beim alten Bismarck ein gern gesehener Gast, spielt als Vermittler eine wichtige Rolle und schreibt: »Die Fürstin Elisabeth aber liebte Herbert aus tiefster Seele. Sie war eine reiche, begabte Natur. Schön, eitel, wie meist schöne Frauen sind, doch zu genial beanlagt, um der Eitelkeit zu unterliegen. Voll glühenden Interesses für die Kunst. Ungewöhnlich musikalisch. Ein stolzer, vornehmer Charakter, der durch eine sehr harte Lebensschule im Vaterhause gegangen war, wo die unerquicklichsten Familienverhältnisse herrschten.«

Als sie im Mai 1881 nach Venedig reist und Herbert ihr folgen will, droht ihm sein Vater ultimativ, ihm hinterherzureisen und die Fürstin selber zur Rede zu stellen, was den Kanzler vor allem in der liberalen Presse weltweit der Lächerlichkeit preisgegeben hätte. Eulenburg: »Die Drohung, dass der große Bismarck, sobald er erfahren würde, Herbert reise nach Venedig, sich seinerseits auch dorthin begeben werde – und dass damit die ganze Welt in einen Heiterkeitssturm versetzt werden würde –, war durchaus kein leeres Wort … Lächerlichkeit ist in der Welt das stärkste Zwangsmittel. Er wusste ganz genau, dass ihn Herbert niemals in eine solche Lage versetzen werde.«

Die Drohung zeigt Wirkung: Herbert gibt nach, während Elisabeth, enttäuscht von seinem Einknicken, die Korrespondenz mit ihm einstellt. »Mir ist so dumpf und stumpf in der Seele – der Rest des Lebens liegt vor mir wie eine endlose sandige Pappelallee in flacher Gegend«, vertraut Herbert, der im Lauf seines Lebens immer mehr zum Menschenverachter und Menschenhasser wird, einem Freund an. Als alkoholkranker, verbitterter Privatmann endet er auf Schloss Friedrichsruh, nachdem er in später Ehe fünf Kinder gezeugt hatte.

Der Fürstin verbietet man den Aufenthalt auf deutschem Boden. Nach einem rührenden Abschied von ihrem einzigen Kind Sybilla, der späteren Gräfin Königsmarck, flüchtet sie, von allen Freunden verlassen und gesellschaftlich geächtet, in die Schweiz. In Vevey nimmt sich der Industrielle Jules Monnerat (1820–1898), seit 1875 einer der drei Hauptaktionäre der Aktiengesellschaft Henri Nestlé, der ruinierten Frau an, bietet ihr gastliche Aufnahme und jede gesellschaftliche Stütze.

Ein charmanter Zeitvertreib an langen Sommertagen in Pörtschach ist ihr die in Hamburg gebürtige und literarisch ambitionierte Marie von Pistohlkors (1858–1931), die in der Villa von Thavonat in der Nachbarschaft des Hotels Werzer logiert. Ihr angeboren sei »das Sich-Hinaus-Sehnen über Grenzen und hemmende Schranken aller Art«, sagt die Autorin. Sie publizierte im österreichischen Adelsblatt *Der Salon* unter dem seltsamen Pseudonym »Iwan Delicz« und veröffentlichte Feuilletons in Zeitungen und Zeitschriften, unter anderem in *Österreichs Illustrierter Zeitung*, der *Österreichischen Volkszeitung* und im *Neuen Wiener Journal*. Einerseits war die Verwendung eines männlichen Decknamens bis ins späte 19. Jahrhundert eine bevorzugte Maßnahme, da »Eingriffe in das Geschehen des Tages, Dramatik, Aktualitäten, soziologische, politische Themen (…) für die Frau tabu« waren. Andererseits wollte Marie von Pistohlkors ihre Familie schützen. Denn ihr Vater Charles Freytag-Loringhoven war russischer Generalkonsul und verbot ihr, nachdem sie bereits mehrere Artikel veröffentlicht hatte, ihre literarische Tätigkeit weiterhin zu verfolgen. Grund dafür war angeblich ein bekannter Charakter in einer ihrer Novellen, den man glaubte wiederzuerkennen.

Sie mag beim Tee am See erzählt haben, wie sie blutjung an der Seite ihres ersten Mannes, ihres Vetters, dem Schriftsteller Alexander Freiherrn von Freytag-Loringhoven, in den späten 1870er-Jahren in Riga ein gesellschaftlich glänzendes Leben führte und dabei den spanischen Jahrhundertgeiger Pablo de Sarasate kennenlernte, wie sie große Reisen unternahm und wie ein längerer Aufenthalt in Weimar inspirierend auf sie wirkte.

1883 aber ließ sie sich scheiden und kehrte ins Elternhaus nach Ösel auf der Insel Saaremaa in der damals russischen Provinz Gouvernement Estland zurück. Wo sie mit ihrer schriftstellerischen Arbeit begann. Zum zweiten Mal verheiratet zog sie mit dem kaiserlichen russischen Staatsrat Leonide von Pistohlkors nach St. Petersburg und fand schließlich, 1898 verwitwet, in Österreich eine zweite Heimat. Zuerst war Wien, dann Görz ihr ständiger Aufenthaltsort.

Einem glücklichen Zufall verdankt sie die Begegnung mit dem Bildhauer Viktor Tilgner. Ein plötzlicher Platzregen am Schwarzenbergpark zwingt sie, bei einem Nebengebäude des Palais Schutz zu suchen, als sie in goldenen Lettern die Aufschrift sieht: »Atelier Tilgner«. Das befand sich in den letzten 20 Lebensjahren des Künstlers in einem einst als Gewächshaus genutzten Seitentrakt des Palais Schwarzenberg, Heugasse 1 (heute: Prinz-Eugen-Straße 1), die Wohnung ganz in der Nähe in der Wohllebengasse 1.

Aus der Tür tritt ein noch junger Mann mit einem lustigen, rosigen Gesicht, einem koketten schwarzen Schnurrbärtchen und glänzenden Schelmenaugen, eine Art fescher Wiener Fiakertyp und so gar nicht Kunstprofessor. Tilgner zog freundlich winkend die gelbe Lederkappe vom Kopf und rief in wienerischem Dialekt: »Gnä Frau, gnä Frau, kommen S' nur eini!«

Beim Plaudern über Frauenbüsten und Denkmäler in Arbeit – gerade damals beschäftigte ihn der Entwurf seines Mozart-Denkmals, das am 21. April 1896, fünf Tage nach Tilgners Tod, auf dem Albrechtsplatz (heute Albertinaplatz) enthüllt wurde und seit 1953 im Burggarten steht – kam Tilgner auf Hans Makart zu sprechen;

»Er hatte den kleinsten und schönsten Fuß, den ich je bei einem Mann gesehen habe.«

Tilgner fasziniert das Thema aristokratische Abstammung. Kurios müsse es sein, zu wissen, wer der Urur- und Urgroßvater gewesen sei. Von sich selbst behauptet er, wieder in den Wiener Dialekt verfallend: »I woaß goar nix von mei Ahndl – war er a Aff, oder war er a Mensch?«

Im März 1923 erinnert sich Marie von Pistohlkors, »beim Schlussakt der eigenen Lebenstragödie angelangt, nun mittellos und versorgt in einem oberösterreichischen Diakonissenheim«, als sie in besseren Tagen das Glück genoss, der unvergesslichen Fürstin Carolath persönlich längere Zeit hindurch nahezustehen: »Für jeden in ihrer Umgebung hatte sie ein freundliches Wort, ein zauberhaftes Herzenslächeln bereit.« In Pörtschach hatte Ihre Durchlaucht im Herbst ihres Lebens drei Sommer verbracht. Bis zum letzten Adieu 1913. Ein paar Monate später, ein halbes Jahr vor dem Ausbruch des Ersten Weltkrieges, war sie in Meran gestorben.

19 Nah am Wasser gebaut

Hauptstraße 133, Pörtschach

Zur Schlossvilla Miralago in Kaisergelb, Baujahr 1893, gehört das entzückendste Badehäuschen weit und breit.

Es war ein Sekundentod am 5. August 1885. Anton Urban senior, Chef der auf die Produktion von Schrauben, Muttern und Nieten spezialisierten Firma A. Urban & Söhne in Wien, hatte während seines Sommeraufenthalts in Pörtschach gerade noch Besuch von seinen Kindern und Enkeln, war in der heitersten Stimmung und sagte beim Nachhausegehen, er habe sich selten so wohl gefühlt wie heute. Bis er auf dem Weg plötzlich zusammenbrach. Der altösterreichische Unternehmer hatte – ausgerechnet, als er sich Zeit für die Zeit nahm – mit 58 Jahren auf dem Weg in die Villa Eldorado einen plötzlichen Herztod erlitten.

Als wär's ein böser Witz des Schicksals, wiederholt sich im September 1906 diese tragische Geschichte. In seiner 1893 errichteten Villa Seehort (Hauptstraße 133; heute Apartments) in Pörtschach erliegt der Bauherr und Großindustrielle Anton Urban 54-jährig plötzlich einem Herzschlag und wird nach Wien zur Beisetzung in der Familiengruft am Zentralfriedhof überführt. Er stand an der Spitze eines der bedeutendsten Unternehmen Österreich-Ungarns, das 1900 durch eine Fusion der Metallwaren- und Schraubenhersteller Brevillier & Comp. (gegründet 1823) und A. Urban & Söhne (gegründet 1848) entstanden war und zeitweise 5000 Mitarbeiter hatte.

Aus Urbans Gründerzeitvilla mit Eckturm, Loggien, Veranden, aufwendig gestalteten Fassaden und großem Park wurde im Lauf der Jahrzehnte das Seehotel Kainz und in den 1930er-Jahren die Strandpension Seehort an der Pörtschacher Ostbucht mitten in einem Ensemble:

Die Villa Seefried, Hauptstraße 125, heute neben zahlreichen weiteren Immobilien am See im Privatbesitz der Familie des Waffenproduzenten Glock, gehörte ursprünglich dem Hof- und Gerichtsadvokaten Carl Ritter Tarnóczy-Sprinzenberg. Sie hat im Gegensatz zu den meisten eher dem romantischen Historismus verpflichteten Villenbauten eine bemerkenswert klar strukturierte seeseitige Fassade, beidseitig spitze Giebel und eine hohe dreibogige Loggia.

Die Tochter des aus einer alten ungarischen Adelsfamilie stammenden Hofrats und Finanzdirektors ist die in Innsbruck gebürtige Malerin und Kunstpädagogin Bertha von Tarnóczy-Sprinzenberg (1846–1936): Sie initiiert 1882 die Gründung des Künstlerinnenvereins München und der dazugehörigen Damenakademie, studiert vier Jahre später in Wien beim Landschaftsmaler Emil Jakob Schindler und lernt dabei die Freiluftmalerin Olga Wisinger-Florian kennen. Die Künstlerkollegin, die das Genre der Blumenmalerei kreativ weiterentwickelt, kann sich als eine der ganz wenigen Frauen in der von Männern dominierten Kunstwelt national und international behaupten, setzt sich für die Rechte der Frauen ein und unterstützt die Gründung von Frauennetzwerken.

Tarnóczy unternimmt Studienreisen nach Italien und Holland und stellt ihre Werke – Porträts, Stillleben und Landschaftsbilder – in verschiedenen europäischen Städten aus. Von 1898 bis 1919 leitet sie die Malschule in Linz. 1901 gründet sie mit Eugenie Breithut-Munk, Marianne von Eschenburg, Marie Egner, Susanne Granitsch, Marie Müller, Teresa Feodorowna Ries und Olga Wisinger-Florian die Gruppe der »Acht Künstlerinnen«. Die Frauen-Power-Zweckgemeinschaft von Malerinnen, Grafikerinnen und Bildhauerinnen des Fin de Siècle in Wien stellt im Kunstsalon Pisko am Parkring 2 aus. »Viel Erfolg«, aber »wenig Wolle«, vermerkt Marie Egner im Tagebuch sarkastisch. »Alle Weiber von ›ganz Wien‹ kommen … Jedes Weiberl sagt einem ein dummes Compliment und dafür muss man sich noch bedanken auch … sehr wenige Männer und daher keine Käufer.«

Die Villa Wörth, Baujahr 1891, ein Entwurf des Architekten Josef Victor Fuchs

Die Bäume haben noch kahle Äste, und noch ist niemand aus dem Winterschlaf erwacht, als Bertha Tarnóczy fast 90-jährig am 6. März 1936 in Pörtschach stirbt. Sie war die Nichte des Salzburger Erzbischofs Maximilian Joseph Ritter von Tarnóczy-Sprinzenberg, Oberhaupt der einst zweitgrößten Erzdiözese der Welt nach dem Vatikan. Noch beim Ersten Vatikanischen Konzil 1869 begrüßte Papst Pius IX. den Erzbischof aus Salzburg, dem Rom des Nordens, mit den Worten: »Seht, da kommt der halbe Papst, der selbst Bischöfe machen kann.« Dieses Recht ging zwar 1920 und endgültig mit dem Konkordat 1934 verloren, aber die Salzburger Erzbischöfe besitzen bis heute zwei besondere Ehrentitel: Als ständige Vertreter des Papstes (Legati nati) in ihrer Kirchenprovinz tragen sie seit 1026 den »Legatenpurpur«, der älter ist als das Purpurgewand der Kardinäle. Nach langen Auseinandersetzungen mit dem Erzbistum Magdeburg sicherten sich die Erzbischöfe im

17. Jahrhundert den Titel des Primas Germaniae, des ersten Kirchenfürsten in Deutschland.

Die Villa Wörth (Baujahr 1891) am Johannaweg 5, heute ein Hotel mit Restaurant, hat der Architekt Josef Victor Fuchs im Stil der deutschen Renaissance für sich selbst und seine Familie entworfen. Zur gleichen Zeit das »Venezia« am Johannaweg 1 mit der bis heute erhaltenen ursprünglichen romantischen und von der italienischen Renaissance geprägten Fassade und das in den 1960er-Jahren umgebaute »Viktoria« (Hauptstraße 135), heute die Villa Wildente. Mit dem Zerfall der Habsburgermonarchie übersiedelte Fuchs in seine Heimat nach Tschechien. Die Villen überließ er seinem Bruder Wenzel Fuchs, ebenfalls ein Architekt. Dessen Frau Caroline Fuchs verkaufte als Witwe eine nach der anderen und lebte selbst bis in die 1950er-Jahre in der Villa Wörth.

Zum letzten, noch gut erhaltenen und in die Landschaft wunderbar eingefügten Villen-Ensemble in der Pörtschacher Ostbucht mit den Villen Wörth, Seehort und Seefried gehört schließlich auch die Villa Miralago, Baujahr 1893. Sie wurde wie ein Schloss ursprünglich als »Villa Lug in See« für den Industriellen Ludwig Urban erbaut, dessen Unternehmen Brevillier-Urban bis heute bekannt ist für Buntstifte der Marke Jolly und das Kaufmannsspiel DKT. Als Fünf-Sterne-Herberge in Kaisergelb hat sie zuletzt neben Doppelzimmern sechs Suiten vermietet, die unter anderem »Johannes Brahms« und »Gustav Mahler« hießen. Die Möbel stammten aus der Wiener Werkstätte. Im alten Gemäuer gab es keinen Luxus vom Reißbrett eines Innenarchitekten. Es war noch der Hauch der großen Blütezeit der Wörthersee-Sommerfrische zu spüren.

Zum architektonischen Open-Air-Schauspiel im Stil des romantischen Späthistorismus mit verzierten Erkern, Loggien, Türmchen, beeindruckenden Zimmermannsarbeiten und seeseitiger Freitreppe gehört in der Hauptstraße 129 ein historisches Boots- und Badehaus: Mit dem achteckigen, pavillonartigen, offenen und etwas vorspringenden Aufbau und dekorativen Laubsägearbeiten ist es eines der Holzbaukunstwerke von anno dazumal, wie es in der

Seenregion Tradition ist, wie es sie aber nicht mehr viele gibt. In den letzten Jahren war das historische Kleinod ein paradiesischer Ort für »Romantik Dinner« mit Rosenblättern und Kerzenschein. Mit dem Farbenspiel des Abendrots vor Augen, das die gegenüberliegenden Karawanken leuchtend einfärbt. In diesem Ambiente ging vor dem Dessert schon so mancher vor seiner Angebeteten auf die Knie und stellte die Frage aller Fragen. Wenn einer Schönen so viel Schönes widerfährt, zaubert das unter Garantie Glanz in die Augen künftiger Bräute. Und sollte doch eine Nein sagen, so ist sie ohnedies nicht die Frau fürs Leben. Aber das sei in dieser lauschigen Atmosphäre noch nie vorgekommen, beteuert der langjährige Miralago-Hotelpächter, Jurist und Versicherungsmakler Johannes Muchitsch.

Uralte Bäume schotten die Villa von den Nachbarliegenschaften ab. Alte Pläne zeigen eine symmetrische Parkanlage von Miralago und Seehort, aber ihre Grundrisse sind verschieden. Es hat den Anschein, dass sich die beiden Bauherren, die Industriellengebrüder Urban, seinerzeit ein architektonisches Match geliefert haben. Romantisch verspielt versus klassisch historistisch – beides ist repräsentativ für die Wörthersee-Architektur, beides geplant von Architekt Carl Langhammer.

»Heutzutage kennen die Leute von allem den Preis und von nichts den Wert«, heißt es schon bei Oscar Wilde in *Das Bildnis des Dorian Gray*. Die Preise sind je nach Uferlänge, Sonneneinstrahlung und Schilfzonen hier hoch, höher – und am höchsten dort, wo dem in die Ferne schweifenden Auge ein Maximum geboten wird. Der Wert einer Liegenschaft hängt ab vom Ausblick, den sie bietet. »Wobei der Blick auf das malerische Maria Wörth besonders hoch im Kurs steht. Zu den wertvollsten Lagen am See – wie etwa an manchem Plätzchen in der exklusiven Ostbucht von Pörtschach – gehört allerdings zugleich noch die Sicht auf Velden«, sagt Johannes Muchitsch. Sein Pachtvertrag im Miralago wurde Ende 2020 nicht verlängert. Der umtriebige Hotelier und Gastronom, der als Gründer zahlreicher Events wie »Dinner on the Lake« oder

Als »Villa Lug in See« 1893 für den Industriellen Ludwig Urban erbaut: Schlossvilla Miralago

kulturDIREKT Furore gemacht hatte, sagte als Gastgeber zum Abschied via Video leise »Servus« und »Küss die Hand«. In vertauschter Rolle sucht er jetzt selber wieder als Gast Erholung am geliebten See.

Mit seiner Kindheit verbindet er »einen herrlichen Bohnensalat mit Extrawurst«. Zum feinsinnigen Gourmet gereift, hatte Muchitsch im Miralago raffinierte Kochkunst zelebriert und dort See-Ess-Spiele veranstaltet, bei denen internationale Starköche auf regionale Genusskünstler trafen. Ganz ohne das Nationalgericht

Kärntner Kasnudeln, stattdessen mit Salbeiravioli oder Carpaccio und Rucola, Jakobsmuscheln und – als Hauptgang – Kalbsfilet mit grünem Erbsenpüree. Muchitschs Lieblingsprodukt in der Küche? Foie gras. König Ludwig XIV. schätzte die berühmte Gänsestopfleber als Pastete, von Teig umhüllt, der Komponist Rossini schuf daraus ein Rezept mit Tournedos unterlegt und Trüffeln gespickt. Für den englischen Schriftsteller Sydney Smith kam sie der »Vorstellung vom Himmel« nahe: »Foie Gras essen zu Trompetenklängen«, so wünschte er sich das Leben nach dem Tod.

Die Delikatesse wird gebraten serviert oder gekocht aus der Terrine, mit Apfel und schwarzer Nuss oder auf kleinen Toaststückchen zusammen mit Champagner zum Aperitif oder später mit einem Süßwein zur Hauptspeise in unterschiedlichsten Kombinationen. Wenn die Gänseleber auf der Zunge förmlich zerschmilzt, ist man für einen langen Augenblick überzeugt: Dieser Geschmack ist eine Sünde wert.

20 »Neu-Wien«, die lachende, kokette, flirtende Weltdame

Pörtschach (genaue Adresse nicht eruierbar)

Adolf von Tschabuschnigg, Hofrat und Minister, Lyriker und Erzähler, wusste: Das Theater des Lebens findet nur im Augenblick, im Hier und Jetzt statt.

Bei einer Audienz von Kaiser Franz Joseph I. bringt ein alter braver Beamter ehrfürchtig die Bitte vor, seine Bezüge zu erhöhen, und nennt dabei eine Reihe von Gründen zur Unterstützung seines Gesuches. So betont er, dass er schon seit über 20 Jahren keinen Urlaub mehr erbeten hat. Darauf fällt ihm der populäre Monarch mit dem Image eines wohlmeinenden Bürgerkaisers, der mit Vorliebe das Wienerische spricht, ins Wort: »Wie, Sö haben seit 20 Jahren keinen Urlaub g'nommen? Da waren S' aber ein rechter Esel!«

Der Kaiser hat die Macht und ist doch ein Gefangener der Macht der Gewohnheit. Mehr als 60 Sommer verbringt er in Ischl. Seine Majestät sind also der oberste Sommerfrischler im Habsburgerreich. Die Erzherzöge hingegen fahren in der Monarchie nach Pörtschach, diese lachende, kokette, flirtende Weltdame. An prominenten Besuchern fehlt es zu keiner Zeit. Erzherzog Ludwig Viktor kommt 1878 nach Pörtschach, König Albert und Königin Carola von Sachsen 1879, Erzherzog Albrecht, der Sieger von Custozza, 1881. Kaiser Franz Joseph I. nächtigt im »Österreichischen Hof« gleich neben dem Bahnhof. Ihm zu Ehren wird am 10. September 1882 ein Seefest veranstaltet, ebenso für den österreichischen Kronprinzen Rudolf mit Kronprinzessin Stephanie am 10. Juli 1884.

Am 17. September 1899 findet die feierliche Eröffnung der Süduferstraße durch den Kaiser statt. Anschließend fährt die Gesellschaft mit dem Schiff über den Wörthersee nach Pörtschach. Und noch im Juni 1936, als hätte es den Weltkrieg mit dem Untergang der Monarchie nicht gegeben, steht Erzherzog Eugen (1863–1954) in k. u. k. Feldmarschall-Uniform auf Zwischenstation einer Reise nach Lienz zur Einweihung einer Kaiser-Karl-Gedächtniskapelle vor dem Parkhotel Pörtschach inmitten einer Schar unerschütterlicher Kaisertreuer, die so erhebende Feiern gern mit einem *Gott erhalte* beschließen. Der »Heimatschutz« des Grafen Starhemberg ist ebenso dabei wie die 22-jährige Erzherzogin Adelheid, die erst am 15. Mai 1936 nach 17 Jahren Verbannung ihre Heimat wieder besuchen konnte. Am 3. Jänner 1914 als zweites Kind des Kaiserpaares Karl und Zita in Hetzendorf geboren, war sie als erstes der kaiserlichen Kinder nach Österreich zurückgekehrt.

Historismus-Architektur in Pörtschach, Hauptstraße 160 und Bahnhofplatz: Hotel »Österreichischer Hof«

Ein Kranz von Villen und Ansiedelungen bringt schon vor 1900 mit der Tramway-Verbindung von Klagenfurt an den See Leben und Bewegung ringsum an die Ufer und einen großen Aufschwung für den Kurort Pörtschach. 1891 hatte die Gemeinde einen Nachtwächter angestellt, der in den Sommermonaten – mit Laterne, Hellebarde und Horn ausgerüstet – seine Runden machte. Der zunehmende Fremdenverkehr veranlasste Georg Semmelrock-Werzer, 1893 eine große Badeanstalt mit 120 Kabinen zu errichten. Als ein Urlauber nahe einer Badehütte seine Angel auswirft, um einen schönen Börschling zu fangen, berichtet das *Neue Fremden-Blatt*, schwimmt plötzlich knapp an seiner Angelschnur eine reizende Dame im roten Badekostüm vorüber. Erschrocken will er die Angelschnur rasch hochziehen, da ruft ihm die Dame lachend zu: »Angeln Sie nur getrost weiter, bei Ihnen beiße ich nicht an!« Und schwimmt ruhig weiter.

Pörtschach war damals ebenso wie Velden »Neu-Wien«. Denn abgesehen davon, dass es vor allem Wiener waren, die die Reize moderner Pfahlbauten entdeckten, ließen sich auch vor allem Wiener am Seestrand herrliche Villen bauen. Schon 1910 war Pörtschach ein weit über die Grenzen der Monarchie bekannter Kurort. Und die Ersten, die sich dort in idyllischer Zurückgezogenheit ihr sommerliches Heim errichtet hatten oder oft am Seeufer erschienen sind, waren da schon nicht mehr unter den Lebenden.

Etwa Hofrat Josef von Weilen (1828–1889), Schriftsteller in der Fortsetzung der Tradition Grillparzers, Präsident des Journalisten- und Schriftstellervereins Concordia und Leiter der deutschen Redaktion des sogenannten Kronprinzenwerkes *Die österreichisch-ungarische Monarchie in Wort und Bild*, einer landeskundlichen Enzyklopädie in 24 Bänden, die der österreichisch-ungarische Kronprinz Rudolf 1883 angeregt hatte.

Oder Johann Ritter von Herbeck (1831–1877): Geboren in Wien am Fleischmarkt 14, von 1870 bis 1875 Wiener Hofoperndirektor, Komponist, Leiter des Singvereins und der Konzerte der Gesellschaft der Musikfreunde – und vor allem: Franz Schuberts

»Entdecker«, der dessen *Unvollendete* 1865 uraufführt, allerdings erst mehr als vier Jahrzehnte nach ihrer Entstehung. Ihm wird für seine Verdienste um die Popularisierung des Kärntnerliedes 1878 in Pörtschach im Park der Halbinsel das Denkmal Herbecks Ruhe errichtet.

Nicht zu vergessen: der Komponist und Chorleiter Thomas Koschat (1845–1914), der das Kärntnerlied populär und in Europa und Amerika bekannt macht. Sein melancholisches *'s Röserl vom Wörthersee*, zuerst vom Männergesangsverein gesungen, macht rasch die Runde durch die Sängerchöre. Und das 1880 entstandene Singspiel *Am Wörthersee* behauptet sich als mehr als 50 Mal am Wiener Hofoperntheater aufgeführtes Repertoire-Stück, das auf mehr als 40 Bühnen in Österreich-Ungarn Beifall findet.

In manchen Jahren ist der Wörthersee von Menschen aus aller Herren Länder damals schon so stark besucht, dass man in Pörtschach beim Werzer sogar ein Sommertheater einrichtet. Aber das erreicht nie die Bedeutung der Bühnen in den Kurorten Bad Gleichenberg in der Oststeiermark und Pistyan (heute Piešťany) in der Slowakei, weil die Gäste allzu zerstreut in der Umgebung wohnen.

Adolf von Tschabuschnigg (1809–1877), geboren in der Lidmanskygasse 25 in Klagenfurt, ist Staatsmann und Poet in einer Person. Er macht eine steile Karriere als Beamter und Rat beim k. u. k. Stadt- und Landrecht in Klagenfurt über Triest und Graz nach Wien, wo er 1859 Hofrat beim Obersten Gerichtshof wird. Außerdem liberaler Parlamentarier: Im April 1870 zum Justizminister und interimistischen Leiter des Kultusministeriums bestellt, erhält »der einzige Minister Österreichs, dessen Brust weder ein Orden seines Vaterlandes noch eines fremden Staates zierte«, so der Lexikograf Constantin von Wurzbach, im Jahr darauf seine Entlassung. Reisen führen ihn anschließend durch ganz Europa, Ägypten und Kleinasien.

Als Lyriker und Erzähler ist Tschabuschnigg anfangs von Heinrich Heine und der jungdeutschen Dichtung beeinflusst. Die soziale Frage greift er im Roman *Die Industriellen* auf. In der Nähe von

Herbecks Ruhe: Denkmal für den Dirigenten und Komponisten Johann Ritter von Herbeck an der Halbinsel-Promenade in Pörtschach

Bahnhof und Werzer lässt er sich eine Villa im Schweizerstil bauen. Wo zahlreiche Novellen, Gedichte und Romane wie *Der moderne Eulenspiegel* oder *Sünder und Toren* entstehen. Unter einem mächtigen alten Nussbaum in der Nähe des Ufers, wo sich auch der Hauskahn befindet, steht ein Tisch mit Stühlen. An der Nordseite, zwischen dem Wirtschafts- und dem Hauptgebäude, ein Brunnen, von vier Zypressen umgeben. Westlich ragt ein üppiger Rosenstrauch bis zum ersten Stock hinauf. Die Rose ist eine Lieblingsblume des Dichters, sorgsam gehegt und gepflegt in Garten und Poesie.

An der Südseite ist der eigentliche Eingang in die Villa. Alles erscheint dem Eintretenden anheimelnd und gemütlich. Die sieben Zimmer im Hochparterre entsprechen der Anzahl an Salons und Gemächern im ersten Stock. Zwei geräumige Zimmer unter dem Satteldach sind für Gäste bestimmt und werden daher »Fremdenzimmer« genannt. An den Wänden Landschaftsbilder und Porträts der Familie Tschabuschnigg, die zum älteren Adel Kärntens zählt, darunter Bildnisse des Dichters als Knabe und in späteren Jahren. Westöstlich befindet sich das Schlafzimmer Tschabuschniggs, im Eck mit Zirbelholz getäfelt und altertümlich möbliert. Mit Madonnenbild am Haupt des Bettes.

Als sein Tod schon absehbar ist, geht sein Leben doch fast so weiter, als wäre er der gesündeste Mensch. Alles für die eigene Bestattung ist schon geregelt und angeordnet, da besorgt er noch seine Geschäfte, geht spazieren, schreibt Gedichte, wissend, dass das Theater des Lebens nur im Augenblick, im Hier und Jetzt stattfindet. Wenige Wochen vor seinem Tod wird in seiner Villa noch getanzt. Einige Stunden vor seinem Tod lässt sich Tschabuschnigg ankleiden und stirbt stehend, von Schwiegersohn und Tochter unter den Armen gestützt, sprachlos und so ruhig, dass sie ihn noch lange halten, als er schon den letzten Atemzug getan hatte.

Übrigens kommt das Ende nicht in seiner Villa am Wörthersee, sondern in seiner Winterwohnung in der Reisnerstraße 5 in Wien am Allerheiligentag des Jahres 1877. Er wird in der Familiengruft, die er als Totengräber der Seinen, wie er sich nannte, errichtet hatte, am Friedhof zu St. Ruprecht bei Klagenfurt beigesetzt. Eine Nische wenigstens in einem Mausoleum deutscher Dichter wird ihm doch gebühren, fand Tschabuschniggs Freund Paul Freiherr von Herbert in einem Nachruf.

Die Villa Tschabuschnigg wird zur Villa Thavonat im Besitz von Julie Marie, der 1874 geborenen, einzigen Tochter des Dichters, verheiratet mit Josef Ritter von Thavonat. 1915, während des Krieges, sind unter anderem die Säle des Etablissements Werzer und der Villa Thavonat Reservespital für mehr als 200 verwundete Soldaten. Die *Kärntner Zeitung* berichtet im Mai 1916: »Wer Tennis-Wettspiele, Toilettenschau, Regatten und Schönheitskonkurrenzen als ›Kurbehelfe‹ ansieht, der wird sein Pörtschach kaum wiedererkennen; es ist nicht mehr die lachende, kokette, flirtende Weltdame, sondern die freundliche, stille, berufsfreudige Krankenpflegerin geworden: Pörtschach steht im Zeichen des Roten Kreuzes.«

21 »Ein Ort von Lebensfreude – lange bevor es Saint-Tropez gab«

Schlosspark 1, Velden

Mondän war's schon vor der Erfindung des Sektfrühstücks im Schloss Velden an der »österreichischen Riviera« im Schatten der Karawankenkette.

Wenn die Motorflitzer und Schinakeln im Bootshaus noch eingemottet sind, wenn die Bäume noch nackt im Herbstgerippe stehen und in ihnen erst langsam die Gedanken an Fotosynthese reifen, während die ersten Knospen sprießen, dann hat es die Sonne ganz leicht. Kaum ein Blatt versperrt ihren Strahlen den Weg. Sie fallen einem warm ins Gesicht, und je länger man auf einer Bank oder einem Steg sitzt und den seichten Wellen dabei zusieht, wie sie sich kräuseln, desto mehr verwandelt sich diese wohlige Wärme auf der Haut in exzellente Laune. Da beginnt auch für manch herbstliche Dame ein neuer Sommer. Und der Zauber der Emotion hat wieder Saison.

Kärnten ist reich an prunkvoll ausgestatteten Landsitzen verschiedener Adelsfamilien. Um Klagenfurt entstand ein regelrechter Kranz an Schlössern. Besonders malerisch liegt das einstige Lustschloss Maria Loretto, 1652 errichtet von Graf Andrä von Rosenberg, auf einem Halbinselchen in der Ostbucht. Von hier aus ist auch hoch auf einem Felsen über dem See das Schloss Freyenthurn zu sehen. Hallegg, Tentschach, Welzenegg und Ebental sind nur einige weitere Herrschaftshäuser rund um Klagenfurt.

Velden, der Ort, wo Felben (Weiden) am Bächlein wachsen, diese kleine Welt im Grünen, gewährt seit jeher dem süßen Nichtstun, dem Träumen weiten Spielraum. Und das Schloss Velden, eigentlich »a Schlösserl«, aber sehr berühmt, war schon immer seit seiner Errichtung um 1600 durch den Freiherrn Bartholomäus Khevenhüller, damals Klagenfurter Burggraf und Mitglied der

Alte Ansicht und imposanter Blickfang: Velden, 1927

Kärntner Landstände, über Jahrhunderte hinweg Anziehungspunkt für Adel und Politik, Kunst und Gesellschaft, Schickeria und Reiche, die manchmal auch schön waren.

Nachdem große Teile des ursprünglich dreigeschossigen Renaissancebaues mit vier polygonalen Ecktürmen 1762 durch einen Brand vernichtet worden waren, erwarb 1890 der Wiener Porzellanindustrielle Ernst Wahliss die Ruine und ließ das Schloss vom Wiener Architekten Wilhelm Heß nach Originalplänen wiederaufbauen und in ein Hotel umgestalten.

In der guten alten Zeit waren die englischen Royals wie Queen Mary, außerdem William Somerset Maugham, Bing Crosby und – inkognito mit seiner Freundin – der schwedische König Gustav VI. Adolf Gäste an der »österreichischen Riviera« im Schatten der Karawankenkette. 1990 machte die deutsche Playboy-Legende Gunter Sachs (1932–2011) Schloss Velden zu seiner Privatresidenz. Er erwarb es für 160 Millionen Schilling (umgerechnet 11,5 Millionen Euro) von Elsa Böhm, der letzten Erbin des Anwesens, und stellte fest: »Früher war Velden ein Paradies und wirklich ein Ort von Lebensfreude – noch lange bevor es Saint-Tropez gab.« Der Milliardär, Kunstliebhaber und Fotograf sorgte mit Gästen wie Brigitte Bardot und Sophia Loren für Schlagzeilen und ließ seine 200 Quadratmeter große extravagante Turmwohnung von den Graffiti-Künstlern Dare alias Sigi von Koeding und Toast alias Ata Bozaci mit zum Teil futuristischen Wandgemälden und Pin-up-Schönheiten als Gesamtkunstwerk gestalten. Und knüpfte damit an die Vergangenheit an: Schon 1969 waren Pop-Art-Künstler wie Andy Warhol und Roy Lichtenstein von Sachs eingeladen, seine Turmwohnung im Palace Hotel von St. Moritz zu bemalen.

Sachs hatte einen großen Traum und wollte aus dem Schloss ein schickes Hotel machen. Das sollte die Reichen anziehen. Doch das Projekt scheiterte. Angeblich hatte die Gemeinde Velden ihm zugesagt, die Uferstraße zwischen Schloss und See für den Durchgangsverkehr zu schließen, wollte später davon allerdings nichts mehr wissen. Es gab keine Einigung. 1993 stoppte Sachs die Renovierungsarbeiten. Das Schloss fiel in einen Dornröschenschlaf bis zum erneuten Verkauf der Immobilie 2003 um 22 Millionen Euro an die Hypo-Alpe-Adria-Bank.

Die Karriere des Filmdrehorts Wörthersee begann bereits 1948 mit Hubert Marischkas *Der Herr Kanzleirat*, in dem Hans Moser mitwirkte. In den Jahren danach wurden der See, das Schloss und die dramatisch schöne Umgebung immer wieder in Szene gesetzt. Vor allem bei einer Reihe von Klamaukfilmen unter anderen mit Toni Sailer, Hans-Joachim Kulenkampff und Peter Kraus. Das Schloss mit der schönbrunngelben Fassade, den vier verspielten, haubenbedeckten Ecktürmchen und dem verschnörkelten Tor diente dabei vielfach als Film- und TV-Filmkulisse, unter anderem für die Komödie *Du bist die Rose vom Wörthersee* (1952) mit Waltraut Haas und Hans Moser, *Happy-End am Wörthersee* (1964),

Schlagerstar Roy Black vor dem Schloss am Wörthersee in Velden, 1980

Wenn die tollen Tanten kommen (1970) und später auch für *Die Supernasen* (1983) Thomas Gottschalk und Mike Krüger. Otto Retzer als narrischer Kellner auf Wasserskiern, der Champagner auf dem Tablett bei der Werzer-Terrasse serviert, und die Brettl-Akrobaten auf der Schanze im See waren unvergessene Szenen in den Spaß-Movies.

Anfang der 1990er-Jahre war Velden der Heile-Welt-Schauplatz für ein Schnulzodram: die beliebte 34-teilige Fernsehserie *Ein Schloss am Wörthersee*. In und um die Hotelkulisse tummelten sich nationale und internationale Stars und Sternchen: Der charmante Gerhard Höllerich alias Roy Black, die jugendlich wirkende Uschi Glas, Udo Jürgens, Telly Savalas, Helmut Fischer, Pierre Brice oder Linda Gray wurden vom gebürtigen Görtschitztaler und »Mr. Wörthersee« Otto Retzer oder von Holm Dressler für die Filmschmonzetten in Szene gesetzt.

Auch wenn jüngst vermutlich Fans die Büste des unvergesslichen Roy Black (1943–1991) gestohlen haben: Das Gefühl, in einem Heimatfilm zu urlauben, war gestern. 2011 wechselte das Hotel erneut den Besitzer. Karl Wlaschek, Gründer der Supermarktkette Billa, erwarb die Immobilie und erfüllte sich damit einen lang gehegten Traum. Als »Charly Walker« war er nach dem Zweiten Weltkrieg Barpianist im Schloss gewesen, das nun ihm gehörte. Und sein Lieblingsdrink, der Pimm's-Cup-Cocktail, steht immer noch auf der Barkarte.

Betrieben wird das nach erneuter Renovierung im April 2012 wiedereröffnete und mittlerweile ganzjährig geöffnete Haus als Falkensteiner Schlosshotel Velden. Es hat sich neu erfunden in einer Kombination aus Schlossromantik und Hightech-Luxus. Ergänzt um einen supermodernen Erweiterungsbau aus weißem Beton und Glas: exklusiven Residenzen, sprich Eigentumswohnungen mit Seeblick im Schlosspark für die mehr oder weniger distinguierte Klientel des europäischen Geldadels und Neureiche. Während draußen maßgeschneiderte Mahagoni-Boote des Schiffdesigners Carlo Riva anlegen. Und die Promenade vor dem Hotel an Sommertagen zum Laufsteg fürs Sehen und Gesehenwerden wird. Für viel aufgeplusterte Reality-Soap und Publikum mit festem Willen zum Amüsement.

Ein greiser Scheich aus dem Orient belegte mit seinem Hofstaat gleich vier Wochen lang 30 Gemächer und genoss das Winterwetter in Österreich ebenso wie den Fünf-Sterne-Service des Luxushotels. Zur 300 Quadratmeter großen Kaiser-Suite gehört auch der persönliche Butler oder eine moderne Wünsch-dir-was-Fee. Für manchmal spezielle Wünsche. Die Aufgabe dieses Personal Assistant ist es, den Gästen jeden Wunsch von den Lippen abzulesen, und sei er noch so skurril. Von der Badehose für den Junior bis zum Helikoptertransfer nach Venedig wurde bereits alles angefragt und erfüllt. Auch ein Halal-Barbecue für 50 arabische Gäste am See. Oder die Organisation eines wissenschaftlich ausgebildeten Ornithologen für zwei Kinder.

»Wenn Sie nach dem Preis fragen müssen, dann ist es sowieso zu teuer«, ist natürlich nichts, was man in der Nobelherberge einer Wald-und-Wiesen-Touristin wie Lieschen Müller aus dem Ruhrpott mit überschaubarem Urlaubsbudget ins Gesicht sagen würde. Lebt denn nicht jeder immer in der Spannung, was man möchte und was man sich leisten kann? Da genügt ein diskreter Hinweis darauf, dass das Haus durchaus Gäste hat, die sich beim Frühstück das Hotel kaufen könnten, wenn man sie denn ließe. Oder die Trostspende der Milliardärin Ingrid Flick, wenn sie aus Erfahrung spricht: »Es tut nicht weh, viel Geld zu haben.«

22 Tee-Importeure und Sammler

Rosentalerstraße 49, Velden

Über die Pioniere einer Gegenkultur zu Kaffeekränzchen und einen großen Kunstfälscher-Skandal.

Sie hieß nicht immer so, die Villa Augusta, versteckt hinter Bäumen und Sträuchern in Velden in der Rosentalerstraße 49. Zuerst wurde das 1867 bis 1870 entstandene Gebäude nach seinem Bauherrn benannt: Carl Trau, einem Wiener Teeimporteur und Kunst- und Antiquitätenliebhaber. Er begründete den Sammeleifer – mehr noch: die Sammelwut – von mehr als drei Generationen seiner Familie. Später kam die Villa Trau in den Besitz eines Mannes, der als Wirtschafts- und Industriefachmann und Politiker für Österreich prägend war: Alexander von Peez.

Im sogenannten guten alten Wien war der Dampf, der aus der Teetasse steigt, zuerst nur den ersten Häusern vorbehalten. Zunächst in Adelskreisen verbreitet, ist er jetzt auch dort zu finden, wo »die letzten Häuser stehen«, schrieb *Die Presse* im November 1857. »Der Kneipbruder und die Kaffeeschwester haben sich zusammengetan, um eine Teegesellschaft zu bilden. Der Tee ist in Wien der jüngste Repräsentant des Anspruchs, zu den ›gebildeten Kreisen‹ gezählt zu werden, in denen man zuweilen in mehreren Sprachen nichts zu sprechen weiß.«

Der kaiserliche Hauptmann Christoph Carl Fernberger von Eggenberg, der als erster österreichischer Weltumsegler gilt, erwähnt schon im Jahr 1624 in seinem Bericht *Unfreiwillige Reise um die Welt 1621–1628*, einer Art oberösterreichischem *Simplicissimus*, das »Kraut, was die Chinesen Tee nennen«. Im 16. Jahrhundert gelangt das »Teekraut« durch eine holländische Handelsflotte erstmals nach Europa und verbreitet sich vor allem in England und Spanien.

Wiens erstes und ältestes Etablissement für die Gegenkultur zu Kaffeekränzchen ist »C. Trau's Thee-Handlung«, 1850 vom aus dem

Die um 1870 erbaute Villa des Wiener Teeimporteurs Carl Trau, heute Villa Augusta

Rheinland über Klagenfurt nach Wien eingewanderten Drogisten Carl Trau (1811–1887) in der Wollzeile 1 gegründet. 1872 wird ihm der Titel eines k. u. k. Hofthee-Lieferanten verliehen. Er importiert seine Ware nicht mehr aus London oder den Hansestädten, sondern direkt aus China und Japan. Die Geschäfte florieren, auch durch die Wiener Weltausstellung 1873. Zunächst bei Trau angestellt, hatte da bereits Johann Baptist Schönbichler (1844–1911) schräg gegenüber seine Tee-Großhandlung in der Wollzeile Nr. 4 eröffnet.

Beim Tee-Pionier stellt sich aber vor allem eine Frage: Sind Sammler glücklichere Menschen? Denn zu Wohlstand gelangt, sammelt Trau, an Kunst und Antiquitäten interessiert, Porzellane, vor allem aus China und Japan, außerdem kostbare Inkunabeln und Miniaturhandschriften. 1864 überlässt er mehrere Exponate dem neu gegründeten Österreichischen Museum für Kunst und Industrie (heute: Museum für angewandte Kunst) in Wien. Das geradezu fanatische Sammeln liegt in der Familie. Bei Traus Sohn wird die Leidenschaft zur Obsession, deren beide Pole Raffgier und Neugierde sind, und zum Wissen, dass jede Sammlung, die nicht erweitert wird, eine tote Sammlung ist: Franz Trau (1842–1905), der die Teehandlung 1868 übernimmt und zum führenden Haus der Monarchie ausbaut, konzentriert sich außer auf griechische und römische Ausgrabungen hauptsächlich auf Münzen und Viennensia. Wobei der gebürtige Klagenfurter als anerkannter Experte auch eine Reihe wichtiger Fachbücher zur römischen Münzkunde publiziert.

Ob ihm die Lust und die Sucht des Sammelns jemals zur Last geworden sind? Mehr als 4000 Stücke umfasst seine Kollektion römischer Kaisermünzen sowie Kärntner Münzen des 16. bis 18. Jahrhunderts, unter anderem von Maximilian I. bis zu Karl VI., außerdem Prägungen der Landschaft, der Stifter, Herren und Städte Kärntens. Nicht nur numismatisch, sondern auch kulturhistorisch interessant sind die seltenen Prämienmedaillen der evangelischen Landschaftsschule in Klagenfurt aus dem 16. Jahrhundert. Die Kärntner Geschlechter der Dietrichstein, Khevenhüller und Ortenburg sind durch etliche Münzen und Medaillen vertreten. Zu den schönsten Stücken der 1935 versteigerten Sammlung aber gehören einige Stücke der Bischöfe von Gurk, so eine goldene Medaille mit dem Brustbild des Bischofs Johann Jakob Graf Lamberg und ein Taler von 1553 des Bischofs Johann VI. von Schönburg.

Jeder Sammlung wohnt ein Zauber inne. Traus vielfältiges Interesse konzentriert sich auch auf Viennensia, die er im großen Stil zusammenträgt: Buch und Bild, Grafik und Theaterzettel, Handschrift und Medaille. Von Nestroy besitzt er die Originalmanuskripte beider Teile seiner populärsten Posse, des *Lumpazivagabundus*, 18 Grillparzer-Autografen, Briefe und Stammbuchblätter sowie ein Dutzend von Gedichten, Liedstrophen und Briefen Ferdinand Raimunds. So fördert Trau mit seinen Schätzen wissenschaftliche Arbeit und unterstützt die kritischen Gesamtausgaben der Dramatiker Grillparzer, Raimund und Nestroy.

Trau, ab 1870 Schätzmeister für Antiquitäten, leitet im April 1887 die Versteigerung des Nachlasses von Hans Makart für dessen Witwe Bertha. Sie verkauft ihren ganzen Besitz mit Ausnahme einer Villa in Kaltenleutgeben, um eventuell in Paris wieder als Tänzerin an der Großen Oper aufzutreten. Und die Satirezeitschrift *Kikeriki* witzelt, »dass bei der von Seite der Witwe Makarts veranstalteten Auktion des künstlerischen ›Nachlassrestls‹ ihres verewigten Gatten alle Gesellschaften vertreten waren, bis auf – die Pietät«. Makarts Bilder unter den 167 Objekten an Kunst- und Einrichtungsgegenständen in der Drei-Zimmer-Wohnung in der Doblhoffgasse 5 fanden ein unerwartet geringes Interesse und im Auktionsleiter Trau nur einen Scheinkäufer, da die Anwesenden keine Gebote abgaben. Der Gesamterlös beträgt am Ende nur etwa 13 000 Gulden.

Franz Trau spielt auch in einem berühmten Kunstfälscherskandal eine Rolle: Er erkennt die Tiara des Saitaphernes als Fälschung, im Gegensatz zu den Experten des Pariser Louvre, wo die goldene Kopfbedeckung, die angeblich dem Skythenherrscher Saitaphernes gehörte, 1896 angekauft wird. Wobei alles in Wien begann. Im Februar 1896 war ein russischer Kaufmann in die Donaumetropole gekommen – mit altertümlichen goldenen Schmucksachen, Spangen und Ringen, Ohrgehängen und Halsbändern im Reisekoffer. Vor allem aber mit einer hohen Goldmütze in prachtvoller getriebener Arbeit, eben der Tiara. Nach der Behauptung des Händlers war der ganze Schatz in Südrussland nahe dem alten Olbia gefunden worden.

Toute Vienne bestaunte mit andächtiger Bewunderung die goldene Krone, ausgestellt im Kunsthistorischen Museum. Der österreichischen Unterrichtsverwaltung wurde sie für 78 000 Gulden angeboten. Da Zweifel an deren Echtheit aufkamen, knüpfte der damalige Minister Freiherr von Gautsch den Kauf an zwei Bedingungen: ein einstimmiges Urteil der Sachverständigen des Österreichischen Museums für Kunst und Industrie sowie die Entnahme einer Goldprobe und chemischen Untersuchung im Münzamt.

Die Tiara des Saitaphernes, 1896 vom Louvre erworben, entpuppte sich als Fälschung.

Weil beides nicht zustande kam, unterblieb der Ankauf. Ebenso im British Museum in London. Zur Komödie der Kunstszene wurde der Coup, bei dem sich eine ganze Reihe von Experten bis in die Knochen blamierten, erst, als der Goldhelm im Pariser Louvre landete, wo man die in Odessa vom Juwelier Israel Ruchomowskij hergestellte Fälschung zu spät erkannte.

Franz Trau der Jüngere (1881–1931) übersiedelte 1907 das Teegeschäft von der Wollzeile 1 auf den Stephansplatz 10 und erbte von Vater und Großvater nicht nur die Sammelleidenschaft, sondern als Liebhaber römischer Münzen und Mitglied der Numismatischen Gesellschaft auch einige der größten in Privatbesitz befindlichen Kunstsammlungen der Monarchie. Zu den bewahrten und ergänzten Beständen des Vaters kamen Bleistiftskizzen von Rudolf von Alt, Zeichnungen von Josef Danhauser und fast 100 Aquarelle des Wiener Vedutenmalers Vincenz Havlicek.

Ein theaterhistorisches Prachtstück ist das Ölbild der Therese Krones, gemalt von Josef Weidner. Den Kern der Büchersammlung bilden Wiener Drucke und Raritäten: Prachtvolle Inkunabeln sind ein Winterburgerdruck aus dem Jahr 1493, der das Begräbnis Kaiser Friedrichs III. schildert, dann ein Druck Stefan Koblingers aus dem Jahr 1482, der vielleicht früheste Wiener Druck überhaupt, und schließlich das berühmte Wiener Heiltumsbuch aus dem Jahr 1502, das schönste der frühen Wiener Holzschnittbücher. Fast jedes der Prachtstücke könnte eine Geschichte erzählen. Zum Beispiel vom jahrzehntelangen Jagdfieber seines Besitzers, von einer strapaziösen Suche im In- und Ausland nach der Seltenheit und schließlich vom glückhaften Rausch des Eroberns. Und dem Wunsch, am Geheimnis des Schöpferischen teilzuhaben. An Autografen besaß Trau zwei Preziosen von Goethe und Schiller, ein Briefchen Josef Haydns an Artaria, ein Musikmanuskript Mozarts, zwei Musikstücke und einen Brief Ludwig van Beethovens sowie eine Kostbarkeit von Schubert: die 32 Seiten Querfolio umfassende Originalhandschrift der Komposition der Schiller'schen Ballade *Der Taucher*. 1813 datiert, ist sie eines der frühesten Werke des damals 16-jährigen Musikgenies.

Im barocken Palazzo Ca' Pesaro mit eleganter Marmorfassade in Venedig besitzt das Museum für orientalische Kunst eine der bedeutendsten Sammlungen japanischer Kunst aus der Edo-Zeit (1603–1867). Prinz Heinrich von Bourbon-Parma (1851–1905) hatte sie ursprünglich auf seinen Reisen durch Asien zusammengetragen, mehr als 30 000 Gegenstände, unter anderem Schwerter, Dolche, Rüstungen, Lackarbeiten und Porzellan. Franz Trau erwarb 1907 die Sammlung im Palazzo Vendramin in Venedig von dessen Witwe. Die fernöstlichen Kunstobjekte, die er von Experten katalogisieren ließ, wurden nach dem Zweiten Weltkrieg beschlagnahmt und gingen in italienischen Staatsbesitz über.

In der Villa Trau in Velden verbringt Mitte der 1880er-Jahre ein Pionier der industriellen Organisation in Österreich viele Sommer und lässt das sogar im öffentlichen Adressbuch eintragen: Dr. Alexander von Peez (1829–1912), in Wiesbaden geboren, ist Parlamentarier und Publizist, Nationalökonom und einer der bedeutendsten Handelspolitiker seiner Zeit. Durch seine Initiative entstehen in Österreich der Verein und der Klub der Industriellen sowie der Verein der Montan- und Eisenindustriellen.

In einer Zeit aufkommender Schutzzölle wird er Sekretär des Vereins österreichischer Industrieller in Wien und 1866 österreichischer Staatsbürger, ehe die Loslösung Österreichs vom Deutschen Bund erzwungen wird. 1899 in den österreichischen Adelsstand erhoben, ernennt man ihn im Dezember 1902 zum Mitglied des Herrenhauses auf Lebenszeit, wo er sich der Verfassungspartei anschließt. Er sucht das geschichtlich Interessante und »schürft den Boden der Vergangenheit aber nicht bloß auf, um seiner Phantasie ein Festmahl zu bereiten, sein Blick dringt weiter, und sein praktischer Sinn zieht Schlüsse für Gegenwart und Zukunft«, so der Schriftsteller Adam Müller-Guttenbrunn. »Für ihn war Geschichte nicht ein Totes, für ihn lebte und wirkte sie in allem fort, was er sah.«

Peez gründet in Weißenbach an der Enns eine Zellulosefabrik und mahnt zum wirtschaftlichen Zusammenschluss der Staaten Europas gegen die »drohende Gefahr« im Wettbewerb mit den »Vereinigten Staaten von Nordamerika«. 1903 regt er den Bau des Hauses der Industrie am Wiener Schwarzenbergplatz Nr. 4 an, das Kaiser Franz Joseph am 5. März 1911 eröffnet. In dem werden 1955 die Gespräche zum Abschluss des österreichischen Staatsvertrages geführt und im Großen Festsaal ab 2007 die satirische TV-Talkshow *Wir sind Kaiser* aufgezeichnet.

Englands Vorherrschaft ist der Titel seines letzten Buches, das erst posthum erscheint. Mit dem amerikanischen Bürgerkrieg der 1860er-Jahre, mit den Eroberungszügen Russlands in Asien, Frankreichs in Afrika, mit dem Erwachen des britischen Imperialismus unter Disraeli war eine neue Zeit hereingebrochen, das Zeitalter des Imperialismus und der wirtschaftspolitisch herrschenden Riesenreiche England, USA und Russland.

Im Spätherbst seines Lebens zieht sich Peez ins Haus seines Schwiegersohnes Moritz Ritter von Vivenot in der Bachgasse 15 in Weidling bei Klosterneuburg zurück. Ein rüstiger Achtziger, der es liebt, mittags von zwölf bis eins und ab drei Uhr nachmittags wieder spazieren zu gehen. Der im Juni immer noch in sein Landhaus nach Kärnten fährt und im September bereits an die Übersiedlung nach Wien denkt, wo er in der Metternichgasse 10 zu Hause ist. »Er suchte die Sonne, ich den Schatten; ich hielt nach Tisch gern eine kleine Siesta, er aber verachtete das«, so Müller-Guttenbrunn. »Zeitlebens hatte er seinen Körper gestählt und in Übung erhalten, aufrecht ging er einher, und eine zwei- bis dreistündige Wanderung über Berg und Tal merkte man ihm noch mit Einundachtzig kaum an.«

Als seine Augen nachlassen und seine rechte Hand oft vom Schreibkrampf heimgesucht wird, nimmt er sich eine Vorleserin und Schreiberin, der er diktieren kann. Sie geht auf seinen Spaziergängen oft neben ihm her und liest ihm die Zeitung vor. »Wenn er auf dem Weidlinger Promenadeweg zu mir hinauskam, hatte er unterwegs den ganzen Inhalt der Zeitung kennengelernt. Dann verabschiedete er sein Fräulein. Der Mann wußte mehr von Himmel und Erde als wir alle. Er wußte auch mehr von Österreich als ganze Geschlechter, die da geboren werden, sich zu Tode leben und wieder verschwinden.«

»Voll Humor und Witz war der alte Herr bis in die letzte Zeit seines Lebens. Einmal begegneten wir auf dem Promenadeweg, wo zufällig mehrere Hunde herumliefen (mein Dackel war auch dabei), einem großen, löwenartigen Bernhardiner«, berichtet Müller-Guttenbrunn. »Peez ergötzte sich daran, wie sich all diese Hunde benahmen, wie sie Spalier bildeten, wie einige den Großen furchtsam umschmeichelten und beleckten, während andere die Schwänze einzogen und sich drückten. Und ein weißer Spitz, den der Löwe ein wenig beroch, schien glückselig zu sein. In tollen Sprüngen setzte er seiner Frau nach. Mein Begleiter war stehen geblieben und stieß mich an: ›Tun die nicht alle, als ob sie Menschen wären?‹, fragte er, und aus seinen Augen blitzte der Schalk.«

23 Die Moderne am See

Auen-Waldpromenade 35 und 36, Schiefling

Am Südufer in Schiefling bei Velden steht ein fast schmuckloser Sommersitz im Abseits – ein Gesamtkunstwerk von Josef Hoffmann.

Ist das Leben denn ein Segen? Wir müssen uns ein Hinterstübchen offenhalten, mag er sich gedacht haben. Lange bevor Ratgeber zum Glücklichsein boomten, kannte sich Eduard Ast (1868–1945), einer der führenden Bauunternehmer der Monarchie, aus mit Komfortzonen. Für die gilt: Nur die Ruhe! Über taufrische Wiesen spazieren gehen und sehen, wie sich das Nebelmeer lichtet.

Am Südufer in Schiefling bei Velden, wo Gottes Atem leiser geht, lässt er sich im Jahr 1923/24 auf einer steilen, bewaldeten Anhöhe einen kubischen, fast schmucklosen Sommersitz ins Abseits stellen, dass man nur so schaut wie der Ochs, wenn's donnert. Kein Gemäuerblümchen, sondern ein Gesamtkunstwerk von Josef Hoffmann. Eines der bedeutendsten Kärntner Privathäuser des 20. Jahrhunderts. Hier ist Architektur, wie eine bekannte Definition dieser Disziplin besagt, nichts anderes als gefrorene Musik. Das Domizil an der Auen-Waldpromenade 35 und 36 in einer knapp 16 800 Quadratmeter großen Parkanlage mit Badehaus in einer Seerosenbucht ist bereits die zweite Villa Ast. Die erste, Baujahr 1910/11, auf der Hohen Warte an der Ecke Steinfeldgasse 2 und Wollergasse 12 in Unterdöbling war zugleich die letzte in der von Josef Hoffmann geplanten Künstlerkolonie.

Ast und Hoffmann. Beide sind Förderer der Wiener Secession und der Wiener Werkstätte. Bei dem Duo kommen unternehmerischer Mut und künstlerische Kreativität zusammen. Ast hat sich mit seiner 1898 gegründeten Firma von Anfang an das Ziel gesetzt, immer auf dem letzten Stand der Technik zu sein. Als Eisen in Beton eingebettet wird. Das Eisen ist der Knochen, der Beton das

Fleisch. Und Ast für Jahrzehnte Pionier bei der Einführung der Eisenbeton-Technologie in Österreich, etwa beim Sanatorium Purkersdorf oder bei der Verwendung von Spannbeton im Brückenbau.

Als Josef Hoffmann für Ast, den Baurat als Bauherrn, die 20-Zimmer-Villa auf der Hohen Warte plant, ist er bereits ein viel beschäftigter Architekt. Er arbeitet zur selben Zeit an seinem Opus magnum in Brüssel, dem sagenhaften Palais Stoclet für den reichen belgischen Eisenbahnunternehmer Adolphe Stoclet. Es ist eines der teuersten Privathäuser, die jemals gebaut wurden und eines der Hauptwerke des europäischen Jugendstils. Hoffmann vertritt das Konzept einer Raumkunst, die kein Detail des Zusammenspiels von Architektur, Inneneinrichtung und Kunstwerken dem Zufall über-

Das von Josef Hoffmann für den Bauunternehmer Eduard Ast 1926 erbaute Landhaus bei Velden

lässt. Sein Ideal: der »ewige Traum des Daseins in Schönheit, Güte und Harmonie«. Niemand zuvor hat darüber nachgedacht, dass die Kunst auch den Alltag durchdringen soll. Das betraf das Kinderzimmer genauso wie die Garderobe, also die Qualität der Kleidung, das betraf das tägliche Leben, wie der Tisch gedeckt ist, wie man wohnen soll. Bis hin zum Gemälde an der Wand.

Für Hoffmann ist das Landhaus in Velden nicht der erste Auftrag in Kärnten: Der Pionier der Moderne plant 1911 auch schon die nicht mehr erhaltene, nur 9 mal 15 Meter große, mit Holz und Korbwaren ausgestattete Villa im kleinen Örtchen Seeboden am Millstättersee für Sonja Knips (1873–1959): Die in Lemberg geborene Sophia Amalia Maria Freifrau Potier des Echselles entstammt einer alten, angesehenen österreichischen Offiziersfamilie, favorisiert nicht den historistischen Stil, sondern die neue Kunst und hat eine Vorliebe für die künstlerisch und ästhetisch hochwertigen Produkte der 1903 von Hoffmann, Gustav Klimt, Kolo Moser und dem Mäzen Fritz Waerndorfer gegründeten Wiener Werkstätte. Von Josef Hoffmann lässt sich das Ehepaar Knips zunächst die Wohnung in der Gumpendorfer Straße 15 renovieren und modernisieren, dann 1923/24 ein Haus in der Nusswaldgasse 22 entwerfen und schließlich das Familiengrab am Hietzinger Friedhof gestalten. Aber das Landhaus in Döbling – dem Zeitgeist entsprechend bereits mit dem Formenrepertoire des Art déco ausgestattet – macht Hoffmann Freude in der Erinnerung, dass er den Auftrag »ohne besondere Beeinflußung errichten durfte« und »mit großer Begeisterung innen und außen bis ins kleinste Detail selber entwarf«. Von Sonja Knips hatte Gustav Klimt 1898 eines seiner besten Frauenporträts gemalt, das dort im Speisezimmer hing. Es zeigt die in einem Lehnstuhl sitzende 25-jährige Industriellengattin in einer Flut von rosa Tüll – wie schwerelos in Pose und zugleich als flüchtige Momentaufnahme. Sonja Knips trennt sich erst am Ende ihres Lebens von dem Gemälde. 1950 verkauft sie es der Österreichischen Galerie im Belvedere – unter der Bedingung, es zu Lebzeiten als Leihgabe behalten zu dürfen.

Auch in der Villa Ast auf der Hohen Warte hängt, bis sie 1930 an Alma Mahler und Franz Werfel verkauft wird, im ovalen Damenzimmer im ersten Stock ein berühmtes Klimt-Gemälde: Auf der Kunstschau 1908 hatte der Bauunternehmer die »Danaë« um 8000 Kronen erworben. Heute ist das auf mehr als 40 Millionen Euro geschätzte Meisterwerk das Prunkstück der Sammlung Dichand.

Klimt und Hoffmann. Beide von ihrem Naturell her Einzelgänger, obwohl eng befreundet, schließen sich nolens volens zeitweilig einer Gruppe wie den Secessionisten an, um ihren revolutionären Ideen zum Durchbruch zu verhelfen, wie der Kunsthistoriker Alfred Weidinger erklärt: »Die beiden Künstler verbindet im Wesentlichen die Liebe zum Kunstgewerbe. Das hat Klimt ebenso wie Hoffmann groß gemacht. Und über die gemeinsame Vorliebe haben sie zueinandergefunden und gemeinsam zahlreiche Projekte realisiert.«

Durch die 1897 gegründete Secession hatten die beiden Kreativen eine Plattform, wo sie ihre Ideen weiterentwickeln konnten. Es begann damit, dass sie Künstler aus ganz Europa eingeladen haben, Ausstellungen abzuhalten. Bis die beiden begannen, miteinander zu arbeiten. Der eine als Architekt, der andere als Maler, und diese Zusammenarbeit wurde immer enger und enger. Ab der berühmten Beethoven-Ausstellung, einem spektakulären Ereignis. Malerei, Bildhauerei und effektvolle Raum-Inszenierungen ließen den Traum vom Gesamtkunstwerk 1902 für einige Wochen Wirklichkeit werden. »Der eine hat die Ideen des anderen aufgenommen«, sagt die Museumsdirektorin und Kunstmanagerin Agnes Husslein. »Das heißt, in Klimts Bilderwelt sind Hoffmanns Ideen eingeflossen und vice versa.«

Die Villa Ast bei Velden, verborgen im Wiesenland am Waldesrand, hat die Eleganz der äußeren Schmucklosigkeit. Andere Objekte sind vielspitzig und vielgiebelig und mit Erkern und Türmen verspielt in Szene gesetzt. Der von Hoffmann entworfene Baukörper ist hingegen mit elf horizontalen Streifen gegliedert und beim Wohntrakt rechts mit zwei Fensterreihen. Während scheinbar zufällig gestreute Rundfenster die Flächen des Flurtraktes links beleben.

Alles wirkt »wie aus Schichten aufgebaut«, sagt Wilhelm Deuer vom Kärntner Landesarchiv. »Vor dem Portal ist eine offene Vorhalle mit einem Bacchantinnenfries von Anton Hanak. Im Zuge der Aufstockung von 1934 schuf Hoffmann einen weiteren Fries im oberen Geschoss durch umlaufende, fast quadratische Fenster.« Dazu gehört eine Pergola aus sieben Stahlbetonbogen. Großteils erhalten geblieben ist Hoffmanns Originalmobiliar. Dem Eingang in die Halle gegenüber: eine Sitzecke an der Esszimmerwand mit den ovalen Durchblicken und der Glastür nach dem Speisezimmer. Die eingefasste Hallenwand öffnet sich zur lichterfüllten Gartennische im Hintergrund mit dem Gartenausgang. Die Eingangswand gegenüber gibt perspektivenreiche Durchblicke auf die Treppe ins Obergeschoss. Sie mündet dort in den durchlaufenden Flur mit den Schlafzimmertüren. Gelb gestrichene Weichholzmöbel in dem einen, mit Bezügen in gelbbraunem Ombré; Grün in Grün Möbel im anderen, die Bezüge grün ombriert; hell und dunkelblau gestrichen ein drittes, die Vorhänge an den Betten hellblau. Die zartfarbige Ombréfärbung der »Wiener Werkstätten«-Stoffe streut ihr Farbenspiel durch das ganze Haus, auch an den Lichtschirmen und den Möbelbezügen der Halle. Körper und Raum, Form und Farbe in vollkommener Harmonie: Das ist »Baukunst«.

Aber da ziehen am Horizont bereits dunkle Wolken auf. Harte Schicksalsschläge treffen die Familie Ast: Im April 1923 stirbt Sohn Eduard an Leukämie, nur ein Jahr später die 20-jährige Tochter Grete im Kindbett. 1932 beginnt die Schussfahrt in den wirtschaftlichen Untergang der Firma Eduard Ast & Co. mit einem Ausgleichsverfahren beim Wiener Handelsgericht. Als eine der größten österreichischen Baufirmen mit zahlreichen Zweigstellen beschäftigt sie in ihren besten Zeiten allein in Wien 89 Ingenieure, 16 Baumeister, 44 Bautechniker, 40 Beamte und bis zu 3000 Arbeiter und erwirtschaftet acht bis zehn Millionen Kronen Jahresumsatz.

Interieur, gestaltet von Josef Hofmann: das Herren-Schlafzimmer der Villa Ast

Ingenieur Ast als Alleininhaber der Firma kann zunächst noch einen aus der Kriegszeit stammenden Millionenverlust verschmerzen. Aber die Beteiligung beim Bau der großen Staumauer bei Vermunt im Montafon in Vorarlberg bringt den Unternehmer in akute Zahlungsschwierigkeiten. Auf den Ausgleich folgt im Jänner 1936 der Konkurs.

Da gab es auch schon die Wiener Werkstätte nicht mehr. Aber das ist eine andere Geschichte.

24 Vom Sommerhaus zur Festung

Auen-Süduferstraße 11, Schiefling

Das meistbesuchte Haus der Saison ist die von hohen Fichten umschattete Villa des Theatertausendsassas Hubert Marischka.

Velden im Sommer 1926. Wo sich Wien an der österreichischen Riviera bei Segelregatta und Schönheitskonkurrenz versammelt, so *Die Bühne*. Wo man trotz Dauerregen ruhig baden, kraulen, turnen, springen kann, oder Wasserball spielen, ohne das schlechte Wetter allzu sehr als Belästigung zu spüren. Wo beim Fünfuhrtee im Schlosshotel oder im Carlton sowohl im Strandpyjama getanzt und geflirtet wird wie auch im Imprimeekleid, mondän und ungezwungen. Sogar Charleston.

Beim Tennisturnier sieht man »sowohl auf den Zuschauerbänken als auch auf den Plätzen eine Fülle hübscher Frauen und Mädchen«. Die tadellose Tennisdress – plissiertes Crêpe-de-Chine-Röckchen mit einem dazugehörigen ärmellosen Jumper oder Pullover, zu denen sich der weiße Mantel und das breite Lenglenband gesellen – dominiert das Bild hochsommerlicher Eleganz. Samstagabends ist bei Werzer großer Ball mit Modeschau. Kleine, flinke Motorboottaxis halten den Verkehr über den See während der Nacht aufrecht und machen noch in den späten Morgenstunden ausgezeichnete Geschäfte. Man sieht viele bekannte Wiener Gesichter.

Das meistbesuchte Haus der Saison am Wörthersee ist die von hohen Fichten umschattete Villa des Theatertausendsassas Hubert Marischka in Auen/Schiefling bei Velden. Die Monarchie ist verblüht, der alte Glanz von Bad Ischl, der traditionellen Sommerzentrale der Wiener Bohème, verblasst. Zwar wurde auch noch nach dem Krieg manch Operette im Salzkammergut geboren, aber der Wörthersee ist das neue Ischl, das österreichische Deauville, das Zentrum eines neuen sommerlichen Wien.

Hubert Marischkas Landhaus in Auen bei Velden, 1926

Pörtschach – das Abbazia en miniature – ist laut. Anders damals Velden, das Stückchen Natur, das grün umrankte, das als imposanten Hintergrund die Kanzel, die Görlitze und weiter weg den Dobratsch hat. In Velden stehen die kleinen Villen am Waldesrand wie vergessene Pilze. Hier herrscht eine sanftere Note, hier haben die österreichischen Aristokraten ihre kleinen Sommersitze etabliert. Allmählich hat sich auch das Wiener Theater für Velden entschieden.

Und seit Marischka, Direktor des Theaters an der Wien, das Alpenhaus des Grafen Pallavicini in unmittelbarer Nähe des fashionablen Luxushotels Excelsior (1972 abgetragen) am Seecorso 73 gekauft und restauriert hat, schart sich um ihn nicht nur ein Trio lustiger Foxterrier, sondern die ganze Wiener Operette: Ralph Benatzky sagt charmant-witzig seiner Mimi Adieu – nur wenige Wochen nach der Uraufführung der Operette *Adieu Mimi* im Wiener Johann-Strauß-Theater. Fritz Grünbaum, der kleine Mann mit dem großen Humor und Texter des Schlagers *Ich hab' das Fräul'n Helen' baden sehn!*, begleitet Marischka im Motorboot. Auch Karl Farkas ist da, wenn er nicht gerade in Paris ist, und erzählt von den

Dolly Sisters und Maurice Chevaliers neuer Show *Paris en fleurs* im Casino de Paris.

Man bespricht eine große Revue mit 36 Bildern für das Wiener Stadttheater. Revue ist damals der Sammelbegriff für Inszenierungswunder, Ausstattungspracht und Frauenschönheit, Aktualität und Humor, zusammengehalten durch eine dünne Handlung, die nur die Stichworte für prunkvolle Bühnenbilder geben soll. Denn für *Wien lacht wieder* mit sechs Komponisten, mit Orchester und eigener Jazzband mit zwei Klavieren hatten Benatzky, Grünbaum und Farkas in Frankreich einen der leuchtendsten Schmetterlinge vom Pariser Nachthimmel als Sängerin engagiert. Außerdem reizende Girls, die sich, rot, grün, gelb und orange illuminiert, raffiniert ausgezogen und in Kleidern präsentierten, die keine waren. Dank des günstigen Franc-Kurses wurden mehr als 100 Kostüme und Dekorationen eingekauft. Auf dass das Publikum einigermaßen von der Erkenntnis betäubt aus der Vorstellung geht, dass das Leben doch schön sein muss.

Zu Marischkas Landsitz, der eine Kulisse aus dem *Weißen Rössl* sein könnte, gehören ein Teich mit Seerosen, ein gepflegter Park, ein kleiner Badestrand, Landwirtschaftsgebäude und eine Kutsche mit zwei schönen braunen Pferden. Sein Motorboot ist eines der elegantesten Wasserfahrzeuge auf dem See und heißt »Schorle-Morle« – nach der seit dem 18. Jahrhundert zuerst als Schurlemurle in Niederbayern überlieferten Bezeichnung für ein Mischgetränk aus Wein und Mineralwasser, hierzulande schlicht als G'spritzter bekannt.

Die Besucher bewundern die alpenländische Bauernarchitektur, das Schindeldach, den hölzernen Gang oben um das Haus herum, die gemalten Fensterläden, die Malereien an der glatten weißen Wand im Erdgeschoss und die Aussicht auf den See und die Karawanken. Das Interieur: Biedermeiermöbel, Geweihe als Luster, alte Decken auf den Tischen, ein Konzertflügel. Unten am See stehen noch immer zwei Faustkämpfer, klassische Statuen, die Erzherzog Franz Ferdinand dem Markgrafen Pallavicini geschenkt hat.

Hubert Marischka mit seiner Frau Lilian und ihren lustigen Foxln

Man kann mit dem Star der Operette, der mit dem Lied *Grüß mir die süßen, die reizenden Frauen im schönen Wien ...* aus der *Gräfin Mariza* gerade erst das Publikum erobert hatte, amüsant über Venedig und Rom plaudern, über das Bier in Pörtschach und die Regatta, über nächtliche Motorbootfahrten und Shimmy im Freien. Plötzlich ist man irgendwie wieder daheim in der Großstadt angelangt, spricht von Wiener Bekannten und Wiener Sorgen, und leise Wehmut fliegt über den See: Der Urlaub geht zu Ende, herbstlich schaukeln die Blätter zu Boden, in blauen Schatten verklingt das Lied des Sommers, während an der Endstation des Nachmittags über das Wasser hin eine populäre Geigenmelodie fliegt: *Die schönsten Augen hat meine Frau ...*, das Lied von Ralph Erwin, dem berühmten *Ich küsse Ihre Hand, Madame*-Komponisten.

Später beginnt die Karriere des Filmdrehorts Wörthersee mit Hubert Marischkas *Der Herr Kanzleirat* (1948). Hans Moser verliebt sich, begeht eine Reihe von Delikten wie Falschmeldung, Zechprellerei, Beamtenbestechung, Verleitung zu Familiendiebstahl und Ehestörung, wird außerdem in ein Pistolenduell und einen Autodiebstahl verwickelt – bis zum Happy End. »Wir hatten reizende Komparserie, da sich die Kurgäste mit Begeisterung für die Aufnahmen zur Verfügung stellten«, sagte der Produzent Eduard Hoesch. »Nur mit den Quartieren hatten wir unsere liebe Not. Die erste Nacht musste ein Teil des Stabes in einem leeren Waggon schlafen. Mein Zimmer aber diente die ganze Zeit als Büro, als Schminkraum, als Umkleidekabine und wurde auch noch zu den Regiebesprechungen herangezogen. Von morgens bis abends war ich angehängt und bin nicht ein einziges Mal zum Schwimmen gekommen. Dabei hatte ich mich so auf diesen Urlaub gefreut.«

Als Nächstes wurde in Velden die Komödie *Du bist die Rose vom Wörthersee* (1952) abgedreht. Und »das Schönste war« für das Script-Girl Gusti Klenner, »dass wir das Schlagerlied des Films, die *Rose vom Wörthersee,* bereits populär gemacht haben. Die Kapellen von Velden haben's in ihr Programm aufgenommen, und das Publikum singt es auf der Promenade und am Strand bereits mehr oder weniger richtig mit.«

In den Jahren danach wurden der See, das Schloss Velden und die dramatisch schöne Umgebung immer wieder in Szene gesetzt. Vor allem bei einer Reihe von Klamaukfilmen, unter anderen mit Toni Sailer, Hans-Joachim Kulenkampff und Peter Kraus. Nach Komödie und Klamauk hielt sogar das große Kino Einzug am Wörthersee, zumindest was die Besetzung betrifft: Rex Harrison, Shirley MacLaine, Ingrid Bergman, Jeanne Moreau und Alain Delon spielten im britischen Episodenfilm *Der gelbe Rolls-Royce*.

Marischkas Anwesen gehörte einige Zeit Leo Kirch, jahrzehntelang der mächtigste Medienmogul und bis 2002 einer der schillerndsten und umstrittensten Unternehmer Deutschlands. Zu seinem Imperium zählten ganz oder teilweise: Premiere (heute Sky), ProSieben, Sat.1, Kabel 1, der Springer-Verlag *(Bild)*, die Fernsehrechte von Filmen, Fußball und Formel 1 … Er hatte einen der größten Film- und Fernsehkonzerne Europas aufgebaut, ehe er nach großen Verlusten mit Pay-TV pleiteging. Kirch verkaufte seine Schiefling-Villa am Südufer schließlich an den Milliardär Friedrich Karl Flick, meist kurz FKF genannt, der sie – zum Ärger der Anwohner – zu einer Festung ausbauen ließ und noch Residenzen in Seeshaupt, Bad Tölz, Wildbad Kreuth, Wien, Palm Springs und Düsseldorf, am Bodensee, auf den Bermudas, an der Côte d'Azur und im Münchner Herzogpark mit Panzerfenstern und einer Terrasse zur Isar hin besaß.

Flicks Beruf: Erbe. Mit dem Imperium aus Kohle und Stahl und einem Konzern mit 140 000 Beschäftigten weiß er nichts anzufangen. Sein Vermögen: geschätzte 6,8 Milliarden Euro. An den Wörthersee zieht der steinreiche deutsche Industriellensohn und Wahlösterreicher aus steuerlichen Gründen 1994 mit seiner dritten Ehefrau Ingrid Ragger. Hier wachsen auch die Zwillinge des Paares, Victoria-Katharina und Karl-Friedrich, auf. In seiner Villa bei Velden stirbt Flick, den das US-Wirtschaftsmagazin *Forbes* gerade erst wieder unter die 100 Reichsten der Welt gereiht hat, am 5. Oktober 2006 mit 79 Jahren.

Der mitunter schrullige Krösus hatte immer ein Faible für große Feste und rauschende Partys, bei denen er manchmal mit einem Taschenspiegel beobachtete, was gerade hinter seinem Rücken vorging. Sein Leben führte er stets im Wechselspiel zwischen Zurückgezogenheit und High Society, ständig pendelnd zwischen seinen Refugien in Österreich, Deutschland und Übersee. Auf seinen ausgedehnten Jagden bewirtete er den europäischen Hochadel und erdnahe Wiener Bekannte. In der Eden-Bar, wo er einst mit Franco Andolfo Duette geträllert hatte, fühlte er sich bis zuletzt ebenso zu Hause wie am Opernball.

Flick kam mit dem großen Parteispendenskandal in den frühen 1980er-Jahren in die Schlagzeilen, als bekannt wurde, dass sein Konzern von 1969 bis 1980 Politiker praktisch jeder Couleur bestochen hatte. Das politische System in Deutschland ist in einer Krise bis dahin nicht gekannten Ausmaßes, das Nachrichtenmagazin *Der Spiegel* titelt: »Die gekaufte Republik«.

Nach dem als Flick-Affäre bekannten Polit-Skandal und zwei Jahre nach seinem Tod ist der ehemalige Großindustrielle 2008 noch einmal Thema für die Zeitungen: Der Sarg mit der Leiche von FKF, der sich zeitlebens vor Entführungen gefürchtet hatte, wird Anfang November 2008 aus dem Mausoleum am Friedhof in Velden gestohlen, nachdem unbekannte Täter eine mehrere Hundert Kilo schwere Granitplatte zur Seite gerückt hatten. Ein Jahr später ist er wieder da, wird in Ungarn entdeckt. Nach einem Zeitungsbericht steckt eine Bande aus Ungarn und Rumänien hinter dem Diebstahl, die kurz nach der Entführung des Sarges Lösegeld von der Familie fordert – angeblich eine Summe in Millionenhöhe. Die sechs Männer seien in Budapest verhaftet worden.

Ingrid Flick, die Witwe, residiert weiter in der Hochsicherheitsvilla auf der Halbinsel am Südufer in Schiefling/Auen hinter blickdichten hohen Zäunen, als wär's ein Tresor von Fort Knox, in ihrer Flick-Villa mit Hubschrauberlandeplatz auf dem Dach. Als Hauptsitz sozusagen, denn die Flick-Stiftung hat unterdessen eine ganze Reihe weiterer Wörthersee-Grundstücke erworben. Und wenn es zwischen den Reichen und Schönen immer wieder Streit mit Anwohnern wie den Porsches oder Heidi Horten um beabsichtigte Straßenverlegungen, Umwidmungen, Zugangsrechte zum See und die Anzahl begrenzter Bootslizenzen gibt, dann titelt der deutsche Boulevard: »Zoff am goldenen Gartenzaun«. Aber eine reiche Frau ist oft auch nur eine arme Frau mit sehr viel Geld.

25 Das Landhaus des Zwölftonkomponisten

Auen-Bergweg 22, Schiefling

Im 1932 ersteigerten »Waldhaus« in Auen arbeitet Alban Berg an der Oper *Lulu* und an seinem Violinkonzert, das er »dem Andenken eines Engels« widmet.

»Seit ich ein Auto hab, hab ich kein Asthma mehr«, jubelte Alban Berg (1885–1935) ganz verliebt in seine Neuerwerbung anno 1930: einen blau-schwarzen Ford A mit ausklappbaren Notsitzen. Über sein Sportcabriolet, das der Komponist von den Tantiemen seiner Erfolgsoper *Wozzeck* gekauft hatte und an dessen beiden Türen er eigens die Initialen »AHB« für Alban und Helene Berg anbringen hatte lassen, schrieb er: »Mit seinen 40 PS bezwinge ich jede Bergstraße mit Leichtigkeit.« Und Ende Oktober 1930: »*Lulu* habe ich um ein gutes Stück weitergebracht. Meinen Ford allerdings noch weiter und höher.« Das historische Automobil, das Musikgeschichte erzählt, wurde dank der Alban-Berg-Stiftung 2015/16 zu einer Attraktion im Technischen Museum Wien: Dort steht der bis heute fahrtaugliche und weitgehend authentische Oldtimer im 4. Stock vor der Musikinstrumenten-Sammlung als Dauerleihgabe in seiner »Garage«, einem übergroßen Geigenkasten.

Der Oldtimer ist Teil einer bewegten Auto-Biografie aus einer Zeit, da ein Privatauto ein Zeichen für Prestige und Wohlstand war. 1930 kam auf 292 Einwohner ein Auto, während heutzutage jeder zweite Österreicher einen Pkw besitzt. Als stolze Besitzer ließen Alban und Helene Berg sogar eigens Postkarten drucken, auf denen sie mit ihrem Gefährt – von ihnen liebevoll »der blaue Vogel« genannt – abgebildet waren.

Auf einem kleinen Hügel am Südufer, am Auen-Bergweg 22, liegt, eingerahmt von schattenspendenden Bäumen, der Ort der Stille und der Musik: Hier hat sich der vielleicht prominenteste Schüler von Arnold Schönberg in einer unruhigen Zeit zwischen

Alban und Helene Berg mit ihrem geliebten »Auterl«, einem Ford-A-Cabrio, 1930

Jahrhundertwende, Erstem Weltkrieg und aufkeimendem Nationalsozialismus dank des immensen Erfolges der Oper *Wozzeck* den Traum vom eigenen Landhaus in Kärnten erfüllt. Wohl auch in Erinnerung an seine Kindheit und glückliche Ferientage mit Eltern und Geschwistern am »Berghof«, dem damaligen Familienbesitz am Ossiacher See.

Das am 7. November 1932 bei einer Auktion im Bezirksgericht Klagenfurt ersteigerte »Waldhaus« im romantisch-alpinen Heimatstil wird zu seiner neuen Wahlheimat. Zum ständigen Wohnsitz. Eigentlich ist der Einzug für Mitte Mai 1933 geplant, doch die Wasserleitung funktioniert noch immer nicht, die bereits betonierte Garagenzufahrt muss, weil viel zu steil, erneuert werden. Außerdem haben die Maler Helene im Stich gelassen. »Es hat keinen Zweck, wenn Du herkommst«, schreibt sie ihrem Mann. Wie es innen aussieht, verrät die Autorin Barbara Meier in ihrer Alban-Berg-Biografie: »Über eine Treppe gelangt man in den geräumigen Wohnraum, rechts davon befindet sich die Küche, außerdem gibt es ein Zimmer für Helenes Bruder Franzl. Darüber liegen die beiden Schlafzimmer des Ehepaars, hier oben hat Berg auch sein Arbeitszimmer, von dem er auf den See blicken kann.«

»Er hat es herrlich schön auf seinem Besitz«, berichtet Anton Webern von einem Besuch bei Berg im Oktober. Das »Waldhaus« wird Bergs Werkstatt, in der er, ungestört von Besuchern und Schülern, den Sommer über und auch im Winter 1933/34 komponiert. Zu dieser Zeit arbeitet Berg an seiner 1928 begonnenen, aber unvollendeten Oper *Lulu*. Morgens komponiert er, anschließend schwimmt er eine Runde im See, mittags macht er Pause, arbeitet danach weiter, unternimmt spätnachmittags Wanderungen oder Ausflüge im Cabrio.

Woran arbeiten Sie? Auf die Umfrage des *Neuen Wiener Journals* am 27. Mai 1934 antwortet Alban Berg: »Ich habe soeben in meinem ›Waldhaus‹ am Wörther See die Komposition der Oper *Lulu* nach Wedekinds Tragödien *Erdgeist* und *Büchse der Pandora* beendet und schreibe jetzt die Partitur.«

Lulu ist die Geschichte einer Femme fatale, die jeden, der ihr verfällt, und schließlich sich selbst ins Unglück treibt. »Sie ward geschaffen, Unheil anzustiften, zu locken, zu verführen, zu vergiften – zu morden, ohne dass es einer spürt.« Bei Frank Wedekind ist sie die Protagonistin einer aufsehenerregenden Tragödie um verletzte Liebe, Hass und die Abgründe der menschlichen Seele. Alban Berg war vom zunächst heftig umstrittenen Stück so beeindruckt, dass er in seinen letzten Lebensjahren aus dem düsteren Stoff eine Oper in Zwölftontechnik macht.

Zurückgezogen in seinem Feriendomizil in Auen bei Velden entsteht auch das berühmte Violinkonzert *Postludium in Excelsis – Dem Andenken eines Engels*. Im Februar 1935 hatte ihn der amerikanische Geiger Louis Krasner gebeten, ein Violinkonzert zu schreiben. Er unterbricht nur ungern die Arbeit an *Lulu*, kann aber den mit 1500 US-Dollar honorierten Auftrag aufgrund seiner finanziellen Situation kaum ablehnen. Erste Ideen zum Stück skizziert er Mitte März und plant, es im Sommer in Kärnten fertig zu komponieren.

Am 22. April, einige Tage vor Bergs Abreise von Wien nach Velden, ereignet sich jene Tragödie, die das Werk in seiner endgültigen Form entscheidend beeinflusst. Manon, die Tochter des Architekten Walter Gropius und der Alma Mahler, »Mutzi« genannt, war mit 18 Jahren an Kinderlähmung gestorben. Das schöne und heitere Mädchen sei als »wundersame Blume« dahingegangen, sagt der Priester und Almas Liebhaber Johannes Hollnsteiner beim Begräbnis am Grinzinger Friedhof. Alma stilisiert ihre tote Tochter fortan zur Heiligen. Und Berg schreibt an sie, er beabsichtige, sein Violinkonzert »dem Andenken eines Engels« zu widmen, in Erinnerung an Manon. Als Requiem gestaltet, entsteht es zwischen Mai und August 1935 im Kärntner »Waldhaus« und vereinigt größtmögliche Gegensätze. Intensivste Gefühle von Schmerz, Lust, Liebe sind in der Tonsprache der Zwölftontechnik ausgedrückt, die eigentlich

Die 1932 ersteigerte Pension Waldhaus wurde Alban Bergs neue Wahlheimat.

Abstraktion und Kontrolle in sich trägt; andererseits ist die Form des Stückes klar und einfach.

Der Filmregisseur Volker Schlöndorff konnte es schon als Pariser Filmstudent nicht oft genug hören: »Da ist in der Musik einfach diese tiefe Melancholie drin, also irgendwie so der tragische Unterton – und das aber verbunden mit einer unglaublichen Dynamik.« Und Florian Berner vom Alban Berg Ensemble Wien fasziniert am Zwölftonkomponisten, »dass er mit einem Fuß in der Romantik steht und mit dem anderen im 20. Jahrhundert. Damit hat er das Tor zur Moderne sehr weit aufgemacht.«

Im Juli 1935, kurz nachdem Berg die Komposition beendet und mit der Ausarbeitung der Partitur begonnen hatte, erhielt er einen Insektenstich in den Rücken, der sich allmählich zu einem Abszess entwickelte. Anfang November kehrte Berg in schlechter gesundheitlicher Verfassung nach Wien zurück. Am 11. Dezember konnte er noch die Wiener Erstaufführung der symphonischen Stücke aus der Oper *Lulu* besuchen, musste aber wenige Tage später ins Spital gebracht werden. In der Nacht vom 23. auf den 24. Dezember starb Berg im Rudolfspital an einer Blutvergiftung. Die Uraufführung seines Violinkonzerts am 19. April 1936 bei einem internationalen Musikfest in Barcelona wurde so zu einem Requiem nicht nur für Manon Gropius, sondern auch für den Komponisten. Louis Krasner spielte den Solopart. Berg schilderte im ersten Teil seines Violinkonzerts, seiner meistgespielten Komposition, nach Art einer symphonischen Dichtung den unbeschwerten Charakter des jungen Mädchens, im zweiten Teil ihren Todeskampf und die Erlösung. Für den Adagio-Schluss, bevor das Werk in sphärischem B-Dur endet, verwendete er den Sterbe-Choral aus der Bach-Kantate *O Ewigkeit, du Donnerwort*, in dem es heißt: »Es ist genug! Herr, wenn es Dir gefällt, so spanne mich doch aus! Nun gute Nacht, o Welt.« Den Schluss bilden kunstvolle Variationen über diesen Bach-Choral, den Berg auch wegen der ungewöhnlichen Melodie ausgewählt hatte: »Die ersten vier Töne des Chorals, eine Ganztonfolge, entsprechen genau den letzten vier.«

Helene Berg ist, wie allseits bekannt, eine uneheliche Tochter von Kaiser Franz Joseph I., der seiner langjährigen Geliebten Anna Nahowski ein repräsentatives Haus in der Maxingstraße 46 geschenkt hatte. Sie war ein Vierteljahrhundert mit Alban Berg verheiratet und überlebte ihn dann noch um vier Jahrzehnte. Die junge Helene Nahowski beschrieb der Schriftsteller Peter Altenberg (1859–1909), der »Helene N.« einige Studien in seinem Buch *Neues Altes* widmete, so: »Sie sah aus wie eine riesige hohe schlanke aschblonde russische Studentin, nur sehr müde von ungekämpften Kämpfen.«

Nach Alban Bergs Tod lebte Helene Berg in der Wiener Wohnung in Hietzing, in der Trauttmansdorffgasse 27, Ecke Woltergasse, aber die meiste Zeit im »Waldhaus« in Kärnten. Indem sie dort Zimmer untervermietete, mit ihrer Haushaltshilfe Toni Pfeiffer viel arbeitete und den Gemüsegarten bestellte, konnte sie die Hypotheken und andere Schulden abzahlen. Im »Waldhaus« pflegte sie außerdem ihren psychisch kranken Bruder Franz Joseph Nahowski, der sich zum 100. Geburtstag von Franz Joseph 1930 den linken kleinen Finger abgeschnitten hatte, bis zu dessen Tod.

Helene verfasste am 3. Mai 1940 einen Brief an ihren verstorbenen Ehemann. »Mein Geliebtester, Einziger – Ewiger! Heute ist unser 30. Hochzeitstag! Ich muss Dir heute, so, wie ich's immer, immer fühle, wieder einmal sagen, dass ich unlösbar an dich gebunden bin. Ich sitze im Waldhaus, in der tiefen, heiligen Stille deines Zimmers, das noch genau so ist, als ob du eben das Klavier verlassen hättest, um einen Augenblick mit mir, auf den Balkon zu treten und – eng umschlungen, unsern blühenden Kirschbaum zu bewundern und nach dem nahen Wald zu sehen, hinter dem noch tief verschneite Berge leuchten. – Auch heute ist genau so ein Wetter wie vor 30 Jahren. Teils blauer Himmel mit Sonnenschein, teils Regen.«

Und auch der Ford A überdauerte in der Garage in Auen Jahrzehnte.

26 Das waren Zeiten!

Golfstraße 2, Oberdellach

Im alten Golfhotel in Dellach logierten einst die englische Hocharistokratie, Jetset-Promis, Künstler, Politiker und Wirtschaftskapitäne.

»It's been great fun«, sagten die Engländer. Das alte Golfhotel in Dellach war einst eine Nobelherberge für die englische Hocharistokratie, Jetset-Promis, Künstler, Politiker und Wirtschaftskapitäne. *Die Bühne* veröffentlichte 1937 eine Reportage vom »mondänen Wörthersee« mit dem Titel: »Auch am Wörthersee war sehr viel los!«

In Pörtschach sah man damals keine Lederhosen – und nur wenig Dirndln. Vorherrschend waren Tennistracht, weiße Shorts und bunte Tücher, luftige Strandkleidung, braune Beine und Rücken, von der Sonne gebräunt und sportlich trainiert. So sah man junge Menschen aller Nationen durch die Parkanlagen spazieren gehen und in den Strandbädern beim Sonnenbaden.

Abends wurden im Strandcafé beim Concours d'Élégance die schönsten Abendkleider prämiert, und die Herren erschienen in weißen Fordjacken als sommerliche Smokingkleidung. Auf den Tennisplätzen spielten der junge österreichische Meister Graf Adam Baworowski, ein blonder Apoll des Rasens. Der begeisterte Rapid-Anhänger wäre eigentlich lieber Fußballer geworden, kehrte aus Protest gegen den »Anschluss« Österreichs ans Deutsche Reich im März 1938 als gebürtiger Pole von Wien nach Warschau zurück, wurde in die Deutsche Wehrmacht zwangsweise eingezogen und starb, nicht einmal 30-jährig, Anfang 1943 in Stalingrad.

Starstatus beim Tennisturnier am Wörthersee hatte auch ein schlanker Jüngling aus Wien: Georg von Metaxa, der als einer der erfolgreichsten Doppelmatchspieler der 1930er-Jahre zahlreiche Davis-Cup-Spiele bestritt. Außerdem Hilde Walter, Tennisspielerin und Skirennläuferin in einer Person. Vom einen zum anderen kam sie durch Zufall durch ihren Mann Fritz Doleschell, der in der Wiener Servitengasse 6 als Nachfolger des Hofbäckers Ludwig Plank in dessen Tradition riesige Peregrinikipferl buk und nach einer Tennisschlacht sagte: »Nix für ungut, mit deine Haxen müsstest du eigentlich fabelhaft Skifahren können.«

Viel Kitzbühel und Zell am See tummelte sich am Wörthersee in sommerlicher Tennisverkleidung. Einige, die im Winter auf Brettern virtuos über die Schneepisten kurvten, unterrichteten im Sommer auch Skifahren auf dem Wasser.

So gab es ein reges Hin und Her zwischen Maria Wörth am Südufer, wo der Prinzregent Paul von Jugoslawien, Prinz und Prinzessin Nikolaus von Griechenland oder König Alfons XIII. von Spanien ebenso abstiegen wie die englischen Lords in Pörtschach. Dorthin pilgerten die englischen Adeligen zum Tennisspielen, wenn sie genug hatten vom Golfplatz in Dellach in Maria Wörth. Der abgedankte englische König Eduard VIII., nunmehr Herzog von Windsor, kam mit seiner Wallis Simpson, um sich das Tennisturnier anzuschauen. Und auch sonst waren die Tribünen mit Fürstlichkeiten voll: Auersperg, Windisch-Graetz, Liechtenstein, Rohan, Kinsky, die in Kärnten lebenden Familien der Hoyos, Khevenhüller und Goëss. Alle waren da, und auch sonst die Herrschaften, die dachten, wenn sie da waren, dann wären alle da.

Dass das Golfhotel nach dem Krieg fast nahtlos an seine Tradition anschließen konnte, war einem gelernten Bäcker und einem großen Organisationstalent zu verdanken: Erich Lassnig hatte als Pächter schon den Landhauskeller in Klagenfurt in turbulenten Nachkriegszeiten trotz Lebensmittelmangels zur Blüte gebracht. »Mein Vater kaufte in Wien Schweine und schmuggelte die toten Tiere in Särgen aus der russischen Zone nach Klagenfurt«, berichtet seine Tochter Brigitte Baumgartner. Gäste seines Lokals waren die Bundespräsidenten Karl Renner und Theodor Körner, die Bundeskanzler Julius Raab und Leopold Figl, Schauspieler wie O. W. Fischer, Curd Jürgens, Vico Torriani, Zarah Leander, Attila

Das Golfhotel in Dellach, einst Tummelplatz der englischen Aristokraten, Politiker und Wirtschaftskapitäne

Hörbiger und Paula Wessely. Dank der guten Kontakte des Herrn Kommerzialrat war das alte Golfhotel Dellach von 1936 auch nach dem Zweiten Weltkrieg beliebt bei der Jetset-Society, beim Geldadel und den Promis aus Politik, Kultur und Wirtschaft.

Der letzte Krupp-Erbe Arndt von Bohlen und Halbach feierte hier Feste mit seiner Frau Henriette »Hetty« von Auersperg. Gäste waren auch die amerikanische Kosmetikunternehmerin Estée Lauder und die Französin Begum Om Habibeh, die als Tochter eines Straßenbahnfahrers und einer Schneiderin eigentlich Yvette Blanche Labrousse hieß: Die »Miss Lyon« von 1929 und »Miss France« von 1930 war ab 1944 mit dem Titel »Begum« (Fürstin) die vierte und letzte Ehefrau eines der reichsten Männer der Welt, mit dem sie die Leidenschaft für Rennpferde, klassische Musik – vor allem von Richard Wagner – und Kunst teilte: Aga Khan III., spirituelles Oberhaupt von rund 20 Millionen nizaritisch-ismailitischen

Muslimen, die ihn als direkten Nachfolger Mohammeds ansahen.

Bei einer seiner Amüsiersafaris nach Paris stieg der massige, untersetzte Lebemann im Hôtel de Crillon ab. Er tat belustigt, als ihm der Hotelportier einen Anmeldebogen vorlegte. Beruf? Lässig schrieb der Gast in Blockbuchstaben das Wort: »DIEU«. Gott. Der Portier witterte Gotteslästerung: »Monsieur, gestatten Sie mir eine Bemerkung. Wenn Sie Gott sind, dann bin ich der neu erstandene Heilige Geist. Wir wollen uns doch bitte nicht der Blasphemie schuldig machen.« Aber der Gast lästerte nicht: Er war Sultan Sir Mohammed Schah, Aga Khan III., von den Mohammedanern der Ismaeli- und Chodscha-Sekten verehrt als 49. direkter Nachkomme des Propheten Mohammed und als Imam. Also Gott.

Wenn die Aga Khans Klassepferde verkauften, gab sich die internationale Geldaristokratie ein Stelldichein. Selbst Adolf Hitler wollte dem Aga, der ihn im Herbst 1937 in Berlin traf und auf dem Obersalzberg besuchte, einen Hengst abhandeln. Aga verlangte 30 000 englische Pfund in Devisen. Hitler bot 40 Mercedes-Wagen. Darauf Aga Khan: »Ich will doch kein Autogeschäft eröffnen.« Der Handschlag blieb aus.

1976 endete die Ära Lassnig. Die Bühne betrat der deutsche Unternehmer, Kunstsammler und Kinofilmproduzent (*JFK* mit Kevin Costner und *Die unendliche Geschichte*) Rolf Deyhle (1938–2014). Der Name des gebürtigen Schwaben war untrennbar mit dem Musical-Boom Ende der 1980er-Jahre in Deutschland mit Lizenzproduktionen von *Cats*, *Das Phantom der Oper* oder *Miss Saigon* ebenso verbunden wie mit der weltweiten Fußballvermarktung. Sein Vermögen wurde noch in den 1990er-Jahren auf rund zwei Milliarden Euro geschätzt.

Mit Deyhle und dem Arzt Dr. Erich Rauch mutierte das einstige Urlaubsdomizil der britischen Royals zum ersten stationären Gesundheitszentrum der Welt für die F.-X.-Mayr-Kur, heute »The Original FX Mayr« (Golfstraße 2). Wo zelebriert wird, was Franz Xaver Mayr 1901 erfunden hat und damit seiner Zeit voraus war in der Erkenntnis, dass Vorbeugen besser ist als Heilen. Nach dem

Grundprinzip, dass ein gesundes Verdauungssystem der Schlüssel für das Wohlbefinden sei, wurden dafür Semmeln und Milch zum langsamen Kauen verabreicht. Den Darm als Gemeinschaftsküche des Körpers zu sehen, ist heute noch Grundprinzip der Kur für Körper und Geist. Damit Fasten nicht gänzlich spaßbefreit ist, gibt sich der Koch viel Mühe und legt manchmal sogar ein Scheibchen Trüffel über das Kerbelrübchen. Immerhin ist Trüffel basisch, wie alles andere, was den Körper des Gastes in Einklang bringen soll.

27 Ein Leben für vier Räder

Unterdellach 12

Arm dran sind die Reichen, weil sich das große Geld hinter hohen Mauern verstecken muss wie bei den Porsches und Piëchs am Südufer.

Porsche ist Kult. Luxus. Emotion. Keiner braucht ihn, aber jeder will ihn haben, sagen die Werbestrategen. Und der erste Porsche-Sportwagen, im Frühjahr 1948 in Gmünd in Kärnten entstanden, ist nichts anderes als ein plattgedrückter, etwas schnellerer Käfer, klein, mit Kulleraugen.

Aber alles begann schon viel früher in Wien mit Ferdinand Porsche (1875–1951), dem Erfinder des Volkswagens – lange vor dem eigenen 1931 gegründeten »Konstruktionsbüro« in Stuttgart und der Entstehung des Volkswagens über gute Geschäfte unter dem Hakenkreuz bis zur Entwicklung der exklusiven Sportwagenschmiede und Weltmarke. Der Erfindergeist aus Böhmen, der zum Namensgeber eines weltweit bekannten Konzerns wurde, war vor 1900 zum Wiener Kutschenfabrikanten und k. u. k. Hoflieferanten Jacob Lohner gekommen, der erkannt hatte, dass das Zeitalter des Pferdes zu Ende gehen würde, und von einem eigenen Elektro-Automobil träumte. Für ihn entwickelte Porsche den »Lohner-Porsche« mit den ersten Radnaben-Elektromotoren zu je 2,5 PS. Das »Egger-Lohner-Elektromobil Modell C.2 Phaeton« von 1898, das auf den ersten Blick noch an eine alte Pferdekutsche erinnert, war der erste Porsche der Welt – und als erstes Allradauto eine technikhistorische Sensation auf der Pariser Weltausstellung 1900. Damals begeisterte die Lohner-Porsche-Voiturette, die heute im Wiener Technischen Museum steht, die Autofans aller Länder.

Es war Porsches Idee, die Räder ohne mechanische Zwischenglieder direkt anzutreiben. Der Konstrukteur baute die Vorderräder zu Innenpolmotoren aus, die die Funktion von Antrieb und Lenkung erfüllten. Der Aktionsradius betrug bei einer Normalgeschwindigkeit von 35 km/h etwa 50 Kilometer. Als doppelt wirkende Vierradbremse stoppte die Handbremse die Hinterräder, eine Kurzschlussbremse elektrisch die Vorderräder. Sperrklingen verhinderten das Zurückrollen beim Bergauffahren.

Das Konstruktionsprinzip wurde auch 70 Jahre später beim Mondrover der NASA angewendet. Am 31. Juli 1971 waren die Apollo-15-Astronauten David R. Scott und James B. Irwin im Gebiet der Mond-Apenninen gelandet. Ihr Zweisitzer, drei Meter lang und 1,80 Meter breit, hatte vier Elektromotoren in die Räder und zwei Batterien eingebaut. Der Aktionsradius betrug bei 16 km/h Spitzengeschwindigkeit 72 Kilometer. Mit gleichzeitig lenkbaren Vorder- und Hinterrädern war das Fahrzeug maximal manövrierbar. Mit 30 Zentimeter hohen Felsbrocken oder 70 Zentimeter breiten Spalten hatte der Mondrover ebenso wenig Probleme wie mit 25 Grad Steigung oder 35 Grad Gefälle.

Ferdinand Porsche (links) mit dem viermotorigen Lohner-Automobil Typ II, um 1902

Das technische Know-how kam aus der Wiener Porzellangasse, dem »Lohner-Haus«. Jacob Lohner hatte die Wagenfabrik, die Weltruf erlangte, im 19. Jahrhundert zunächst in der Servitengasse gegründet. 1860 konnte sich sein Sohn sogar »königlich schwedischer Hoflieferant« nennen. Obwohl die Fabrik später nach Floridsdorf verlegt wurde, blieb der Firmensitz am Alsergrund. Und erprobt wurde der »Lohner-Porsche« in nächtlichen, geheimnisvollen Fahrten in der Berggasse mit zehn Prozent Steigung. Besonders ins Herz geschlossen hat noch Ferdinand Porsches Enkel Ernst Piëch ein Lohner-Porsche-Cabrio, Baujahr 1900: »Von dem Modell wurden seinerzeit nur sieben Stück gebaut. Mit diesem Fahrzeug ist mein Großvater am Tag seiner Hochzeit von Maffersdorf in Tschechien nach Wien gefahren.« Ernst Piëch erinnert sich an ein Erlebnis »mitten im Krieg« um 1940: »Ich wurde wieder einmal zu den Großeltern nach Stuttgart verschickt. Von dort wollten wir nach Dellach fahren. Das Auto stand draußen und Opa sagte: ›Luis, komm endlich, wir fahren!‹ Er fragte die Großmutter, wo denn der Goldinger sei, der Chauffeur. Aber der hatte Urlaub. Dann sind wir mit meinem Opa am Steuer von Stuttgart über den Großglockner nach Kärnten gedonnert, und ich habe gelernt, ihn als Fahrer zu fürchten. Er ist ähnlich gefahren wie meine Mutter, bei Opas Fahrerei ist mir schlecht geworden – so schnell, so aggressiv.«

Mobilität war ein großer Traum. Das Auto eine Erfindung, die die Welt veränderte. Mit der ein Gefühl von Freiheit und ein Rausch der Geschwindigkeit in die bis dahin von Pferdekutschen dominierte Welt kam. Viele technische Patente gehen auf Porsches geniale Erfindungen zurück. Der entwickelte für Austro-Daimler auch einen Flugmotor, außerdem 1902 das erste Hybridauto der Welt – ein Fahrzeug mit benzinelektrischem Antrieb.

Bis weit in die 1920er-Jahre blieb das Auto ein Privileg der Reichen, die mit ihren Kostbarkeiten sogar Rennen fuhren. Die Nationalsozialisten wollten ein ganzes Volk motorisieren – Hitler von seinem Lieblingskonstrukteur ein Auto für jedermann, nicht teurer als 1000 Reichsmark. So konstruierte er ab 1934 den deutschen

Volkswagen, zuerst KdF-Wagen, also »Kraft durch Freude«-Wagen, und später »Käfer« genannt. Aber der ging erst nach dem Krieg in die Massenproduktion. Denn zuerst wurden Waffen und auf Basis des Volkswagens Militärfahrzeuge hergestellt: Kübelwagen, Schwimmwagen und Panzer.

Porsche war kein Nationalsozialist, aber die Entwicklung der Marke Porsche zum Weltkonzern wäre ohne seine enge Beziehung zu Hitler nicht möglich gewesen. Als er im September 1938 den mit steuerfreien 100 000 Reichsmark dotierten Deutschen Nationalpreis für Kunst und Wissenschaft erhielt, kaufte er damit ein Haus mit Seegrundstück in Unterdellach am Wörthersee. Dazu kam später das mehr als 600 Jahre alte Anwesen »Schüttgut« in Zell am See. Seit 1941 im Besitz des Auto-Clans, ist es, nachdem es sein Sohn Ferry Porsche in den 1930er-Jahren auf einer seiner ausgedehnten Autotouren zufällig entdeckt hatte, bis heute Stammsitz der Familie. Und in der Hauskapelle sind mehrere Familienmitglieder bestattet.

Als Stuttgart zum Ziel amerikanischer Bombenangriffe wurde, forderte der Rüstungsminister Albert Speer Porsche auf, sein Konstruktionsbüro in das weniger gefährdete Österreich zu verlegen. Das Rüstungskommando in Salzburg legte ihm eine Liste von infrage kommenden Fabriken vor. Porsche entschied sich für einen holzverarbeitenden Betrieb im Liesertal in Kärnten, um nicht allzu weit von Zell am See entfernt zu sein. Er kaufte im Sommer 1944 Gelände und Gebäude des Sägewerks im Ort Karnerau der Gemeinde Gmünd auf, wo die Konstrukteure ab November, 490 Kilometer vom Firmensitz in Stuttgart entfernt, gut getarnt und sicher vor Bombenangriffen, weiterarbeiteten.

Porsche selbst zog sich im Jänner 1945 nach Gmünd in Kärnten und Zell am See zurück. Von dort wurde er Ende 1945 unter einem Vorwand mit seinem Sohn Ferry und seinem Schwiegersohn und Werkstattleiter Anton Piëch nach Baden-Baden gebeten, von der französischen Besatzungsmacht verhaftet und nach 22 Monaten Haft 1947, bereits 72-jährig, entlassen.

Da nahm bereits eine Idee Gestalt an, die zur Erfolgsgeschichte wurde: Ferry Porsche fertigte Zeichnungen von einem Sportwagen an, dem Porsche 356 Nr. 1 Roadster, als noch niemand wusste, wer den kaufen sollte. Aber es war die Geburtsstunde einer neuen Automarke. Am 17. Juli 1947 begann die Herstellung, ein knappes Jahr später, am 8. Juni 1948, startete der neue Porsche zu seiner Jungfernfahrt. Ab 1950 wurde der exklusive 356er in Gmünd mit einfachen Mitteln in Serie gebaut, anfangs noch überwiegend in Handarbeit und teilweise aus Volkswagen-Teilen. Bis 1959 stellten dort bis zu 300 Mitarbeiter 44 Coupés und acht Cabrios vom Typ 356 her, deren Karosserien bis auf die stählernen Stoßstangen in Leichtbauweise aus Aluminium gefertigt wurden, das aus dem ab 1945 verbotenen Flugzeugbau stammte; für mehr als fünf Fahrzeuge pro Monat reichten die technischen Möglichkeiten nicht aus. Die meisten Wagen wurden unter anderem an einer 17 Kilometer entfernten, gewundenen Bergstrecke an der Katschberg-

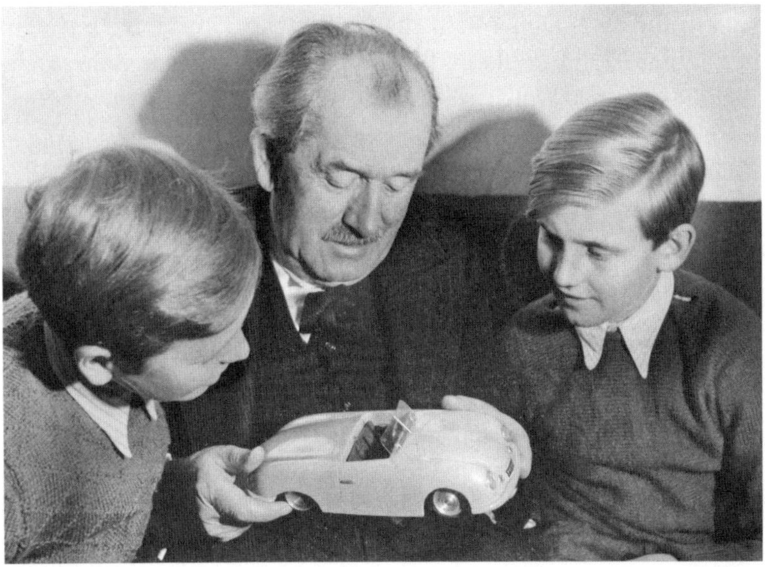

Ferdinand Porsche 1949 mit seinen Enkelkindern Ferdinand Piëch (rechts) und Ferdinand Alexander Porsche und einem Modell des Porsche 356 Roadster Nr. 1

Nordseite sowie an der sich daran anschließenden Turracher Höhe getestet.

Plötzlich gab es ein Straßenauto, mit dem man schnell fahren konnte. Und das ein Lebensgefühl vermittelte. Seine Form: ein Symbol für Eleganz und Geschwindigkeit. Gut verkauft wurde das Modell vor allem in den scharfen Varianten, etwa als Spyder in den USA. Dort war es gefragt als Spielzeug in der subversiven reichen Jugendkultur. Der berühmteste Porsche-Fahrer jener Zeit und perfekter Markenbotschafter war James Dean, Schauspieler und Idol einer ganzen Generation. Sein Tod mit 24 Jahren bei einem Unfall 1955 in seinem silberfarbenen Porsche 550 Spyder mit der Nummer 130 auf der Fronthaube des Wagens und seinem Spitznamen »Little Bastard« auf dem Heck hat der Marke kein bisschen geschadet. Im Gegenteil. Und Hippie-Legende Janis Joplin verlangte zwar bei der Aufnahme ihres letzten Songs wenige Tage vor ihrem Tod im Oktober 1970 für das Album *Pearl*: »Oh Lord, won't you buy me a Mercedes Benz.« Aber im wahren Leben fuhr die Rocksängerin ein für 3500 Dollar erworbenes Porsche 356 Cabrio mit dem berühmten luftgekühlten Boxermotor, das ihr Roadie Dave Richards um 500 Dollar mit psychedelischen Motiven bunt bemalen musste. Im Dezember 2015 wurde der einst bekannteste Wagen Kaliforniens bei Sotheby's in New York um 1,76 Millionen Dollar (umgerechnet rund 1,6 Millionen Euro) versteigert, nachdem er 20 Jahre lang in der Rock and Roll Hall of Fame in Cleveland, Ohio, ausgestellt war.

Im März 1951 gab Porsche die Automontage in Gmünd auf und produzierte wieder in Stuttgart-Zuffenhausen. In Salzburg entstand ein Betrieb, aus dem später die österreichische Porsche Holding hervorging, und in Dellach am Wörthersee ein Konstruktionsbüro.

Ferdinand Porsche (der »Professor«) hatte zwei Kinder: Als sein Sohn Ferry Porsche (1909–1998) in Wiener Neustadt geboren wurde, riskierte er gerade beim Semmeringrennen Kopf und Kragen. Der Junior wurde mit dem Entwurf des Porsche-Modells 356 Gründer des Sportwagen-Unternehmens, bildete mit seinen vier

Söhnen den Porsche-Zweig der Dynastie. Tochter Louise, spätere Piëch (1904–1999), leitete die Porsche Holding und war mit ihren drei Söhnen und ihrer Tochter Stammmutter des Piëch-Teils des Clans.

Enkel Ferdinand Alexander Porsche (1935–2012) legte 1963 den Grundstein zum legendären Porsche 911, der es mit 130 PS auf 210 km/h Maximalgeschwindigkeit brachte, und gründete die Porsche Design GmbH. Ernst Piëch, Louises ältester Sohn, 1984 ausgezahlt, weil er seine Firmenanteile an einen arabischen Investor verkaufen wollte, wurde Weinproduzent mit Wohnsitz in Stockbridge in England und eröffnete zum Andenken an den bedeutendsten Autokonstrukteur des 20. Jahrhunderts fahr(T)raum, die »Ferdinand Porsche Erlebniswelten« in der Passauerstraße 30 am Mattsee bei Salzburg.

Ein Prunkstück des Museums ist der legendäre Kaiserwagen von 1911 für Kaiser Franz Joseph, besser gesagt: eine Kutsche mit Elektroantrieb, die allerdings ihrer Zeit weit voraus war … Der Aufbau der Austro-Daimler-Limousine, die mit allerlei Extras wie einem ausklappbaren Schreibtisch, Blumenvasen, kleinen Weihwasserkelchen, vier Aschenbechern und sogar einem elektrischen Zigarrenanzünder sowie einem Trompetenschlauch für Anweisungen des Monarchen an seinen Chauffeur ausgestattet war, basierte auf Ferdinand Porsches letztem Vorkriegsmodell bei Austro-Daimler, dem Typ 14/28. Die Karosserie stammte vom Wiener Kutschenhersteller Jacob Lohner. Mit einer Leistung von 20 PS schaffte der Wagen die Höchstgeschwindigkeit von 70 km/h.

Mit dem Zerfall der Monarchie kam der Kaiserwagen über mehrere Zwischenstationen unter anderem im Einsatz als Werbefahrzeug für eine Kaffeefirma durch einen amerikanischen Sammler in die USA. Erst 2003 gelang es Ernst Piëch, den »Kaiserwagen« wieder heimzuholen ins Museum fahr(T)raum am Mattsee, wo er heute nicht nur zu besichtigen, sondern auch fahrtüchtig ist.

Arm sind sie manchmal dran, die Reichen und die Superreichen, weil sie das große Geld hinter Zäunen und Mauern, diskret und streng bewacht, verstecken müssen. Wie bei den Porsches und Piëchs am Südufer des Wörthersees. Das große Grundstück ist gleich doppelt abgeschottet mit einer zwei Meter hohen Betonmauer und zusätzlich mit einer hohen, dichten und die Sicht verdeckenden Hecke. Außerdem abgesichert durch Videokameras, uniformierte Bodyguards, Wachhunde im Käfig und mit freiem Auslauf nachts, dicht bewachsenes Schilfufer am Seewasser, vier Riesenscheinwerfer mit Bewegungsmeldern nachts am Seeufer plus Security-Personal mit Feldstechern.

Ferdinand Karl Piëch (1937–2019) war Visionär, Stratege, Feindbild und lange der starke Mann bei VW: Der Enkel des Gründers der Auto-Dynastie hinterließ nicht nur 13 Kinder aus vier Beziehungen, sondern auch ein Milliardenvermögen. Manche sahen in ihm einen Musterschüler Machiavellis, einen Mechaniker der Macht. Wer ihm wohlgesinnt war, der nannte den gebürtigen Wiener einen eigenwilligen Charakter. »Fugen-Ferdl« sei früher sein Spitzname gewesen, schrieb Piëch in seiner *Auto.Biographie*, weil er stets so penibel im Kleinen und so perfektionistisch im Großen gewesen sei. Er habe »ausschließlich in Automobil« gedacht, hieß es. Verbleites Benzin hätte er in seinen Adern gehabt, der Mann mit Augen wie kaltes Scheinwerferlicht. In seine Frau habe er sich erst verliebt, so Piëch, als sie ihm bewiesen hatte, dass sie mit dem Geländewagen VW »Iltis« einen Berg hinaufkam. Der Patriarch von Volkswagen hatte durchaus Humor. Auf den Einladungen zu seinem 75. Geburtstag stand ein Zitat des Schriftstellers Ödön von Horváth: »Ich bin nämlich eigentlich ganz anders, aber ich komme nur so selten dazu.« Und nach dem Fest fanden die Gäste in ihren Hotelzimmern noch den Karl-May-Roman *Unter Geiern* als Hörbuch vor.

Lange war die Familie in die Zweige Porsche und Piëch gespalten, was nicht ohne Rivalitäten abging. Aber niemand konnte dem Vollbluttechniker Piëch das Wasser reichen, der von vornherein klarstellte: »Ich bin nicht gerne Zweiter.« Seine Rolle als Alphatier in der Automobilindustrie machte ihm niemand streitig. Mit Härte,

Weitblick und Wagemut, aber auch mit Innovationskraft und Marktgespür realisierte Piëch seine Visionen und schrieb Automobilgeschichte wie sein Großvater, der legendäre Käfer-Erfinder. Für Harmonie und Kompromisse war da kein Platz. Was er sagte, war oft scharf, manchmal sogar eisig. Aber stets auf dem Punkt und hart in der Sache. Die *Financial Times* bezeichnete ihn einmal als »Rottweiler der Autoindustrie«. An Feinden mangelte es nie. Sein autoritärer Führungsstil war gefürchtet. »Mein Harmoniebedürfnis ist begrenzt«, sagte er lapidar.

Unter seiner Führung wurde der legendäre Sechszylinder-Boxermotor des Porsche 911 zur Serienreife entwickelt. Aus einem kleinen Flitzer war ein Mythos geworden. Eine Legende auf vier Rädern. Außerdem schuf Piëch Ikonen wie den Rennsportwagen 917, den Audi Quattro oder den VW XL 1, das erste Ein-Liter-Auto der Welt. Seine größte strategische Leistung war die historische Zusammenführung von Volkswagen und Porsche, der ein brutaler Wirtschaftskrieg vorangegangen war. Und die Autostadt Wolfsburg hat Piëch wesentlich mitgeprägt. Seine Mutter Louise nannte ihn einst »Burli«, 132 Motorjournalisten und Branchenexperten aus 33 Ländern wählten ihn im Jahr 1999 zum »Automanager des Jahrhunderts«.

Sein Familienleben hielt der Milliardär unter Verschluss. Mit Ursula, der ehemaligen Gouvernante seiner Kinder mit Marlene Porsche, die er 1972 seinem Cousin Gerd ausgespannt hatte, was zu einiger Verstimmung im Clan geführt hatte, war Piëch ab 1984 verheiratet: Mit seiner »Uschi« zu segeln, war für Piëch mindestens so schön wie die Wüste zu durchqueren oder Autos zu testen am Nordpol. Piëch lebte zurückgezogen in Salzburg und zog im Sommer gerne an den Wörthersee, wo er schließlich Ehrenbürger der »GTI-Gemeinde« wurde. Beide Domizile beschrieb er in seinen Memoiren als eine »Rückversicherung«. Wer seine Häuser fotografierte und publizierte, bekam umgehend Post von seinem Anwalt.

Als Miteigentümer des Volkswagen-Konzerns war er einer der mächtigsten Auto-Magnaten. Piëch vereinte technischen und kaufmännischen Verstand. Er war der einzige große Automanager der Gegenwart, der selbst ein Auto und einen Motor bauen konnte und das auch wiederholt getan hat. Sein Rennwagen Porsche 917 genießt unter Motorsportfans noch heute Kultstatus. Damit war Piëch aber auch so etwas wie ein lebender Dinosaurier der Wirtschaft – so einer wie er kommt nicht wieder.

Am Ende zerstritt er sich mit seiner Familie, stieg 2015 aus dem Unternehmen aus und brach den Kontakt auch zu engsten Verwandten nachhaltig ab. Piëchs Lebenstraum war eine Weltumsegelung mit einer eigenen Segeljacht. Den wollte er sich schon 2002 erfüllen. Aber daraus wurde nichts mehr. Wie auch sein Lebenswerk merkwürdig unvollendet blieb. Wegen all der Streitereien, aber auch wegen seiner starken Verbindung zum Verbrennungsmotor, der in Zeiten von E-Mobilität und Carsharing schon merkwürdig gestrig wirkt. Denn so viel ist sicher: Porsches Zukunft wird wie schon die Vorvergangenheit elektrisch sein.

28 Eine romantische Kircheninsel

Lindenplatz 3, Maria Wörth

Die sakrale Perle am Wörthersee: Maria Wörth, eines der ältesten und bekanntesten Wallfahrtsziele der Alpenrepublik.

Eine kühle Brise kämmt durch die Linden. Fledermäuse huschen durchs Zwielicht. Ein Rotkehlchen singt. Es ist einer jener wundersamen Herbstabende, an denen die Dinge so heiter und klar erscheinen. Maria Wörth gehört zum See wie der Kirchturm zum Dorf. Maria Wörth ist eine reizende Idylle auf einem Felsen im See mit einem zwischen alten Bäumen halb versteckten kleinen gotischen Kirchlein – noch schöner im Winter, wenn sich unter dem eisigen Blauhimmel ungewohnte Friedensstimmung ausbreitet. Reif auf den Wiesen glitzert. Der Wind den Eishauch vor dem Mund wegträgt. Und sich die Frage aufdrängt: Wie weiß der Kärntner, wann es Frühling wird? Wenn beim Schneeschaufeln die Vögel zwitschern.

Über der sakralen Perle am Wörthersee, einem der ältesten und bekanntesten Wallfahrtsziele der Alpenrepublik, steigen Berghänge bis zum Pyramidenkogel auf, dem mit fast 100 Metern weltweit höchsten Aussichtsturm aus Holz. Die Steilflanken sorgen dafür, dass der romantische Ort sehr früh im Schatten liegt. An das Südufer verirrt sich in den Herbst- und Wintermonaten kaum ein Sonnenstrahl – und noch seltener ein Tourist.

»Im Winter waren der 80-jährige Pfarrer der Wallfahrtskirche und ich fast die einzigen Bewohner von Maria Wörth«, sagte die legendäre Marianne Trattnig und lachte. Die kleine, drahtige Frau trug die Haare kurz, ihren flinken Augen entging kaum etwas. Blutjung war sie in den späten 1940er-Jahren in die »Linde« gekommen, wo einst ein einfaches Gasthaus mit Bierbrauerei und Fleischhauerei gestanden hatte. Ein »altes, heruntergekommenes Wirtshaus« baute die Trattnig nach und nach zum Hotel Linde aus und erzählte nach Jahrzehnten der Veränderung lachend: »Wo heute der Badestrand für die Hotelgäste ist, durften früher die Schweine baden. Das hatte auch nicht jedes Schwein in der damaligen Zeit.«

Trattnigs Vater war Forstmeister in Niederösterreich. Als er mit 42 starb, musste die Familie das Forsthaus räumen. Eigentlich wollte Marianne nach ihrer Matura 1948 in Graz studieren – Altgriechisch und Latein. »Aber dieser Berufswunsch war in der Nachkriegszeit nicht erfüllbar. Ich musste schauen, dass ich schnell Geld verdiene.« Nach der Hotelfachschule in Bad Gastein, nach Praktika im Grandhotel Dolder in Zürich und im Palace Hotel in Gstaad heiratete sie in Maria Wörth bald den Hotelbesitzer Fritz Trattnig. »Doch mein Mann hat nichts vom Hotel verstanden«, erzählte sie gern. Und dass anfangs im Sommer nur 19 »Fremdenbetten« zur Verfügung standen – für die betuchten Wiener, die kamen, und für die Deutschen und Engländer.

In den 1960er-Jahren entstanden unweit des Hotels einige schilfgedeckte Bungalows. Inmitten eines 4000 Quadratmeter großen Gartens mit alten Bäumen und Privatstrand sind die Häuser harmonisch in die Landschaft eingebettet und erwecken den sympathischen Eindruck, ein bisschen aus der Zeit gefallen zu sein. Heute ist die »Linde« ein Vier-Sterne-Hotel, das seinen Gästen »traumhaften Seeblick« und »malerische Aussichten auf die Kirchen von Maria Wörth« verspricht.

»Immer bestrebt sein, das Beste zu geben, nie aufhören, Neues zu lernen und die Freude überwiegen lassen«, war das Lebensmotto von Marianne Trattnig. Im März 2018 ist sie gestorben. Da hatte sie ihr Hotel schon lange an ihren Sohn Jörg und die Schwiegertochter übergeben »und sich einen Jugendwunsch erfüllt«: ein Studium. Zuerst neun Semester Betriebswirtschaftslehre, dann Umstieg auf Pädagogik und Psychologie. Ihre Doktorarbeit schrieb sie über Schlafapnoe – eine Krankheit, bei der es bei Schnarchern zu kurzen Atemstillständen kommt. Und promovierte mit 75 Jahren in Philosophie – sub auspiciis. Bundespräsident Heinz Fischer gratulierte und überreichte ihr den Ehrenring der Republik Österreich.

Mittlerweile führen ihr Enkel Matthias, Jahrgang 1979, und seine Frau Pia die »Linde« in der dritten Generation. Sport müsste am Wörthersee viel stärker gefördert werden, sagt der 1,86 Meter große Modellathlet, der bis 2019 zwei Jahrzehnte lang als prägender Spieler im österreichischen Eishockey-Sport stets Dynamik, Härte und Einsatz aufs Eis brachte. Er ist an dem Ort der Tiefenentspannung aufgewachsen, in Maria Wörth, ursprünglich eine Insel im See und Besitz der Freisinger Bischöfe. Erst als man 1770 durch künstlichen Abfluss der Glanfurt den Wasserspiegel absenkte, wurde aus dem noch heute beliebten Wallfahrtsort mit zwei mittelalterlichen Kirchenbauten eine Halbinsel.

Sommerleben an der Wörthersee-Riviera: Bootsfahrt von Pörtschach nach Maria Wörth, 1908

Der Ursprung der ersten Kirche ist fast ein Jahrtausend älter. Abhängig vom Bistum Freising in Bayern, entstand hier ein Außenposten, um die heidnischen Bewohner von Karantanien, einem im 7. Jahrhundert entstandenen slawischen Fürstentum, im Gebiet des heutigen Kärnten zum Christentum zu bekehren. Bereits um 875 wurde auf dem höchsten Plateau der Insel eine Marienkirche errichtet. Unter Bischof Waldo von Freising kamen die Reliquien zweier Märtyrer aus römischer Zeit, Primus und Felicianus, von Rom nach Maria Wörth und wurden in der Krypta beigesetzt. Das brachte der Pfarr- und ehemaligen Stiftskirche Heiliger Primus und Felician als Missionszentrum bald hohes Ansehen.

Nach der Erhebung zur Propsteikirche entstand ganz in der Nähe westlich und etwas tiefer ein zweites, kleineres Gotteshaus, Winterkirche genannt, weil die Jahrestage jener Heiligen, die in ihr verehrt wurden, in den Winter fielen. Die beiden romanischen Sakralbauten sind Ende des 14. Jahrhunderts großteils abgebrannt und wurden neu aufgebaut. Später bekam der vom Stil der Gotik geprägte Hauptwallfahrtsbau mit dem Spitzturm eine barocke Ausstattung. Kirchlich eingeweiht nahm die »Maria Wörth«, das erste kleine Dampfboot, ab 30. September 1853 die regelmäßige Fahrt auf für den Waren- und Personenverkehr von Klagenfurt durch den Lendkanal am Wörthersee bis Velden.

Auf dem Friedhof um die Kirche in Maria Wörth liegt frischer Schnee. Die Grabstätten tragen Kunstblumen, schmiedeeiserne Kreuze. Der Seespiegel liegt etwa 20 Meter tiefer, der Blick schweift auf die andere Uferseite mit dichtem Wald und ausgesprenkelten Häusern. Im Kircheninnern fühlt man sich warm empfangen. Es riecht nach Kerzenwachs, am Aufgang zur Orgelempore haftet ein handgeschriebener Zettel: »Alles im Leben hat seine Zeit.«

Zur Winterkirche, die auch Rosenkranzkirche heißt und dem Typus mittelalterlicher Chorquadratkirchen entspricht, ist es nur ein Katzensprung. Die Zwiebelhaube des Turms ist barocker Bauart, das Portal steht offen. Der gedrungene Innenraum wirkt noch einladender als jener der großen Kirche. Wertvoll sind die jahrhundertealten und umfänglich restaurierten Wandmalereien. Bildhauerische Arbeiten zeigen Luzia und Apollonia Seite an Seite in rot-grün-goldenen Gewändern, den heiligen Valentin in Bischofsornat, Nikolaus, eine Schmerzensmutter. »Hast du dich schon einmal in eine brennende Kerze hineinversenkt, in das Flackern und Leuchten des Lichtes?«, steht auf der Tafel neben einem Bildnis des heiligen Nepomuk. »Hast du schon einmal die Wärme gespürt, die ein Kerzenlicht ausstrahlt, so dass es dir wohl wird und du dich geborgen fühlst und daheim?«

29 Die schöne, unglückliche Ottilie

Pfarrplatz 1, Maria Wörth

Ein »Diandl« aus Reifnitz schrieb ein tieftrauriges Liebeslied, das zum populären Volkslied wurde – angeblich das einzige Kärntnerlied in Moll.

Wenn der Sommer seinen Höhepunkt überschritten hat und die Mauersegler sich schon verabschiedet haben, liegt früh am Morgen kühler Tau auf dem Gras. Herzschmerz mischt sich ins Bluesfeeling und die leise Ahnung von einem nahenden Ende.

»I tua wohl ois wia won nix war / oba drinnan im Herzn / do is ma so schwar« singt mit der tiefen Traurigkeit der Kärntner Seele Herwig Zamernik, Bassist der Klagenfurter Rockband Naked Lunch, in seiner künstlerischen Zweitidentität als wandlungsfähiger Unterhaltungskünstler Fuzzman auf dem Album *Hände weg von allem*. Allerdings hat nicht er das tieftraurige Liebeslied geschrieben, das zum populären Volkslied wurde, sondern ein »Diandl« aus Reifnitz: Ottilie von Herbert (1825–1847), die schöne Unglückliche in einer romantischen Tragödie, ist auf mysteriöse Weise verschwunden im See und trotzdem unsterblich.

Am 29. September 1847 war sie von einer nächtlichen Ruderbootausfahrt nicht mehr zurückgekehrt. Höchstwahrscheinlich ertrunken. Mit 22 Jahren. Ihre Leiche wurde nie gefunden. Ob es ein Unfall war oder ein Suizid aus Liebeskummer, ist ungeklärt. Das künstlerische Vermächtnis der ebenso kunstsinnigen wie sensiblen Baronesse – Heinrich Heine war ihr Lieblingsdichter – fand man nach dem Unglück in der Reifnitzer Wohnung der Familie an ihrem Klavierpult: ein ergreifendes Liedchen, das von Wehmut und Tod erzählt, mit einer überirdisch schönen Moll-Melodie für eine Singstimme. Ausdruck der angeblich unglücklichen Liebe des Fräuleins von Adel zu einem Bauernburschen:

I tua wohl, i tua wohl,
Als wann ma nix war;
Aber drin in mein Herzen,
Da is ma so schwar.
Is ma allweil so schwar,
's wann a Stanle drin war;
Und i wussat wohl wen,
Der mir 's auß'r kunnt nehm.

Angeblich ist es das einzige Kärntnerlied in Moll. Das irritiert, weil ja alle Kärntnerlieder irgendwie nach Melancholie in Moll klingen. Aber Aufsehen erregt hat es damals. Weniger in den breiten Schichten der Landbevölkerung als in den Salons der Aristokraten wurde es bald gesungen, bald am Klavier paraphrasiert. Und heute noch gehört es zu den beliebtesten Kärntnerliedern.

Ottilie entstammte einer bekannten Kärntner Familie, deren Geschichte voll tragischer Verstrickungen war: Als eine von sieben Töchtern des Fabrikinhabers und Realitätenbesitzers Ignaz Freiherr von Herbert und seiner Frau Theresie war sie im damals vom Volksmund »Engelnest zu Reifnitz« genannten Haus Nr. 7 (heute: Seenstraße 14, Maria Wörth) zur Welt gekommen und aufgewachsen. Nach dem frühen Tod der Mutter wuchsen Ottilie und ihre Schwestern unter der Obhut einer Haushälterin auf. Musik und Kunst spielten im Alltagsleben der Familie eine große Rolle.

Ottilie war eine Cousine von Edmund von Herbert, dem Herausgeber der ersten Sammlung von Kärntnerliedern, und eine Großnichte des Industriellen und Mäzens Franz Paul von Herbert (1759–1811) und dessen Schwester Maria (1769–1803), deren Beziehungen zu den Kreisen um den Königsberger Philosophen Immanuel Kant und den Dramatiker Friedrich Schiller für sich ein Kapitel Kulturgeschichte bilden. Denn die Familie der Freiherren von Herbert spielte im kulturellen und wirtschaftlichen Leben von Stadt und Land im 18. und 19. Jahrhundert eine große Rolle. 1756 gründete sie die erste österreichische Bleiweiß-, Salpeter- und Mennige-Fabrik in Klagenfurt und erzeugte das schon in der Antike als Farbmittel und bis ins 19. Jahrhundert als Pigment in Schminke verwendete Bleiweiß. Begehrt, weil lichtbeständig und wegen seiner hohen Deckkraft und des schönen Glanzes, war es zwar giftig, aber lange unverzichtbar für Farben und Weißtöne in der Ölmalerei, aber auch in der Aquarell- und Pastelltechnik sowie in der Wandmalerei.

Die Fabrik in Klagenfurt mit einer Filiale in Wolfsberg, wo auf Obstbaumplantagen der für die Bleiweiß-Produktion nötige Essig hergestellt wurde, exportiert ihre Produkte europaweit und bis in die Türkei und nach Ägypten. Dass die Kärntner bei ihrem Verfahren den Essig bald durch Weintrester, Bierhefe oder gärungsfähige Obstsäfte ersetzen, führt zu einem reineren Weiß und zur Herstellung des ersten sogenannten Kremser Weiß in feiner Qualität.

Aber Franz Paul von Herbert ist nicht nur ein experimentierfreudiger Chemiker und Industrieller, sondern auch ein Gelehrter: Ende 1790 verlässt er Fabrik, Frau und Kind, um in Jena Philosophie zu studieren. Er gehört zum Schülerkreis von Immanuel Kant, mit dem seine Schwester Maria als eine von ganz wenigen Frauen korrespondiert.

Karl Leonhard Reinhold (1757–1823), ein Wiener von Geburt und der wichtigste österreichische Philosoph der Aufklärung, hatte durch seine *Briefe über die Kantische Philosophie* (1786–87) die Grundideen von Kants »Kritik der reinen Vernunft« bekannt gemacht. Er widmet seinem Freund Herbert, der in Jena seine Vorlesungen besucht hatte, sein Buch *Über das Fundament des philosophischen Wissens* (1791) zum »Andenken der seligen Tage, die wir gemeinschaftlich im Streben nach Wahrheit verlebten«. Und für Friedrich Schiller, der Herbert zur Werbung für die von ihm gegründete Literaturzeitschrift *Die Horen* auffordert, ist der Kärntner »ein guter, gesunder Kopf, mit ebenso gesundem moralischem Charakter«.

Nach dem Tod von Kaiser Leopold II. 1792 beginnt mit seinem wenig begabten Sohn Franz II. eine Ära der Reaktion. Die liberalen

Lindenplatz in Maria Wörth mit Rosenkranzkirche, Friedhofsportal und Pfarrkirche

Errungenschaften der josephinischen Ära werden wieder weitgehend abgebaut. Der Polizeiminister Graf reorganisiert die Staatspolizei und lässt alle verdächtigen Elemente bespitzeln. Unter ihnen auch Herbert. Zwar scheitert Herberts Versuch, für die Philosophie Kants in Klagenfurt eine Heimstätte zu schaffen, aber der philosophisch-literarische Salon im Klagenfurter Patrizierhaus des Barons – das »Herbertstöckl« am St. Veiter Ring – wird im letzten Jahrzehnt des 18. Jahrhunderts zu einem intellektuellen Zentrum der österreichischen Aufklärung.

Mit ihrer Begeisterung für Aufklärung, Revolution und ihrer Nähe zu den Jakobinern machen sich der Freimaurer Herbert und sein Kreis verdächtig. Seine Kontakte zu den Kantianern wie Johann Benjamin Erhard (1766–1827), der eine Abhandlung *Über das Recht des Volks zu einer Revolution* veröffentlichte, sind für Herbert politisch belastend. Jahrelang steht er unter polizeilicher Beobachtung mit gelegentlichen Hausdurchsuchungen. Einmal wird neben anderen Dokumenten auch ein Brief Schillers beschlagnahmt. Damit ist die »selbstdenkerische« Freiheit im Salon massiv eingeschränkt. Die politischen Umwälzungen in der Franzosenzeit bringen den revolutionären Traum endgültig zum Platzen und das Aus für den Herbert-Kreis.

In einem Bericht an die Staatspolizei heißt es, Herbert sei ein Sonderling, der sich während der Französischen Revolution den Ruf eines Jakobiners zugezogen habe. Er habe einen gefährlichen Eindruck gemacht, weil er anders lebe als andere Menschen. Er sei eigentlich mehr ein Kosmopolit als ein Parteigänger; sein Herz sei gut, und sein Verstand sei ein Labyrinth. 1807 habe Kaiser Franz II. sogar seine Fabrik besucht. Bei der Sprengung der Festungsanlagen, bevor die Franzosen Klagenfurt am 11. Jänner 1810 räumen, wird auch Herberts Bleiweißfabrik fast völlig zerstört. Der Schaden: 100 000 Gulden. Depression und Krankheiten in der Familie folgen. Maria von Herbert begeht 1803 Selbstmord, Franz Paul 1811.

Über eine Treppe und einen sanft ansteigenden Weg zur Kirche Maria Wörth, wo im Herbst rote und blaue Astern blühen, zwischen Grabkreuzen und Marmorsteinen aufwärts, gelangt man an einen der schönsten Aussichtspunkte auf eine Landschaft, die im September ihren ganzen Glanz aufbietet: Blau wie das Glück breitet sich der See zwischen dem andrängenden Grün der Ufer aus. Das schmale Mittelstück des Sees schwingt sich als blitzende, geschmeidige Schlange in die Bucht von Reifnitz hinein. Dahinter zeigt sich die heroische Kalkkulisse der Karawanken.

Ein Kreuz aus gelblichem Marmor steht an der Ostseite des Kirchleins von Maria Wörth im bezaubernden, von der Welt abgewandten Garten der Toten. Und ein Stein erinnert mit schlichter Inschrift an das Schicksal der »Ottilie Freiin von Herbert, geboren den 18. Juli 1825, verunglückt im Wörthersee am 26. September 1847. Ich will Wiederkommen und euch zu mir nehmen, damit ihr dort seid, wo ich bin.«

Grab der Ottilie Freiin von Herbert, bekannt für das Kärntnerlied *I tua wohl (åls wånn ma nix war)*

Ein fiktives Rendezvous mit dem Fräulein aus gutem Haus über mehr als eineinhalb Jahrhunderte hinweg beschreibt der Kärntner Schriftsteller Egyd Gstättner in der Erzählung *Das Mädchen im See* in einem Gespinst aus Historischem und Erfundenem. Im Biedermeierdorf Maria Wörth ist in der Nachsaison der grelle Lärm des Hochsommers verklungen, das Publikum gesetzter, überall »Kaffee-und-Kuchen-Gesichter« und Menschen mit zu hohem Cholesterinspiegel. Es geht um den Tod, der sich nicht abschütteln lässt, auch nicht im Urlaubsparadies in der Erzählung voll Verzweiflung – und Witz: »Wirklich Verlass ist nur auf drei Dinge: Der Mensch ist sterblich. Die Medizin ist keine Wissenschaft. Und die Ärzte besitzen die Seehäuser am Wörthersee, die wir uns niemals werden leisten können«, schreibt Gstättner. »Aber sie haben nicht sehr viel von ihren Sommerresidenzen, weil sie in ihrer Praxis sitzen und Hausbesuche machen und nach der Ordination noch privat operieren müssen, um sich ihre Seevillen leisten zu können, für die sie keine Zeit haben, und davon bekommen sie einen Herzinfarkt. Dabei kann man den viel billiger haben.«

30 Illustre Gäste im »Klein Miramare«

Schlossweg 2, Reifnitz

Die späthistoristische Villa am markanten Felsen in Reifnitz erinnert auch an die Alsterschlösser in Hamburg.

Der schönste Fleck weit und breit. In Wahrheit ist Schloss Reifnitz gar kein Schloss, sondern eine Villa, gebaut 1898 von einer argentinischen Familie mit Hamburger Wurzeln. Aber so wie dieses »Klein Miramare« mit Zinnen und Terrassen auf dem vorspringenden Felsen am Wörthersee-Südufer thront, hat es viel Ähnlichkeit mit dem für Erzherzog Ferdinand Maximilian von Österreich, den Bruder Kaiser Franz Josephs I., und seine Gattin Charlotte von Belgien etwa fünf Kilometer nördlich von Triest errichteten Schloss an der Adria.

Die ursprünglich aus Hamburg stammende Familie von Johann Ludwig Heinrich Bercht (1834–1908) war 1854 nach Südamerika ausgewandert, wo sie weiter die deutsche Sprache pflegte. Bercht wurde wohl auch deswegen nach Wien an den Kaiserhof geschickt, um da seine neue Heimat Argentinien ab 1870 als Generalkonsul zu vertreten.

»Als Angehörige der Wiener Gesellschaft kamen sie zur Sommerfrische an den Wörthersee, was damals noch weniger Schwimmen oder Baden, sondern Wandern hieß«, sagt der Kärnten-Guide Astrid Legner. »In Wien wurde am 6. Juli 1875 sein einziger Sohn Adolf Heinrich geboren. Er studierte in Genf und Graz, während seine Eltern ihren Lebensabend bereits auf ihrem Gut in Reifnitz verbrachten. Da die Familie vermögend war, konnte der junge Jurist die nächsten Jahre auf Weltreisen gehen.«

Die Berchts hatten ein 10 000 Quadratmeter großes Grundstück mit einem markanten Felsen gekauft, wo sie ihre späthistoristische Villa errichten ließen. Sie erinnert an die Alsterschlösser in Hamburg. Legner: »Heinrich Bercht holte sich einen Hamburger Archi-

»Klein Miramare«: Schloss Bercht bei Reifnitz in Maria Wörth, 1924

tekten für sein Schlösschen. Aufgrund der Lage wird es als Schloss Reifnitz bezeichnet, heißt aber nach seinem ersten Besitzer Villa Bercht.«

Bis zum Tod des Vaters am 21. Februar 1908 in Gardone am Gardasee engagiert sich Adolf Heinrich Bercht (1875–1940) in der Kommunalpolitik, wird zunächst Gemeinderat der Großdeutschen Partei in Graz, dann Stadtrat und Finanzreferent und schließlich erster Bürgermeister-Stellvertreter. Nach dem Untergang der Monarchie und der Heimkehr aus dem Krieg wird die Reifnitzer Seevilla sein Wohnsitz.

1920 nimmt er seine politische Tätigkeit als Gemeinderat in Klagenfurt wieder auf, ist Finanzstadtrat und von 1926 bis 1931 Bürgermeister. Um der Stadt in einer Zeit größter wirtschaftlicher Depression sparen zu helfen, verzichtet er auf Gehalt und Spesenersatz. Als Begründer der Städtepartnerschaften erhofft er sich wirtschaftliche Vorteile und kontaktiert die Stadtverwaltung seiner Großvaterstadt Hamburg: Aber die war 1200 Kilometer weit weg. Und den Hamburgern gefiel die Idee nicht besonders. So kam Wiesbaden zum Zug. Klagenfurt und Wiesbaden gingen als erste Städte 1930 eine Partnerschaft ein. Heute noch erinnert die Wiesbadener Straße unmittelbar hinter dem Klagenfurter Rathaus an diese Verbindung.

Mit der Unterzeichnung des Friedensvertrages von Saint-Germain am 10. September 1919 muss Österreich die Nachfolgestaaten der k. u. k. Monarchie – Tschechoslowakei, Ungarn, Jugoslawien, Polen – anerkennen. Böhmen, Mähren und einige Gemeinden Niederösterreichs gehen an die neu gegründete Tschechoslowakei. Südtirol bis zum Brenner, das Küstenland mit Görz und Triest, Istrien und Gebiete Dalmatiens müssen an Italien abgetreten werden. Teile der Untersteiermark, das Kärntner Mießtal und das Seeland gehen an das Königreich der Serben, Kroaten und Slowenen. Westungarn, sprich Burgenland, kommt zu Österreich, das nun »Republik Österreich« heißt und dem der Anschluss an das Deutsche Reich verboten ist.

»Am Wörther See blüht purpurn der wilde Wein. Einen leuchtenden Kranz windet er, von Ufer zu Ufer. Aber der Kranz ist entzwei geschnitten; mitten durch den See zieht sich, dem Auge unsichtbar, ein scharfer Trennungsstrich: die Demarkationslinie. Zwei Abstimmungszonen gehört der See an, und während in Pörtschach und Krumpendorf alles beim alten ist, gehen in Maria-Wörth jugoslawische Gendarmen am Seeufer spazieren«, steht am 20. September 1920 im *Neuen Wiener Tagblatt*. Die Fahrt in die südliche Zone A ist eine Fahrt ins Ungewisse. Kärntner, die zu Kärntnern gelangen wollen, müssen Schleichpfade gehen. Die Ruderboote und Segler auf dem See dürfen am südlichen Ufer nicht ungestraft anlegen. Schriften, die für die Einheit der kärntnerischen Heimat, für Österreich, werben, werden in Rucksäcken verborgen über die Trennlinie geschmuggelt. Denn hüben ist Österreich, drüben jugoslawisches Verwaltungsgebiet, jugoslawische Herrschaft.

Bercht stellt sein Haus mehrmals für Sitzungen der interalliierten Abstimmungskommission vor der Volksabstimmung in der Zone A am 10. Oktober 1920 zur Verfügung. Der Leiter der Entente-Mission, Oberst Peck, wohnt mit seinem Sekretär und der englischen Delegation in der Villa Menasse neben »Werzer's Bootshaus«. Die Trikolore und die Fahnen Englands und Italiens sind die einzigen Standarten, die am Wörthersee wehen. Denn so weit das Abstimmungsgebiet reicht, ist das Beflaggen verboten. Der Krieg zwischen den Fahnen ist zu Ende, die jugoslawischen und die trotzig neben ihnen aufgepflanzten Kärntner Flaggen müssen eingezogen werden.

Die Obsternte in der Zone A ist so glänzend ausgefallen wie selten zuvor. Aber die Äpfel und Birnen dürfen nicht nach dem zum Greifen nahen Klagenfurt hinüber. Die Demarkationslinie liegt im Herbst 1920 dazwischen. »Kärntner bleibt der Heimat treu!« ist der Appell der einen vor der Abstimmung und Grün die Farbe der für die Zugehörigkeit zu Österreich votierenden Stimmzettel. Die Agitatoren der Zone A hingegen schreiben mit grellen roten Buchstaben auf die Häuser: »Nach Hungerreich – eine Minute!«

»Nachsommerliches« meldet die *Kärntner Zeitung* Mitte September 1920. Dass es in Pörtschach keine »Saison« im vorkriegszeitlichen Sinn des Wortes war, aber immerhin ein verheißungsvoller Übergang vom langjährigen Dornröschenschlaf zum vollen Wiedererwachen des Kurortes. Dass es einen ziemlich regen Verkehr zwischen hüben und drüben gab, doch der Besuch des Südufers »aus valutarischen Gründen« keine »ungemischte« Freude war.

Auf Schloss Bercht weht die französische Trikolore. Graf Charles de Chambrun, der französische Vertreter in der Plebiszitkommission, hat hier seinen Sitz, während die anderen Herren der französischen Mission in der Villa Venezia des Architekten Josef Victor Fuchs einquartiert sind. Chambrun, ein direkter Nachkomme von General La Fayette, dem gemeinsamen Nationalhelden Frankreichs und der Vereinigten Staaten von Amerika, gilt als der größte Diplomat Frankreichs, taktvoll und geistreich. Zunächst Botschaftsattaché in Rom und Berlin, Sekretär der französischen Botschaft in Washington, Rio de Janeiro, Petersburg, London, Konstantinopel und abermals in Washington, spricht er glänzend Englisch und leitet jahrelang das Pressebüro des Außenministeriums, bis er zum Gesandten in Wien ernannt und 1946 in die Gelehrtengesellschaft Académie française, in den Kreis der »Vierzig Unsterblichen«, berufen wird, gemeinsam mit drei bedeutenden Männern der Literatur: Paul Claudel, Jules Romains und Marcel Pagnol. Er hatte einen größeren Bekanntenkreis als irgendein anderer französischer Diplomat und Freunde in fast allen Hauptstädten der Welt. Als er einmal sein Taxi bezahlte, damals noch »Autodroschke« genannt, fiel ihm auf, dass ihn der Fahrer genau musterte. »Ich habe Sie schon früher einmal getroffen«, sagte der Chauffeur. »So? Wo denn?«, fragte der Graf. »Ich bin Ihnen am 28. Juli 1914 an Bord des russischen Flaggschiffs begegnet«, war die Antwort. »Wirklich? Ja, da war ich tatsächlich. Waren Sie auch an Bord?« – »Ich stand auf der Kommandobrücke. Ich war der Kommandant des Flaggschiffes«, erwiderte der frühere russische Seeoffizier und jetzige Taxichauffeur.

Chambrun konnte mit Esprit plaudern: »Diplomat sein, das hieß früher schlau sein, geschickt lügen zu können. Heute heißt es, klar zu beobachten, gut zu berichten und vor allem Vertrauen einzuflößen. Einmal galt es als selbstverständlich, ja als Pflicht, dass die Diplomaten anders sprachen, als sie dachten. Heute hat die Demokratie die sozialen, die Wissenschaft die materiellen Bedingungen der Welt geändert, mit Windeseile verbreiten sich alle Nachrichten, die Presse ist frei und mächtig, und sie soll es auch sein, um gemeinsam mit der Diplomatie die friedlichen Ideen der Regierungen zu popularisieren.«

Am 17. März 1937, kurz vor 18 Uhr, wurde Chambrun auf dem Gare du Nord in Paris Opfer eines Anschlags, der großes Aufsehen erregte. Eine elegant gekleidete, auffallend attraktive Frau zog eine Pistole aus ihrer Handtasche und feuerte mehrere Schüsse ab, traf und verletzte den Diplomaten. Die Öffentlichkeit vermutete eine Eifersuchtsszene, einen Gesellschaftsskandal. Am gleichen Abend zischten im festlich beleuchteten Tripolis zu Ehren des »Erneuerers von Italien«, Benito Mussolini, Raketen und Feuerschlangen in den Sternenhimmel Afrikas. Der »Duce« hatte die italienische Kolonie Libyen mit seinem Besuch »ausgezeichnet«. Kilometerweit war der rote, hart gebrannte Lehmwall der Straßenböschung mit kostbaren Teppichen belegt. Als höchste Ehrung hatten die Muslime dem Gast ein mächtiges Schwert, den »Ehrendegen des Islam«, überreicht.

Die Protagonisten beider Ereignisse waren auf seltsame Weise miteinander verbandelt.

Die Attentäterin in Paris wurde verhaftet, doch nach kurzer Voruntersuchung wieder auf freien Fuß gesetzt. Madeleine Coraboeuf (1905–1960) oder Magda Fontanges, wie sie sich nannte, ging nach Hause und nahm eine Packung Veronal. Aber der Selbstmordversuch missglückte. Bewusstlos aufgefunden, wurde sie in ein Krankenhaus gebracht und gerettet. Wer war die Dame? Warum wollte sie nicht mehr leben? Unter ihren Papieren fanden sich Briefe und Fotografien mit Unterschriften und Widmungen von Mussolini. Sie hatte gezielt die Bekanntschaft des »Mannes ihrer Träume« gesucht, war im April 1936 nach Rom gefahren und hatte sich im vornehmen Hotel Ambassadore mit zahlreichen Koffern einquartiert. Sie war keine Journalistin, als die sie sich ins Gästebuch eintrug. Aber eine Schönheit und raffinierte Abenteurerin.

Der Propagandaminister Dino Alfieri vermittelte ihr ein Interview mit dem Faschistenführer, der sie im Palazzo Venezia empfing. Er gestand ihr seine Schwäche für Frauen ihres Typs. Sie gab ihm zu verstehen, dass sie mit ihm lieber allein an einem intimeren Ort wäre als in seinem pompösen Regierungspalast und wurde seine zeitweilige Geliebte. Der Duce schickte seine Mätresse Clara Petacci, die ihm am Ende bis in den Tod folgte und erschossen wurde, auf Urlaub, und ließ die Pariserin in einer Widmung wissen: »Für eine Nacht mit Dir würde ich Äthiopien geben, mein Liebling.«

Was wie eine Liebesgeschichte in einem Groschenroman klingt, endete abrupt. Die italienische Geheimpolizei informierte Mussolini, sie sei eine Spionin und in Frankreich in den Alexandre-Stavisky-Finanzskandal 1934 verwickelt. Der ließ ihr daraufhin 15 000 Lire Reisegeld und ihr Ausreisevisum bringen. Das Diktatorenliebchen kehrte wütend nach Frankreich zurück und schwor Rache. Weil sie den französischen Botschafter in Rom als intriganten Drahtzieher hinter ihrer abrupten Ausweisung aus Italien vermutete, kam es zum Anschlag auf Chambrun, wofür sie zu einem Jahr Haft verurteilt wurde.

Die schöne Magda gelangte später auch ins Umfeld des »Generalissimo« Franco in Madrid. Aber der »Caudillo« machte kurzen Prozess und schob sie nach Frankreich ab. Als sie die Deutschen dort aus dem Gefängnis holten, ließ sie sich vom »deutschen Abwehrdienst« als Agentin anwerben. Der nächste Akt ihres Lebens spielte nach dem Krieg vor einem Militärgericht in Bordeaux. Sie hatte sich wegen Landesverrats und »verräterischer Zusammenarbeit mit dem Feinde« zu verantworten. 15 Jahre Zuchthaus lautete das Urteil. 15 Jahre Zuchthaus für eine Kurtisane von Format, aber ohne Talent. Anfang 1953 bedingt freigelassen, reiste sie trotz Verbots nach Paris und wurde erneut inhaftiert. Mit 55 Jahren beendete sie ihr Leben in einer Genfer Dachkammer mit Schlaftabletten.

Im Vergleich dazu waren die Jahre in Kärnten weit weniger ereignisreich. Berchts Frau war am 14. Juli 1929 um 17.30 Uhr in Pörtschach am festlich geschmückten Werzer-Strand Taufpatin des nach ihr benannten Wasserflugzeuges »Nelly« in Pörtschach, das rasch zur Hauptattraktion der Fremdenverkehrsregion wurde. Das Wörthersee-Verkehrsflugzeug bot vier Personen Platz und war vermutlich ein Nachbau der Maschine, die Baron Gottfried von Banfield (1890–1986), der berühmte »Adler von Triest« und erfolgreichste Marine-Kampfpilot der Monarchie mit 20 Luftsiegen im Ersten Weltkrieg, oft benützte.

Ein 20-Minuten-Rundflug mit dem Flugboot über den Wörthersee und den Ossiacher See für 30 Schilling pro Person war allerdings ein teures Vergnügen. Zwischen 1928 und 1938 startete

Einst Attraktion in Pörtschach: das Wasserflugzeug »Nelly«

»Nelly« bis zu 20 Mal täglich. Man konnte mit ihr entweder über den Wörthersee oder von Velden nach Pörtschach fliegen. Das Winterlager des Bootes befand sich in der Wörthersee-Werft in Pritschitz. Im Winter 1941/1942 hielt das Dach der Schneelast nicht mehr stand, stürzte ein und zerdrückte »Nelly«.

Zwei Arten von Menschen gibt es: die unten und die Himmelspassanten, von denen Bercht Anfang August 1929 einen berühmten Gast in Reifnitz hatte. Hermann Köhl, der deutsche Ozeanflieger, schrieb Luftfahrtgeschichte, als er am 12. April 1928 in der einmotorigen Junkers W 33 »Bremen« mit den Piloten Günther Freiherr von Hünefeld und James Fitzmaurice von Irland zur ersten Überquerung des Atlantiks mit einem Motorflugzeug von Osten nach Westen, von Europa nach Amerika, gestartet war. Und als in New York gefeierter Held nach Deutschland zurückkehrte.

Die Villa Bercht war 20 Jahre im Besitz der Gemeinde Maria Wörth (Reifnitz), zwischenzeitlich auch immer wieder Drehort für zahlreiche Wörtherseefilme wie *Der Arzt vom Wörthersee*, der dort seine Ordination hatte, und wurde – in desolatem Zustand – 2006 an den Milliardär und Chef der Autozulieferfirma Magna Frank Stronach verkauft, den der damalige Kärntner Landeshauptmann Jörg Haider zum Neo-Kärntner geadelt hatte. Zu billig, wie es hieß. Die Immobilie sei Haiders Morgengabe für eine Magna-Betriebsansiedlung in Kärnten gewesen, wurde gemunkelt. Denn groß waren die Versprechen des Austro-Kanadiers, der ab 2013 mit seinem europafeindlichen und rechtspopulistischen Team Stronach ein ebenso kurzes wie bizarres politisches Gastspiel im österreichischen Parlament gab: Ein Tourismus-Projekt der Luxusklasse für die gesamte Region mit Wellness-Hotel samt Konferenzräumlichkeiten plus 14 Villen sollte mindestens 70 Arbeitsplätze schaffen. Aber nichts davon geschah, außer der Sanierung des Schlosses, das Privatresidenz wurde. Nach einer Anzeige ermittelte die Justiz, weil Stronach das idyllische Anwesen mit dem umliegenden Wald, insgesamt 69141 Quadratmeter öffentlicher Grund, zum Schnäppchenpreis von 6,4 Millionen Euro bekommen haben soll. Das entspricht einem Quadratmeterpreis von rund 92 Euro für Bestlage am See, für die sonst 3000 Euro und mehr bezahlt werden.

Der Kaufvertrag enthielt allerdings ein Rückkaufsrecht für die Gemeinde, wenn die vereinbarte Investition nicht innerhalb von fünf Jahren realisiert wird. Zwar beschloss der Gemeindevorstand von Maria Wörth mehrheitlich, das Rückkaufsrecht wahrzunehmen, wozu drei Jahre Zeit war. Aber Bürgermeister Adolf Stark von den Freiheitlichen legte sich quer, und das Land Kärnten hatte weder Geld noch Interesse am Rückkauf. Schließlich haben die Gemeinderäte 2011 für eine Abschlagszahlung von einer Million Euro auf das Wiederkaufsrecht verzichtet.

Die einen ließen sich von einem Gutachter bescheinigen, dass der Kaufpreis vor allem wegen des desolaten Bauzustandes nicht zu niedrig gewesen sei. Die anderen sprachen von Vertragsbruch und einer massiven Schädigung der Gemeinde. Der Rechnungshof war im Endbericht 2015 deutlich in seiner Kritik an den Vorgängen: Der Abschluss der Optionsvereinbarung des Gemeinderates mit Magna wurde »maßgeblich« von der Anwesenheit Jörg Haiders und des Finanzreferenten Karl Pfeifenberger beeinflusst. Obwohl nicht das Land, sondern die Gemeinde Eigentümer des Grundstücks war. Haider hatte in einer nächtlichen Sitzung des Gemeinderates zwei Tage vor Weihnachten Druck gemacht.

Der verhältnismäßig geringe Kaufpreis war im Zusammenhang mit den geplanten, allerdings nie realisierten Investitionen zu sehen und um bis zu 30 Prozent niedriger als für eine Privatnutzung. Die Prüfer monierten, dass sich die Gemeinde Maria Wörth um eine Million Euro das vertraglich vereinbarte Wiederkaufsrecht abknöpfen hat lassen und damit auf die letzte Chance auf Umsetzung des Tourismusprojekts verzichtet hatte.

Der Rechnungshof kritisierte auch, dass »beim Wechsel politischer Organe« Akten und Unterlagen vernichtet worden waren, entgegen den Vorgaben des Kärntner Landesarchivgesetzes. Beanstandet wurde, dass die Gemeinde kein Bieterverfahren durchführen oder von einem Sachverständigen ein Schätzgutachten ausarbeiten hat lassen. Dasselbe gilt für die staatlichen Bundesforste, die ein angrenzendes Grundstück an Magna verkauft hatten.

Von Magna ging das Seeschlösschen an den Konzerngründer Stronach und schließlich an seinen Geschäftspartner, den österreichischen Wirtschaftsmagnaten Siegfried »Siggi« Wolf, der heute Alleineigentümer ist. Die Wirtschafts- und Korruptionsstaatsanwaltschaft hat ihre Ermittlungen 2014 eingestellt.

31 Schloss Sekirn – und das wahre Glück: ein blauer Himmel

Wörthersee-Süduferstraße 59, Sekirn

Lange vor Heidi Horten war James-Bond-Erfinder Ian Fleming da, um seine heimliche Geliebte in die Arme zu schließen.

Eine Bühne für die Reichen und Berühmten in den 1930er-Jahren war eine Villa in üppigen späthistoristischen Formen in Sekirn (nach slowenisch Sekira für Axt), erbaut um 1900 von Paul Grünwald, in Wien seit dem Jahre 1883 Hersteller des Waschmittels Phönix-Lauge. Aufgrund der imposanten herrschaftlichen Erscheinung wurde das Anwesen auf Bildpostkarten auch Schloss Sekirn genannt. Und nach dem Verkauf 1921 nach dem neuen Besitzer Villa Windisch-Graetz.

Beim Fürsten traf sich viel internationale Prominenz, darunter Künstler, Politiker und vor allem Aristokraten wie der Herzog von Windsor, seine Wallis Simpson und der König von Siam (Thailand). Auch ein 22-jähriger Harvard-Student der Politikwissenschaft, später der 35. Präsident der Vereinigten Staaten von Amerika, verbrachte im August 1939 kurz vor Ausbruch des Zweiten Weltkrieges mehrere Wochen bei Maximilian Windisch-Graetz (1914–1976) in Sekirn: John F. Kennedy wohnte gemeinsam mit einem Freund in einem Nebengebäude des Schlosses, der sogenannten Karinderhütte, einem urigen Gebäude aus Holz, aber luxuriös ausgestattet.

Der umtriebige reiche Engländer Major James »Jimmy« Foster nannte es »Carinthian Home«, was die Einheimischen zu Karinderhütte verballhornten. Foster, Brauereibesitzer, Kärnten-Fan und Gründer des Golfhotels im nahe gelegenen Dellach (Gemeinde Maria Wörth), hatte gute Kontakte zu JFKs Vater, Joseph P. Kennedy, in den späten 1930er-Jahren amerikanischer Botschafter in London und Hitler-Sympathisant. Ehemalige Hausbedienstete erinnerten sich noch an die gut lesbare Unterschrift des jungen Kennedy im alten Gästebuch der Familie Windisch-Graetz.

Der ORF-Journalist Eugen Freund hörte auf Tonbandaufnahmen, wie US-Präsident Kennedy nach seiner Ankunft in Wien am 3. Juni 1961 beim Treffen mit Kreml-Chef Nikita Chruschtschow sagte: »Ich war vor 20, vor 21 Jahren fast einen Monat in Klagenfurt am Wörthersee in Ihrem wunderschönen Land, und ich freue mich über die Gelegenheit, nun wieder hier sein zu können.«

Es waren Erinnerungen an unbeschwerte Tage bei Windisch-Graetz. Man konnte feiern, flirten, plaudern und trinken in guter Gesellschaft. Über München und eine Wanderung auf das Kitzbüheler Horn kam ein Engländer an den Wörthersee, der als charmanter und gebildeter Draufgänger seinen Lebenszweck vor allem

Schloss Sekirn, ehemals Schloss Fürst Windischgraetz, 1912

darin sah, das Leben zu genießen. Er kam aus großbürgerlichen Verhältnissen. Winston Churchill verfasste in der Londoner *Times* den Nachruf auf seinen 1917 in Flandern gefallenen Vater, einen wohlhabenden, konservativen Parlamentsabgeordneten. Während der Sohn lange als schwarzes Schaf der Familie galt und all das war, was man eher nicht werden sollte in der englischen Gesellschaft einer immer noch viktorianisch angehauchten Moderne: Eton- und Militärakademie-Abbrecher, Spion und Journalist, Banker und nach Auskunft eines Freundes der schlechteste Broker der Welt, außerdem ein notorischer Weiberheld und Trinker, Golfer und Spieler – immer mit Höchstgeschwindigkeit unterwegs durch die Kurven eines mondänen Lebens.

Ian Lancaster Fleming (1908–1964) kam eigens nach Kärnten, um seine heimliche Geliebte in die Arme zu schließen, die Aristokratin und illustre Society-Lady Ann O'Neill, geborene Charteris (1913–1981), die er 1934 im historischen Stanway House in Gloucestershire, England, kennengelernt hatte. Und die schon verheiratet war mit einem prominenten Mann, Shane O'Neill, dem 3. Baron O'Neill, als ihre wilde Affäre begann.

Es sollte noch eine weitere Ehe mit dem Zeitungsmagnaten und *Daily Mail*-Eigentümer Esmond Cecil Harmsworth, 2. Viscount Rothermere, und 15 Jahre einer abwechselnd leidenschaftlichen, zärtlichen, stürmischen und verworrenen On-Off-Liebesbeziehung dauern, bis Fleming Ann 1952 endlich heiraten konnte. Ihr Sohn Casper wurde im selben Jahr geboren.

»Ich fand Ian originell und unterhaltsam«, sagte Ann. »Er war völlig anders als jeder andere, den ich jemals getroffen hatte.« Ian Fleming erfand die Figur des James Bond, Geheimagent seiner Majestät mit der MI-6-Dienstnummer 007, und schrieb seinen ersten Roman *Casino Royale* vor allem, um sein überschaubares Gehalt bei der *Sunday Times* zu erhöhen – zusätzlich Geld zu verdienen für seine Frau, die Reichtum gewohnt war und eine Scheidungsvereinbarung über 100 000 Pfund hatte. Außerdem entzündete der von schönen Frauen umkreiste Bond Flemings Libido und Fantasie. Es ist offensichtlich, dass Fleming sein wollte wie Bond. James Bond.

Briefe erzählen von der Liebe. Briefe zeigen, wer wir sind. 2019 bot Sotheby's in London eine außergewöhnliche Sammlung von rund 160 Briefen – Schätzpreis: 235 000 bis 356 000 Euro – zum Verkauf an, die das Paar im Lauf von zwei Jahrzehnten ausgetauscht hatte. Sie enthüllen intime Details des Zusammenlebens, von berauschenden Tagen funkensprühender Erotik mit sadomasochistischen Spielchen bis zu den schwierigen letzten Jahren der Ehe. »Ich sehne mich nach dir, auch wenn du mich peitschst, weil ich es liebe, von dir verletzt und danach geküsst zu werden«, schrieb Ann in den 1940er-Jahren an ihren Geliebten. Ein anderes Mal wünschte sie sich eine »Fee mit einem Zauberstab« herbei, die Ann ins Bett Ians zaubere, um ihn »mit einer Lederpeitsche für 40 Jahre zu bändigen«. Ian Fleming schrieb ihr: »Ich mag dich abends am liebsten in deinem weißen Kleid. Ich mag dich am meisten, wenn du versaute Dinge mit einem harten Lachen sagst.«

Der Schriftsteller verbrachte die Winter gern in der Karibik auf seinem 1946 erworbenen Anwesen Goldeneye in der Bucht von Oracabessa an der Nordküste Jamaikas und war bis zu seinem Tod 1964 jedes Jahr mindestens zwei Monate auf der großen Antilleninsel. Am liebsten ungestört und allein. Ann kam dort schon früh auf Stippvisite vorbei, während ihr zweiter Ehemann dachte, sie sei in Jamaika, um Noël Coward zu besuchen. Später berichtete Fleming Ann von Besuchern: »Truman Capote ist gekommen, um zu bleiben. Kannst du dir einen unpassenderen Spielkameraden für mich vorstellen? Er kam hektisch und zwitschernd mit seinem winzigen Gesicht, das unter dem Uniformhut eines russischen Kommissars zerquetscht war.«

Die Briefe werfen auch ein Licht auf seine Arbeit: Alle 14 James-Bond-Spionagethriller entstanden in Goldeneye – in einer Geschwindigkeit, die ihn manchmal frustrierte, aber manchmal begeisterte: »Währenddessen galoppiert das Buch. Ich habe ein

Der James-Bond-Autor und die Society-Lady: Ian Fleming und seine spätere Frau Ann

Drittel davon in einer Woche geschrieben – ein Kapitel pro Tag. Ich gehe davon aus, dass ich bald stecken bleiben werde, aber bis heute tut es mir gut und interessiert mich.« Auf seiner berühmten vergoldeten Royal-Quiet-Deluxe-Schreibmaschine tippte er an Ann: »Meine Liebe, dies ist nur ein winziger Brief, um meine neue Schreibmaschine auszuprobieren und zu sehen, ob sie goldene Wörter schreibt, da sie aus Gold besteht.«

Fleming tolerierte ihre Untreue, blieb selbst notorischer Playboy und verliebte sich auf Jamaika in Blanche Blackwell. Sie war verheiratet, aber seine Teilzeitmuse und seine Vorlage für die Figur Pussy Galore aus *Goldfinger*. Glücklich waren weder Ann noch Ian. Er rauchte und trank viel zu viel, seine Frau nahm lieber Tabletten. Affären hatten beide, der Sohn nahm sich mit 23 Jahren das Leben. Im großen Drama waren beide Egomanen und am Ende ihrer zuletzt unglücklichen Ehe wohl vor allem einsam. Die Geschichte ihrer Briefe voller Sehnsucht und Verheißung, voller Sex, Abenteuer und Glamour ist auch die Geschichte einer Einsamkeit zu zweit.

Alles hatte als wilde Affäre am Wörthersee begonnen, wo sich Jimmy Foster, der im Ersten Weltkrieg ein Bein verloren hatte, gern mit Kosmopoliten auf der Durchreise umgab. Darunter Margaret Kahn Ryan (1901–1995), die alle immer »Nin« nannten, und die später mit Ann und Ian eng befreundet war: Sie war die Tochter des Bankiers Otto Hermann Kahn (1867–1934), eines aus Deutschland stammenden Multimillionärs der Jahrhundertwende, eines Förderers der Künste und eines der wichtigsten Finanziers der New Yorker Metropolitan Opera mit eigener Villa in der Fifth Avenue.

Die Erbin eines großen Finanzvermögens, eine unermüdliche Reisende, amüsant und amüsiert, interessiert und interessant, war auch eine Kunstsammlerin, deren französische impressionistische Gemälde an den Wänden ihrer Triplex-Wohnung an der East Side von Manhattan und im Sommer, als sie nach London ging, im Metropolitan Museum of Art hingen.

Mit 20 Jahren hatte sie ihren Mann kennengelernt: John Barry Ryan war Reporter für *The Newark Ledger* und die Verbindung eine Vereinigung von Finanzdynastien: Ryan war ein Enkel von Thomas Fortune Ryan, einem Virginier, der in den 1870er-Jahren an die Wall Street auswanderte und Millionen mit Eisenbahnen, Tabak und Versicherungen verdiente. Er soll der größte Einzelbesitzer von Diamantenfeldern im belgischen Kongo gewesen sein.

1951, zwei Jahre nach dem Tod von Nins Mutter Addie, verkauften die Kahn-Erben Rembrandts *Porträt eines jungen Studenten* um 90 000 Dollar und spendeten den Betrag der Metropolitan Opera. Auf einer Plakette zuerst im alten Haus am Broadway und später im Lincoln Center stand, dass das Geld neue Produktionen von Verdis *Don Carlo* und Mozarts *Così fan tutte* ermöglicht hatte. Der *Don Carlo* war die erste Produktion von Rudolf Bing an der Met.

Im Krieg diente das Schloss Windisch-Graetz der Erholung von Nazi-Offizieren der deutschen Wehrmacht wie Generalfeldmarschall Wilhelm Keitel oder Generaloberst Alfred Jodl, nach dem Krieg zog die britische Militärverwaltung ein.

Der deutsche Warenhauskönig und Multimilliardär Helmut Horten (1909–1987), einer der einflussreichsten Wirtschaftskapitäne der Nachkriegszeit, dessen Düsseldorfer Kaufhaus bis 1936 den jüdischen Unternehmen Gebr. Alsberg, Strauß und Lauter gehörte, hatte in Berlin Erich Lassnig, den neuen Besitzer des Golfhotels, kennengelernt, der ihn nach Kärnten einlud. Die Côte d'Azur der Karawanken gefiel ihm so gut, dass er fortan jedes Jahr aufs Neue an den Wörthersee fuhr, zuerst das Schloss Reifnitz mietete, schließlich 1973 das Schloss Windisch-Graetz erwarb, die Karinderhütte abreißen und das Hauptgebäude umbauen ließ.

In einer Hotelbar in Velden hatte er eine gewisse Heidi Jelinek kennengelernt. Sie: blutjung, blond und schön, 1941 in Wien geboren, kleine Sekretärin, behütetes Einzelkind, das die Eltern mit Pirouetten am Wiener Eislaufverein erfreute. Er: 32 Jahre älter, sehr reich, Inhaber des viertgrößten Warenhauskonzerns in Deutschland hinter Karstadt, Hertie und Kaufhof. Dass sie gut zuhören konnte, habe ihn fasziniert, sagt sie: »Du hast die Weisheit einer uralten Frau in den Augen, sagte er schon, als ich noch das herzige, lebhafte 17-jährige Mädel war: Bekannte nahmen mich zu einem seiner Abendessen mit. Acht Jahre später waren wir verheiratet.«

Der Blick auf die Reichen und Schönen dieser Welt führt mitunter zur Erkenntnis: Wo Geld ist, kann auch Liebe sein. Und so gestand Heidi Horten einmal im Rückblick: »Es war eine große Liebe. Er war mir Vater, Bruder, Freund, Geliebter – alles.« 1966 wurde geheiratet. Aus Heidi Jelinek wurde Heidi Horten, eine der reichsten Frauen Deutschlands.

Nach dem Tod Hortens 1987 erbte die Witwe alles, was der Milliardär nicht in seine Helmut-Horten-Stiftung eingebracht hatte. Der Rest reicht völlig für ein sozial adäquates Dasein. Ein Privatjet, die knapp 100 Meter lange »Carinthia VII«, ein schwimmendes

Schloss und eine der größten Privatjachten der Welt um geschätzte 100 Millionen Euro Baukosten, mehrere Wohnsitze unter anderem in Lugano und London, ein Chalet in St. Moritz, Ferienvillen auf Cap d'Antibes auf den Bahamas und ein Penthouse in Wien machen gelassen. Und bescheiden.

»Geld war mir immer ziemlich egal. Es gibt mir ein Gefühl der Freiheit. Aber mehr als essen kann ich auch nicht. Ist man krank, kann man sich einen guten Arzt leisten. Den Krebs hat man trotzdem«, war einmal eine trockene Feststellung der scheuen Milliardärswitwe gegenüber einer Klatschreporterin. Und überhaupt: »Das Glück liegt in dir selbst. Der Himmel ist blau. Man muss ihn nur sehen. Ich bin bescheiden. Das hat schon meinen ersten Mann an mir fasziniert«, sagte Heidi Horten und erinnerte damit daran, was Adrienne Gessner einst über ihren Schauspielerkollegen Josef Meinrad sagte, der sich 1966 seinen automobilen Lebenstraum, einen Rolls-Royce Silver Shadow in elegantem Grau, erfüllt hatte: »Seit der Pepi den Rolls-Royce hat, ist er noch bescheidener geworden.«

Laut *Forbes* ist die Horten 3,1 Milliarden Dollar schwer. Aber Geld ist kein Thema. Dazu sagt Heidi Horten, die die Öffentlichkeit eher meidet als sucht, nichts. Das fände sie unfein. Sie muss ja nicht auf den Putz hauen, ihr Leben gestaltet sich ohnedies abwechslungsreich genug: Am Wörthersee genießt sie die gesellschaftlichen Events. Aber: »Party-Hopperei schürt nur Begehrlichkeit und Neid. Neid ist für mich die entsetzlichste Eigenschaft der Welt. Sie macht nichts als hässlich und alt.« Ältere Semester erinnern sich noch, als sie mit Udo Jürgens in der Ägäis schipperte, und die Yellow Press in Aufruhr geriet. Doch Udo war nur »ein wunderbarer Lebensfreund«. Und das wahre Glück ein blauer Himmel und die Abwesenheit von Einsamkeit, solange die beiden Graupapageien des Satzes »I love you, Heidi« fähig waren.

Da ist alles im milliardärgrünen Bereich. Wie bei ihrer spektakulären Kunstsammlung, die sie über Jahrzehnte fern der Öffentlichkeit aufgebaut hat. Für 2022 ist die Eröffnung ihres eigenen

Privatmuseums im für kolportierte 30 Millionen Euro erworbenen Stöcklgebäude im Hanuschhof im Herzen der Wiener Innenstadt neben dem Wiener Burggarten geplant, einem ehemaligen Kanzleigebäude, das Erzherzog Friedrich von Österreich-Teschen 1914 für seine Beamten erbauen ließ. Vis-à-vis seiner Residenz, dem Palais Erzherzog Albrecht und der heutigen Albertina.

In der Ausstellung *WOW! The Heidi Horten Collection* wurden 2018 rund 170 Werke erstmals öffentlich gezeigt, die sonst Domizile der Sammlerin in New York, London, Kitzbühel und Wien schmücken. Meisterwerke von Gustav Klimt über Andy Warhol bis Damien Hirst brachten 360 000 Besucher ins Leopold Museum. Insgesamt umfasst die Sammlung rund 700 Gemälde, Grafiken und Skulpturen. Es »ist eine der bedeutendsten europäischen Privatsammlungen«, betont Agnes Husslein-Arco, bis 2016 Direktorin des Belvedere, seit Jahrzehnten Ankaufsberaterin Hortens und künftige Direktorin ihres Museums. Die vermögende Klientin ersteigerte, wie im Juni 1996, schon mal 34 Werke für 22 Millionen Dollar in einem Schwung. Darunter war auch Marc Chagalls *Les Amoureux* mit einem Hammerpreis von 3,8 Millionen Dollar – bis heute das Lieblingsbild Heidi Hortens. Im Lauf der Jahre kamen Werke deutscher Expressionisten hinzu. 2002 etwa Ernst Ludwig Kirchners *Rote Akte*, von Sotheby's für den Hammerpreis von 3,1 Millionen Dollar versteigert, oder August Mackes *Zwei Frauen vor einem Hutladen*, mit brutto 4,3 Millionen Dollar – der bis heute gültige Auktionsweltrekord für den Künstler. Im gleichen Jahr fand über Phillips de Pury ein Großformat von Francis Bacon Eingang in die Kollektion. 6,7 Millionen Dollar ließ Horten für *Study for Portrait of Henrietta Moraes* (1964) springen. 2006 folgten das Selbstporträt von Edvard Munch, bei Sotheby's um 5,6 Millionen Dollar erworben, und zwischendurch Ankäufe bei Galerien oder aus Privatsammlungen, wie Gustav Klimts *Kirche in Unterach am Attersee* (1916). Bisweilen wurden ganze Lkw-Ladungen Richtung Wörthersee transportiert und unter der Regie Hussleins in den Räumen von Heidi Hortens Liegenschaft in Sekirn verteilt. Ihre

Sammlung wuchs und gedieh auch andernorts, ergänzt um Abstraktes von Cy Twombly und Mark Rothko oder amerikanische Pop Art von Andy Warhol, Roy Lichtenstein, Jean-Michel Basquiat, dazu Werke von Yves Klein oder Lucio Fontana, aber auch Paul Signac, Pablo Picasso oder Claude Monet. »Ich habe immer nur das gekauft, was mich erfreut, wenn ich es täglich um mich habe«, erläuterte Gräfin Goëss-Horten, wie Heidi Horten außerhalb Österreichs seit ihrer Hochzeit mit Adelsspross Carl Anton »Kari« Graf von Goëss auf Schloss Karlsberg in Kärnten im August 2015 heißt, ihre Strategie im Interview.

Ihre aktuelle Neuerwerbung ist das gut erhaltene Schloss Thürn hoch über dem Lavanttal oberhalb von Weinbergen. Im Obergeschoss befindet sich eine Kapelle mit freigelegten alten Fresken und einem wunderbaren Blick auf die gegenüberliegende Koralpe. Der Industrielle und RHI-Magnesitwerke-Gründer Hellmut Longin hatte es mit seiner Familie bewohnt und aus Altersgründen einen Käufer gesucht. Das Anwesen sei nur schwer zu verkaufen gewesen, sagte der Immobilienmakler Gerhard Dorner, da man es nur als Wohnsitz und nicht gewerblich nutzen könne. So hätte man aus Schloss Thürn zum Beispiel kein Bordell machen können. Aber das gibt es ja ohnedies bereits im Schloss Freyenthurn in Klagenfurt.

32 »'s Röserl vom Wörthersee«

Wörthersee-Süduferstraße 18, Maiernigg

Thomas Koschats Lied ist die vertonte Sage *Der schwarze Felsen vom Wörthersee*, im Volksmund »Schwarze Wand« genannt.

Eine imposante Zierde des Sees ist die burgähnliche Villa Schwarzenfels, 1890 erbaut von Georg Hladnig nahe der schwarzen Wand in Maiernigg, Süduferstraße 18. Der Grazer Architekt hat auf Nr. 4 in Maria Loretto bis 1896 seine eigene Villa Hladnig. Und seine Waldparzelle Nr. 1057/4 in Reifnitz verkauft er bereits 1892 um 8600 Gulden an den »dilettierenden« Wiener Architekten Friedrich Theuer (1859–1930), der ihr das heutige Aussehen gibt und schließlich auch das Landhaus für seinen Nachbarn Gustav Mahler entwirft.

Thomas Koschat: Komponist des populären Liedes *'s Röserl vom Wörthersee*

Das war damals ziemlich weit weg vom Schuss, während Velden oder Pörtschach am Nordufer schon den Anschluss an die Eisenbahn hatte. Das Südufer hingegen war nur schwer, etwa mit dem Ruderboot oder zu Fuß über das Keutschachtal oder den Reifnitzgraben, zu erreichen. Erst am 17. September 1899 wurde die Wörthersee-Süduferstraße offiziell eröffnet, die damals Kaiser-Franz-Joseph-Straße hieß. Der Monarch kam im neuen, aus acht Wagen bestehenden Hofzug nach Kärnten, wo das Ereignis allerdings von heftigem Dauerregen überschattet war. Lange blieb die neue, 19 Kilometer lange Straße eine Schotterpiste, die erst in den 1960er-Jahren asphaltiert wurde. Und in Hotelprospekten der 1930er-Jahre garantiert man den Gästen, dass die Straße mindestens einmal am Tag mit Wasser gesprengt wird, um die Staubbelastung zu bekämpfen.

Wie's »g'schamige Dirndle« lugt sie herüber, die zweigeschossige Villa Schwarzenfels, als schämte sie sich vor dem klassischen Loretto, dass sie sich so verwegen in den See vordrängt. Für manche ist Theuers Sommersitz sogar ein Schlössl. Und tatsächlich erinnert es mit seinen Zinnen und Türmen frappant an das bayerische Schloss Hohenschwangau en miniature, das 1000 Meter westlich von Schloss Neuschwanstein steht.

Zwischen Maiernigg und der »Friedlhöhe« führt ein kurzer Spaziergang zum »Schwarzen Felsen«, einem schroff in den See abfallenden dunklen Felsenvorsprung, der Kärntner Landschaftsmalern wie Eduard von Moro oder Markus Pernhart häufig als Motiv diente. Die Ferienvilla besteht aus durch Vor- und Rücksprünge ineinander verschachtelten Baukörpern. Mit ihrer unsymmetrischen Gestalt, dem Turm mit Pseudofachwerk, einer Loggia, dem Erker mit glasierten Dachziegeln, Zinnenmauerwerk auf der Terrasse und dem Turm als Abschluss im Westen hat der Späthistorismus als »altdeutscher Stil« hier seinen großen Auftritt. Burgenromantik wurde mit Elementen der italienischen Renaissance und des französischen Spätmittelalters kombiniert.

Das dramatische Lied *'s Röserl vom Wörthersee* op. 28 von Thomas Koschat (1845–1914) erzählt wie die Sage vom gefährlichen und gefürchteten »Schwarzen Felsen«, im Volksmund eigentlich »Schwarze Wand« genannt. Bei der Villa Schwarzenfels wollte an der geheimnisvollsten Stelle des Sees einst ein Jägerbursch vom Lesachtal für seine Braut eine schneeweiße Blume pflücken, die nur an dieser Stelle blühte – und ging mit seinem Boot unter. Koschat besingt in *'s Röserl vom Wörthersee* die Sage:

Es schwimmt beim »Schwarzen Felsen«, in dunkelgrüanen See,
A wunderherzig's Röserl, sei Blüah is weiß wia Schnee.
Gar stolz spielt's mit die Wellen; und kumt wer in die Näh',
So hebt's, als wollt's ihn ruafen, das Köpferl hoch in d' Höh'.
Doch traut sich's N'iamd zu brocken, gar g'fährlich ist die Stell';
Denn glei beim »Schwarzen Felsen«, da führt der Weg in d' Höll'.

Und da fand sich der Lesachtaler Jägerbursche, der den Mut hatte, sich an diese gefährliche Stelle zu wagen:
Vom Lesachtal a Jager, Gott gib ihm d'ewige Ruah,
Der hat nit viel d'rauf g'halten, denn er war a schneid'ger Bua.
Sein Diandlan hat er's g'schwuren: Du sollst das Röserl han,
I wer's halt frisch probieren, a Busserl werd mein Lohn!

Bei Nacht die Stern ham g'leuchtet, am See war heil'ge Ruah,
Da steigt er in a Schifferl und fährt dem Felsen zua.
Schon jauchzt er voller Freuden, denn's schwimmt in schönster Blüah
Das Röserl ihm entgegen, so schön wia heut war's nia.
Da krachts, der »Schwarze Felsen!« das Schifferl sinkt, o weh!
Der Jager ist verschwunden und ruhig is der See.

Es schwimmt beim »Schwarzen Felsen«, in dunkelgrüanen See,
A wunderherzig's Röserl, sei Blüah is weiß wia Schnee.
Gar traurig blickt's zum Felsen, und kommt wer in die Näh',
So hebt's als wollt's ihn warnen, das Köpferl hoch in d' Höh!

Gemeint sind damit die Seerosen.

Die Villa Schwarzenfels in Maiernigg (Maria Wörth), Süduferstraße 18

Gustav Mahler (1860–1911) war vom 12. bis 14. September 1899 ein prominenter Gast in der Villa Schwarzenfels in Maiernigg. Der Wiener Hofoperndirektor hatte bis dahin in den Gasthöfen seiner Sommerfrischen nicht die nötige Ruhe zum Komponieren gefunden und seine Schwester Justine auf die Suche nach einem passenden Grundstück geschickt. Sie erkundete für ihn den Wörthersee. Friedrich Theuer vermittelte Mahler den benachbarten Bauplatz und zeichnete die Pläne für dessen Villa.

»Mahler war auf zwei Tage hier und hat den Vertrag zum Grundkauf für sein Haus und Häuschen« von Fürst Orsini-Rosenberg »nun wirklich unterschrieben. Auch mit dem Baumeister ist schon alles abgemacht«, schrieb die langjährige Vertraute des Komponisten, Natalie Bauer-Lechner, in ihren *Erinnerungen an Gustav Mahler*. »Die zwei Tage auf ›Schwarzenfels‹ vergingen außer den geschäftlichen Erledigungen mit vielfachem Abgehen und immer wieder Besehen von Mahlers Gründen.«

Im folgenden Jahr begann Friedrich Theuer mit dem Hausbau. Mahlers Villa liegt im Gegensatz zur erhöhten Villa Schwarzenfels direkt am Wasser und verzichtet auf »burgenromantische« Elemente. »Zwei herrliche, große Steinterrassen (eine offene im Hauptgeschoß und die gedeckte Loggia darunter) bieten den weitesten Blick über den See, der einem schon durch jedes Fenster lacht«, so Bauer-Lechner, »wie auch der Wald mit den hohen Wipfeln seiner Fichten und Erlen überall hereinlugt. Wie eine hohe Warte aber ist Mahlers Balkon vor seinem Dachgeschoß. ›Es ist zu schön‹, sagte er, ›man vergönnt es sich nicht.‹«

33 Beim Hofoperndirektor in Maiernigg

Wörthersee-Süduferstraße 23, Maiernigg

In Gustav Mahlers »Komponierhäuschen« mitten im Wald entstehen ab 1900 große Teile seiner Liederzyklen und Symphonien.

»In der Hofoper spielen sie seit zwei Wochen und sind noch immer nicht mit dem Erzählen fertig«, ist Ende August 1900 im *Neuen Wiener Journal* unter »Hinter den Coulissen« zu lesen. »Von der neuen Mahler-Villa am Wörthersee wird viel gesprochen. Alle, die in die Nähe kamen, ruderten hinüber. Ein zierliches, kleines Schlösschen, knapp am südlichen und schattigeren Ufer des Sees. Der Schlossherr selber wohnte heuer noch zur Miete. Stundenlang stand er dabei und sah, wie sie sein zierliches Heim aufbauten, wie es wuchs und Formen annahm.«

Maiernigg, Gemeinde Maria Wörth, Süduferstraße 23 (seinerzeit Maiernigg 31). Ein Ort, an dem Heiterkeit und Katastrophe, Glück und Tragik zusammentrafen. In Maiernigg im steilen Gelände am Südufer zwischen See und Wald war Gustav Mahler nach verregneten Aufenthalten im Salzkammergut einige Sommer lang glücklich. Schon die Lage des Hauses »war solcher Zauber an Lieblichkeit, dass man es nie gewöhnen konnte, sondern es immer aufs neue entzückend empfand«, schrieb die Violinistin und langjährige Freundin Mahlers Natalie Bauer-Lechner über das Sommerdomizil.

Verlassen wirkt jetzt die Villa Siegel hinter dem verschlossenen und verwitterten Tor. Zur Haustür führt eine kleine Brücke vom Hang her. Hier wurde an jenem schrecklichen 12. Juli 1907 der kleine Kindersarg mit Maria Anna, der kleinen Tochter des Komponisten, die alle »Putzi« nannten, herausgetragen. Aber so weit sind wir noch nicht.

Zuerst ist das Domizil für den Wiener Hofoperndirektor, der sich im Gespräch mit Richard Strauss selbst als »Ferienkomponist«

Maiernigg im Jahr 1907, als Gustav Mahler geradezu fluchtartig sein Feriendomizil verließ

bezeichnete, ideal zum Ausarbeiten seiner musikalischen Ideen. Denn dafür ist im Brotberuf des Dirigenten während der Spielzeit kaum Zeit. Das »Komponierhäuschen« oben am Berg mitten im Wald ist bereits 1900 fertig – ein Jahr vor der Villa mit der pergolagedeckten Terrasse. »Diesmal ist es auch der Wald mit seinen Wundern und seinem Grauen, der mich bestimmt und in meine Tonwelt hineinwebt«, schreibt Mahler am 25. Juni 1900 über das Ambiente. »Ich sehe immer mehr: man komponiert nicht, man wird komponiert!«

Was vom Künstler zunächst Geduld verlangt. Denn noch während der Bauzeit der Villa klagte Mahler, wie schwer es sei, »nach der langen Pause den gewaltsam aufgehaltenen Quell des Schaffens zum Sprudeln zu bringen«, berichtet Bauer-Lechner. »Gleichwohl waren nicht drei Tage vergangen, als er, obschon er geplant hatte, sich vorerst zwei Wochen Erholung zu gönnen, schon in seinem Häuschen lange saß und – trotz allem noch störenden Gehämmer im Hause unten – mitten ins Komponieren getaucht war.«

Alois Przistaupinsky, 37 Jahre lang Sekretär am Hofoperntheater, von den Kulturjournalisten ob seiner Diskretion scherzhaft »Sekretarius Verschweighofer« genannt, zog erst im Ruhestand gegenüber guten Freunden die Schubladen seines Gedächtnisses auf. Mahler habe über dem Opernhaus »den Glanz seines Genies ausgegossen«. Aber: »Wo es viele Lichter gab, dort fehlten nicht die Schatten. Man musste Mahler im Privatleben gesehen, mit ihm ›jenseits der Kanzlei‹ verkehrt haben, um ihn voll und ganz zu erkennen und zu würdigen«, sagte er 1926 im *Neuen Wiener Journal.* »Während eines Sommerurlaubs in Krumpendorf am Wörthersee kamen wir oft zusammen. Er baute sich dort eine Villa, kraxelte schon am frühen Morgen auf den Gerüsten herum und konnte sich wie ein Kind freuen. Eines Tages erzählte er freudestrahlend, er habe eine Quelle entdeckt und aus dem Wasser getrunken. Mit Leidenschaft huldigte er dem Radfahrsport und fuhr weit hinein in die Kärntner und Tiroler Lande – wie er sagte – zu den Naturmenschen.«

Mahler ist in den besten Jahren, setzt als engagierter Opernerneuerer Maßstäbe mit Inszenierungen »aus dem Geiste der Musik« im Gegensatz zum romantisch illusionistischen Ausstattungstheater und postuliert »Tradition ist Schlamperei«. Und das ausgerechnet in der k. u. k. Metropole, in der Tradition alles ist. In Wien entwickeln im Umfeld der Wiener Secession der regieführende Dirigent Mahler und sein Ausstatter Alfred Roller in bahnbrechenden Mozart- und Wagner-Zyklen mit jungen, frischen Sängern eine von Licht und Farbe durchflutete stilisierte Opernästhetik der dramatischen Glaubwürdigkeit und psychologischen wie musikalischen Wahrhaftigkeit. Sie bilden so das erste Inszenierungsteam heutigen Zuschnitts und werden am Beginn der Moderne zu Mitbegründern des Regietheaters.

Mahlers Art zu arbeiten, sagte Leo Slezak, einer der damals aufstrebenden Tenöre, »holte aus jedem Sänger alles heraus, was er zu geben hatte. So fidel und lustig es sonst zuging, mit Mahler am Pult ging jeder schweigend herum, voll Sorge, dass nicht alles voll und ganz gelingen könnte.« Als Direktor war er unbequem, für viele sogar unerträglich. In seinem Sängerensemble gab es kaum einen, der nicht irgendwann aus Empörung über seine Gnadenlosigkeit die Kündigung eingereicht hätte. Aber die meisten haben sie wieder zurückgezogen.

Einige Anekdoten belegen das Temperament Mahlers: Einmal hat er einen Konflikt mit Slezak. Im Direktionsbüro gibt es eine sehr gereizte Auseinandersetzung. Der Troubadour trommelt zornig mit den Fäusten auf den Schreibtisch. Der Direktor tobt. Der Disput dringt bis auf den Korridor hinaus. So aufgeregt klingen die Stimmen, dass man jeden Augenblick befürchten muss, die Herren könnten miteinander handgreiflich werden. Während sich drinnen wilde Szenen abspielen, promeniert der Bassist Wilhelm Hesch draußen am Gang ruhig und vom Vorgang hinter der Tür offenbar unberührt auf und ab. Plötzlich vernimmt man ein Krachen, als ob ein Stuhl zertrümmert würde. Dann tritt auf dem Kriegsschauplatz eine unheimliche Stille ein. Von Mahler und Slezak, die vor wenigen Sekunden noch erbittert miteinander gestritten hatten, hört man keinen Laut mehr. Endlich öffnet sich die Tür, und Slezak stürzt hochgradig empört in den Vorraum. Dort stößt er auf seinen Kameraden Hesch, der böhmakelnd und lakonisch den Tenor fragt: »Slezak, sag, ist Mahler tot?«

In den Ferien will der Dirigent nicht gestört werden: »An ihn traut sich nicht so leicht ein mit einer dickleibigen Partitur bewaffneter Jüngling heran. Er ist gefürchtet, und die Autoren, die ihm auf seinen Spaziergängen auflauern, blitzt er mit scharfen Blicken nieder, so dass sie mutlos ihre Manuskripte fallen lassen«, berichtet das *Neue Wiener Journal* 1905. Für den extrem lärmempfindlichen Musiker bedeutet die meditative Abgeschiedenheit während der sommerlichen Theaterpause Konzentration, aber vor allem Inspiration. Wie schon davor 1893 bis 1896 in Steinbach am Attersee und nach Maiernigg von 1908 bis 1910 auch in seiner Komponierwerkstatt beim Trenkerhof in Altschluderbach bei Toblach, wo er jubelte: »Hier ist es wunderherrlich und repariert ganz sicher Leib und Seele …«

»Ich brauche für meine innere Bewegung die äußere«, sagt er. So unternimmt er von Maiernigg aus Ausflüge in die nähere und weitere Umgebung, zu Fuß, auf dem Rad, mit dem Boot oder mit der Kutsche, wobei er auch immer wieder nach Klagenfurt kommt und sich umsieht und umhört. Hier verbringt er unbeschwerte Tage mit seiner Frau Alma, die er am 9. März 1902 geheiratet hatte. Wie glücklich Mahler sich mit seiner jungen Frau fühlt, zeigen auch die rührenden Briefe, die er ihr im Sommer 1904 schreibt. Sie war nach der Geburt der zweiten Tochter Anna, genannt Gucki, noch in Wien geblieben, während er schon das Haus in Maiernigg bezogen hat: »Mein Lieb! Mein Almschili! Liebste!«, heißt es da. »Für jetzt nur tausend Busserln mein Lieb. Mir ist schon rasend bange nach Euch.« Oder: »Ich küsse Dich tausendmal, Liebste, und halte Dich, damit ich Dich bald wieder habe!« Oder: »Dich vielmals abbusselnd Dein Gustav.«

Aber man muss es erst finden, das schlichte einräumige Häuschen mit Satteldach, bei dem die filigranen Fenster mit den dezenten Messing-Jugendstil-Beschlägen noch original sind, auf dem Abhang über der Villa Siegel. Der kürzere, aber sehr viel steilere Originalpfad von einst ist längst überwuchert und nicht mehr zu finden. Mahler ging ihn in der Direttissima hinauf und war offenbar gut in Form. Wie sein künstlerischer Mitarbeiter, der Bühnenbildner, Maler und Grafiker Alfred Roller, bestätigte: »Im Eilschritt aber, in dem sich die weiten Spaziergänge vollzogen, trug er den Oberkörper leicht vorgeneigt, das Kinn vorgestreckt und trat fest, fast stampfend, auf. Diese Gangart hatte etwas Stürmisches, etwas ausgesprochen Triumphales. Zu schlendern vermochte Mahler überhaupt nicht. Sein Körper hatte immer Haltung, wenn auch nicht immer die konventionelle. Bergan stieg er viel zu rasch. Ich vermochte ihm kaum zu folgen.«

Ein Fußweg führt heute vom Parkplatz Strandbad Maiernigg durch den Wald in zehn Minuten zum Idyll im Wald, in das sich Mahler vormittags von 7 bis 12 Uhr und nachmittags von 16 bis 19 Uhr zurückzog. Mittags kam er zurück zur Villa, spielte mit »Putzi« im Sandkasten, ruderte über den See oder stürzte sich mit einem beherzten Kopfsprung ins grüne Wasser und wälzte sich darin behaglich »wie eine Robbe in ihrem Element«, so Roller.

In der selbst gewählten Enge der Komponier-Enklave in spartanischer Einsamkeit entstanden 1900 bis 1907 der Schluss der Vierten, die Fünfte und die düstere Sechste, seine radikalste Symphonie, die »Tragische« genannt, für deren finalen Satz die Spielanweisung »Wie ein Axthieb« lautet; außerdem die am Ende von Jubelfanfaren getragene 7. Symphonie, die bei einer Überfahrt mit dem Boot von Krumpendorf nach wochenlang quälend stockenden Überlegungen Gestalt annahm. Mahler: »Beim ersten Ruderschlag fiel mir das Thema (oder mehr der Rhythmus und die Art) der Einleitung zum 1. Satz ein – und in 4 Wochen war 1., 3. und 5. Satz fix und fertig!«

Auch Teile der monumental besetzten Achten, die gleich nach der Uraufführung den Beinamen *Symphonie der Tausend* erhielt, komponierte Mahler zum Teil in Maiernigg, einige *Kindertotenlieder*, die Friedrich Rückert in höchster Verzweiflung nach dem Tod seiner beiden geliebten Kinder geschrieben hat, Vertonungen anderer Rückert-Texte wie *Blicke mir nicht in die Lieder, Ich atmet' einen linden Duft* und *Ich bin der Welt abhanden gekommen* sowie das trauermarschartige Lied vom *Tambourg'sell* zum Zyklus *Des Knaben Wunderhorn*. Dabei ist es wohl kein Zufall, dass auch der parallel komponierte erste Satz der Fünften, über die er »ein verfluchtes Werk. Niemand capiert sie« 1905 im Tagebuch vermerkt, ein Trauermarsch ist. Das später als Filmmusik zu Luchino Viscontis Streifen *Tod in Venedig* nach Thomas Manns Novelle weltberühmt gewordene Adagietto, der vierte Satz der 5. Symphonie, ist eng dem Lied *Ich bin der Welt abhanden gekommen* verwandt. Und im Finale wird gleich am Satzanfang im Fagott das erste Motiv des frühen *Wunderhorn*-Liedes *Lob des hohen Verstandes* zitiert, in dem der

Esel als Richter im Wettgesang von Nachtigall und Kuckuck Letzterem den Sieg zuspricht, weil er nicht zuletzt so »gut Choral singt«.

Seltsam nur, dass Mahler just in der Zeit des ungetrübten Familienglücks mit Alma und seinen beiden kleinen Töchtern Maria Anna und Anna Justine erschreckend düstere und trostlose Musik geschrieben hat. So ist für seinen Schüler und Freund Bruno Walter das Eigentümliche an der 6. Symphonie, »dass ihre schreckliche und hoffnungslose Düsternis mit Unerbittlichkeit und ohne einen menschlichen Laut dargestellt ist. Es sind quasi kosmische Laute; die finsteren Mächte selbst ertönen und keine Seele singt von dem Leid, das es durch sie erführe.«

Der Schicksalsschlag kam ganz und gar unerwartet im Juli 1907: Maria, die ältere Tochter, hatte sich bei der jüngeren Schwester mit Scharlach angesteckt. Dazu kam dann Diphtherie. Es waren dramatische Stunden. Man versuchte, die Kleine in einer Notoperation mit einem Kehlkopfschnitt zu retten, doch die Mühe war vergebens.

»Es war ganz sein Kind. Wunderschön und trotzig … Schwarze Locken, große blaue Augen.« So beschrieb Alma die kleine »Putzi«. Hochbegabt sei sie gewesen, voller Energie und immer fröhlich. »Jeden Morgen ging sie in Mahlers Arbeitszimmer«, so Alma. »Dort sprachen sie lange miteinander. Niemand weiß, was … Aber beide kamen so verbunden und befriedigt von ihren Gesprächen an, dass ich meine heimliche Freude daran hatte.«

Jetzt war Maria tot, mit nur vier Jahren gestorben. Und der Schmerz unerträglich. Während Mahler sich die ganze Nacht in seinem Zimmer verbarrikadiert hatte, war Alma am Strand entlanggelaufen. »Laut schreiend, von niemandem gehört«, berichtet sie. »Es war fünf Uhr früh – der Arzt hatte mir das Zimmer verboten –, da kam das Kindermädchen, meine Engländerin, und sagte: Es ist vorbei. Und ich sah dieses herrliche Kind mit großen Augen liegen und röcheln, und so litten wir alle noch einen Tag.«

Vom Ferienhaus wurde ein kleiner Kindersarg abtransportiert. Innerlich gebrochen fuhr die Familie fluchtartig ab nach Wien in ihre Wohnung im 4. Stock des Otto-Wagner-Miethauses in der

Hofoperndirektor Gustav Mahler, um 1900

Auenbruggergasse 2 (Rennweg 5, Strohgasse 41). Vieles passierte im Unglücksjahr 1907 außer »Putzis« Tod: Mahlers Rücktritt von der Wiener Hofoper nach auch gegen ihn gerichteten antisemitischen Anfeindungen, der bei ihm diagnostizierte Herzklappenfehler, eine zunehmende Entfremdung der Ehepartner … Mahler ließ sich den Schmerz nicht anmerken. Drei Jahre davor, als seine Kinder beide noch gesund im Garten spielten, hatte er seine *Kindertotenlieder* geschrieben. Jetzt komponierte der Klassiker der Spätromantik, durch dessen Musik sich so viel Drängendes, Zerrissenes und Sehnsuchtsvolles zieht, den sinfonischen Liederzyklus *Lied von der Erde*, in dem es heißt: »Sonne, liebe Sonne, erbarme dich, lass meines Herzens Trauer dann endlich schmelzen.« An den Dirigenten Bruno Walter schrieb er: »Ich glaube, dass es wohl das Persönlichste ist, was ich bis jetzt gemacht habe.«

In sein geliebtes Haus in Maiernigg kehrte Mahler nie wieder zurück, der schon in einem Brief 1886 über sich selbst geschrieben hatte: »Mein ganzes Leben ist ein großes Heimweh.«

Dank

Bei den Recherchen begegnet man vielen Menschen, denen das Bewahren von historischem Erbe ein echtes Anliegen ist. Mein Dank gilt all jenen, die mir vertrauensvoll ihre Türen geöffnet und mich mit Material, Tipps, Fotos versorgt haben. Allen voran MMag. Dr. Ingrid Seeber für Einblicke in das von ihrer Familie fabelhaft erhaltene Baujuwel des Architekten Karl Haybäck; den Ärzten Professor Stephan Szalay und seiner Frau Dr. Isabella Szalay-Fasching, die mit viel Engagement und Geschmack die patinierte Parkvilla erhalten; Dipl.-Ing. Richard Marinitsch, der alle Aspekte der historischen Lokalgeschichte akribisch recherchiert und auf der umfangreichen Website krumpendorfchronik.at in Wort und Bild darstellt, für ein spontanes und inspirierendes Gespräch im Krumpendorferhof; dem Maler Peter Krawagna, der die alltäglich sichtbare Gegenstandswelt auf der Leinwand oder am Papier in abstrakte Kompositionen verwandelt; Ing. Peter Napetschnig vom Pörtschacher Archiv, der sich der historischen Aufarbeitung des Wörthersee-Raums widmet, für viele Anregungen ... Ich danke allen, last but not least dem Amalthea-Team, das daran beteiligt war, dieses Buchprojekt zu verwirklichen.

Literatur und Quellen

Achleitner, Friedrich: Österreichische Architektur im 20. Jahrhundert. Band II: Kärnten, Steiermark, Burgenland. Salzburg 1983.

Bauer-Lechner, Natalie: Erinnerungen an Gustav Mahler. Leipzig, Wien, Zürich 1923.

Blom, Philipp: Sammelwunder, Sammelwahn. Szenen aus der Geschichte einer Leidenschaft. Berlin 2015.

Brenner, Helmut; Kubik, Reinhold: Mahlers Welt. Die Orte seines Lebens. Wien, Salzburg 2011.

Deuer, Barbara und Wilhelm: Rund um den Wörthersee – Kulturwanderungen. Klagenfurt 1999.

Fink, Iris; Knie, Roland: Überlandpartie! Kabarett auf Sommerfrische. Wien, Köln, Weimar 2018.

Ginhart, Karl u.a.: Dehio-Handbuch – Die Kunstdenkmäler Österreichs. Kärnten. Wien 2001.

Gratzer, Robert: Pörtschach. Großes Dorf an der Straßen. Klagenfurt 1989.

Justnik, Herbert Dieter: Wissenschaftliche Landschaftsfotografie. Die Fotografien der österreichischen Polar-Expedition auf der Insel Jan Mayen (1882/83). Diplomarbeit. Universität Wien 2007.

Karner, Günther; Weiss, Mario: Der Wörthersee aus vergangenen Tagen. Ein Jahrhundert in Bild und Text. Neumarkt 1984.

Leopold, Alfred: 50 Jahre Pörtschach. Klagenfurt 1908.

Linhardt, Marion: Inszenierung der Frau – Frau in der Inszenierung: Operette in Wien zwischen 1865 und 1900. Wien 1997.

Markus, Georg: Es war ganz anders. Geheimnisse der Geschichte, Wien 2013.

Müller-Johnson, Liesl: Rosl und ihre Tochter. Leben und Kabarett zwischen 1914 und 1936 (aus dem Englischen neu gefasst und ergänzt von Monika Mertl). Wien 2014.

Parkhotel Pörtschach: 50 Jahre Parkhotel Pörtschach. Pörtschach 2013.

Pirchan, Emil: Marie Geistinger: Die Königin der Operette. Wien 1947.

Pleterski, Friederun: Heimwärts reisen. Wien, Graz, Klagenfurt 2012.

Prix, Hansgeorg: Einmal Velden bitte. Klagenfurt 2016.

Retzer, Otto: Mein Wörthersee. Volders 2011.

Retzer, Otto; Wiedergut, Arno; Spiehs, Karl: Hollywood am Wörthersee – 100 Jahre Filmland Kärnten. Klagenfurt 2015.

Rudas, Sabine; Bockelmann, Manfred: Wörthersee: Ein anekdotisches Bilderbuch. Wien 2009.

Soos, Gerhart und Rainer: Velden, wie es einmal war. Velden 1984.

Stadelmann, Christian; Grand, Werner: Rund um den Wörthersee. Von Klagenfurt nach Krumpendorf. Wien 2009.

Tschebull, Jens; Wallnöfer, Heinrich (Hg.): Von den Weltmeeren an den Wörthersee. Das abenteuerliche Leben des Kapitän Johann Heinrich Scherrl. Klagenfurt, Wien 2009.

Ziegler, Ruprecht; Vetters, Wolfgang: Bürgerliche Sommerfrische in Velden am Wörthersee: Notizen zu den Tagebüchern einer jungen Wienerin und zu Zeichnungen des Karl Ludwig Libay (Archiv für vaterländische Geschichte und Topographie). Klagenfurt 2015.

annette-ahrens.at/die-hof-teehandlung-c-trau/
anno.onb.ac.at
capesaro.visitmuve.it
ernst-wahliss.at
fahrtraum.at
geschichtsverein.ktn.gv.at
goldeneye.com
krumpendorfchronik.at
mahlerfoundation.org
original-mayr.com
poertschach.net
smartgrassbicycles.com
sophie-drinker-institut.de/soldat-marie
tarisio.com/cozio-archive/property/?ID=40445
theflemingvilla.com
villa-hygiea.at
woerthersee-architektur.at

Bildnachweis

AKON/Österreichische Nationalbibliothek (8, 177), Hubmann, Franz/ÖNB-Bildarchiv/picturedesk.com (11), Archiv Amalthea Verlag (16, 81, 121, 127, 186), Archiv Werner Rosenberger (19, 26, 31, 91, 141, 157, 207, 212, 237, 248), KHM-Museumsverband, Theatermuseum Wien (28, 199), Wikimedia Commons/Johann Jaritz/CC BY-SA 3.0 AT (33, 87, 110, 117, 164, 167, 170, 260), Mit Genehmigung von Richard Marinitsch/www.krumpendorfchronik.at (37, 40, 43, 58, 66, 85), Werner Rosenberger (51, 55, 70, 73, 75), Basso, Richard/ÖNB-Bildarchiv/picturedesk.com (62), ANNO/Österreichische Nationalbibliothek (89, 197, 227), Weber, E./ÖNB-Bildarchiv/picturedesk.com (98), Wikimedia Commons/Mischnic – Niklas Mischkulnig/CC BY-SA 4.0 (105), Max Reder (112), Istvan Bajzat/dpa/picturedesk.com (130, 179), Hotel Schloss Seefels/Daniel Waschnig Photography (133), Österreichisches Volkshochschularchiv/Imagno/picturedesk.com (146), Grillich, Ludwig/ÖNB-Bildarchiv/picturedesk.com (151), Heimo Kramer/woerthersee-architektur.at (155, 183), Wikimedia Commons/Johann Jaritz/CC BY-SA 4.0 (173, 233, 235), Universitätsbibliothek Heidelberg/Innen-Dekoration. Die gesamte Wohnungskunst in Bild und Wort. Herausgeber: Hofrat Alexander Koch. XXXVIII Jahrgang, 1927 (Darmstadt: Verlagsanstalt Alexander Koch)/Seite 54 (191), Universitätsbibliothek Heidelberg/Innen-Dekoration. Die gesamte Wohnungskunst in Bild und Wort. Herausgeber: Hofrat Alexander Koch. XXXVIII Jahrgang, 1927 (Darmstadt: Verlagsanstalt Alexander Koch)/Seite 68 (195), Alban Berg Stiftung (205), Sammlung Hubmann/Imagno/picturedesk.com (216), Unternehmensarchiv Porsche AG (219), Hilscher, Albert/ÖNB-Bildarchiv/picturedesk.com (243), H/Camera Press/picturedesk.com (251), Wikimedia Commons/Foto: Peter Geymayer (257), Pörtschach Archiv (263), Szekely, Josef/ÖNB-Bildarchiv/picturedesk.com (269)

Namenregister

Der Autor

© privat

Werner Rosenberger, geboren in Kapfenberg, lebt in Wien. Er hat als Journalist u. a. für »GEO«, »profil«, »Trend« und das »Diners Club Magazin« geschrieben, ist seit 1994 Kulturredakteur beim »KURIER« und Autor zahlreicher Reisereportagen. Zuletzt bei Amalthea erschienen: »Hietzing. Von Künstlervillen & Künstlerleben« (2018).

Sommerfrische im steirischen Salzkammergut

Seit über 150 Jahren lockt das Ausseerland als Jagdgebiet ebenso wie als Kulisse romantischer Affären. Die Liste der prominenten Sommerfrischegäste und Villenbesitzer von Altaussee, Bad Aussee und Grundlsee liest sich wie ein Who is Who von anno dazumal: die Schriftsteller Jakob Wassermann und Hugo von Hofmannsthal, die Reformpädagogin Eugenie Schwarzwald, der Industrielle Camillo Castiglioni, der Tuchhändler Wilhelm Jungmann und viele andere. Den Glanz von einst überschattet ab 1938 das NS-Regime: Jüdische Bewohnerinnen und Bewohner werden enteignet und verfolgt, während Nationalsozialisten in der »Alpenfestung« Zuflucht suchen und wertvolle Kunstschätze verstecken …
Mit viel Feingefühl für menschliche Geschichten und Schicksale entführt Marie-Theres Arnbom auf eine spannende Entdeckungsreise ins Salzkammergut.

Marie-Theres Arnbom

Die Villen vom Ausseerland

Wenn Häuser Geschichten erzählen

272 Seiten, mit zahlreichen Abbildungen und Karte
ISBN 978-3-99050-199-3
eISBN 978-3-903217-72-0

Amalthea amalthea.at

0 200 400 600 800 1000 m

© arbeitsgemeinschaft kartographie

0 200 400 600 800 1000 m

© arbeitsgemeinschaft kartographie